ROI IN MARKETING

The Design Thinking Approach to Measure, Prove, and Improve the Value of Marketing

营销ROI

卓有成效的营销者

［美］杰克・J. 菲利普斯（Jack J. Phillips）
付庆波（Frank Q. Fu）
［美］帕特里夏・普利亚姆・菲利普斯（Patricia Pulliam Phillips）
易虹（Hong Yi）
著

付庆波 易虹 译

電子工業出版社
Publishing House of Electronics Industry
北京・BEIJING

版权贸易合同登记号　图字：01-2020-6723

图书在版编目（CIP）数据

营销 ROI：卓有成效的营销者 /（美）杰克·J. 菲利普斯（Jack J. Phillips）等著；付庆波，易虹译. —北京：电子工业出版社，2021.12

书名原文：ROI in Marketing: The Design Thinking Approach to Measure, Prove, and Improve the Value of Marketing

ISBN 978-7-121-42139-6

Ⅰ. ①营… Ⅱ. ①杰… ②付… ③易… Ⅲ. ①企业管理－市场营销－研究 Ⅳ. ① F274

中国版本图书馆 CIP 数据核字（2021）第 213036 号

责任编辑：袁桂春
印　　刷：天津嘉恒印务有限公司
装　　订：天津嘉恒印务有限公司
出版发行：电子工业出版社
　　　　　北京市海淀区万寿路173信箱　　邮编：100036
开　　本：720×1000　1/16　　印张：16　　字数：269千字
版　　次：2021年12月第1版
印　　次：2021年12月第1次印刷
定　　价：68.00元

凡所购买电子工业出版社图书有缺损问题，请向购买书店调换。若书店售缺，请与本社发行部联系，联系及邮购电话：（010）88254888，88258888。

质量投诉请发邮件至zlts@phei.com.cn，盗版侵权举报请发邮件至dbqq@phei.com.cn。

本书咨询联系方式：（010）88254199，sjb@phei.com.cn。

推荐语

如何确定营销努力的投资回报率（ROI）是所有企业都要面对的一个老问题。如果没有一个清晰衡量ROI的方法，经理们经常会错误估算他们的营销支出。本书通过分享一个全面系统的衡量评估过程，帮助管理人员和教授学者解码ROI，从而解决这个重要的问题。

——伊莱·琼斯（Eli Jones）博士，得克萨斯农工大学（Texas A&M University）梅斯商学院（Mays Business）院长、市场营销教授及佩姬·梅斯（Peggy Mays）知名学者

作为一个曾在多家快消公司担任高管的资深营销人，我最想说的是，终于有人开发出了一套靠谱的方法来衡量营销投资的ROI了！我对作者循序渐进地介绍营销价值创造和ROI衡量模型印象深刻。这些模型相当于牵着首席营销官的手，绕过导致沮丧根源的陷阱，去理顺那些曾经杂乱无序、模糊不堪的过程。也许更重要的是，它们强调将营销目标与总体业务目标联系起来，从而确保营销部门时刻与首席执行官和首席财务官保持一致。

——史蒂文·贝拉克（Steven Bellach），Bottomline Marketing创始合伙人和营销战略专家

这本书为商业界提供了一种评估每种营销活动所增加价值的崭新视角。作为营销概念的投资回报率，通常在讨论了定价策略或客户关系管理之后就被淡忘了，而这本书则展示了ROI是与价值链交织在一起的。现在，营销教授和营销人员

都拥有了一个强大的新工具，可以用来评估价值在整个营销过程中的流向。

——迈克尔·T. 埃利奥特（Michael T. Elliott）博士，密苏里大学圣路易斯分校（University of Missouri-St. Louis）商学院副院长、市场营销系联合系主任

读这本书就像上了一堂如何衡量和提高营销价值的大师班课程。为确保业务的长期成功，我们现在比以往任何时候都需要做出明智的营销选择。各个行业的营销人员和领导者都可以从这本书中学到实用和可操作的方法。

——福齐亚·伯克（Fauzia Burke），《忙碌作者的线上营销》（*Online Marketing for Busy Authors*）作者、FSB Associates 创始人、Pub Site 联合创始人

每个公司中的每个角色都在不断变化。营销也不例外。将营销从艺术转型为科学是关键，而这本书就提供了实现这一目标所需的工具。

——米切尔·利维（Mitchell Levy），THiNKaha 全球信誉度专家

由于营销漏斗和进程中存在各种渠道、各色设备和众多接触点，计算营销活动的利润从未像现在这样复杂。试图向高管证明特定营销活动、渠道或接触点的价值更是困难重重。今天，数据来自许多不同的来源和系统。这本书将营销利润的计算流程分解为简单的步骤，可以帮助任何级别的营销人员来精通营销ROI。这本书的作者深谙这些问题的关键，因此才能撰写出如此出色的指南。

——佩里·D. 德雷克（Perry D. Drake）博士，密苏里大学圣路易斯分校商学院市场营销系联合系主任、教学副教授

对于任何想要了解如何衡量、改善和展示营销项目价值全面观点的高管、经理和商科学生而言，这本书不容错过。

——道格拉斯·E. 休斯（Douglas E. Hughes）博士，《个人销售与销售管理期刊》（*Journal of Personal Selling & Sales Management*）前主编、南佛罗里达大学（University of South Florida）穆马商学院（Muma College of Business）市场营销教授、营销与创新学院总监

译者序

2020年10月，本书的英文版问世，这是我们与国外专家共同撰写并在美国出版的第一本绩效改进专业书籍。今年，我们将其翻译成中文，呈现给中国的读者和中国绩效改进领域的诸位同人。

本书是我们将绩效改进引进中国11年来所翻译的第11本书。11年来，中国绩效改进从无到有，方兴未艾，给中国各行各业带来了波澜壮阔的技控革命。

本书诞生于技控革命的进程中。

在这场变革的最初十年里，中国基本上是绩效改进领域的追随者和学习者。我们在出版领域所做的大量工作也都集中在把国外数十年积累的先进理念和最佳实践翻译介绍到中国来。这些工作为中国绩效改进奠定了坚实的理论基础。

十年来，在这些理念指导下，我们服务了1 000多家企业，积累了近十万个绩效改进案例。最近几年，我们开始尝试把在中国绩效改进领域摸索总结出来的模型、工具和方法拿到国际学术平台上探索交流。这些努力得到了国外绩效改进同行积极热情的回应，我们也因此获得了很多学术交流与合作的机会。

本书是国际学术合作的成果之一。

从2017年国际绩效改进协会（ISPI）蒙特利尔年会上与杰克·J.菲利普斯博士洽谈合作，到2019年ISPI新奥尔良年会上初步定稿，这是一本我们从构思、撰写到后期修改都全程参与的书。也正因为此，我们可以在撰写本书英文版的时候，就考虑到中国读者的特点和需求，并且在书中的相关章节有针对性地安排内容，以便更好地为中国绩效改进实践提供支持和帮助。

这是一本帮助你展现项目价值的书。

我们的老朋友杰克·J.菲利普斯博士于25年前成立ROI研究所并开发ROI方法论，以帮助全球范围内的组织展示其工作的价值。今天，我们将这个方法论与中国绩效改进实践成果相结合，帮助我们中国绩效改进专业人士更好地衡量、评估、展示和沟通绩效改进项目所创造的价值，从而为自己的项目取得关键的支持与资源。书中介绍的模型、工具、方法和案例均与ISPI绩效改进十大标准相一致。按照本书介绍的逻辑和步骤来整理展示你的项目，不仅可以帮助你的组织竞争国际绩效改进的金奖，也对你个人申请国际注册绩效改进顾问（CPT）认证大有裨益。

这是一本帮助你成为营销业务伙伴的书。

十多年来，中国绩效改进最佳实践奖每年都评选出优秀的绩效改进实践案例，而其中70%以上的案例都与营销绩效改进相关。这些成功案例凸显了绩效改进顾问与营销人员建立伙伴关系的重要性。本书创造性地将ROI方法论——这个起源于绩效改进和人力资源领域的模型——与营销管理和营销绩效提升的方方面面有机结合起来。绩效改进与营销专业人士可以通过一起学习、共同实践书中的模型、工具和方法，成为彼此信任、有共同语言的业务伙伴。这不仅会帮助你的组织不断改进和提升绩效，也会帮助你个人拓展自身的职业生涯发展。

绩效改进在中国的这11年，我们非常荣幸地见证了其落地生根发芽的过程，也亲眼目睹了它给众多组织、企业带来的巨大变化。我们衷心感谢每一位绩效改进专业人士，绩效改进事业的发展和壮大离不开各位同人的努力。现在我们把本书推荐给你，也推荐给每一位想为企业创造价值的伙伴。让我们一起在绩效改进的领域不断深耕，让更多的人了解绩效改进，成为绩效改进的践行者，一起做激情满满的绩效改进人。

前言

你一定有过这样的经历。在向公司高管介绍新的营销活动时，你对项目的设计和特点感到非常自豪，因为知道项目一定会成功。但当演讲进行到一半时，高管却突然发问："有什么方法可以预测这个项目的投资回报率（Return on Investment，ROI）吗？"

你立刻就会感到局促不安，会议室里面鸦雀无声。你可能会回答："我们还没有做项目的ROI预测，但是我们可以做。"

在当前的经济环境下，你必须预见到，高管很可能会提出这个问题。而且，如果这个问题在你已经实施了营销项目之后再问，情况就会更糟。

本书向你展示了如何解决ROI问题。我们会一步一步地指导你完成针对任何类型的营销项目、营销计划、营销活动或营销事件的影响评估，乃至ROI的计算。我们也将向你展示如何在项目实施之前就预测营销项目的影响和ROI。本书还将向你展示如何对你与客服团队或销售团队等实施的内部营销项目进行评估。

ROI方法论

本书介绍的ROI方法论展示了如何在5个级别的结果上来衡量任何营销项目的成功。

第1级：反应。客户对营销项目、营销计划或营销创意的反应。

第2级：学习。客户从营销项目中学到了什么。

第3级：行动。客户为购买而采取的动作。

第4级：影响。实际购买。

第5级：ROI。ROI展示了从客户购买中获得的货币增值，也就是利润与营销项目成本的比值。我们计算ROI的方法与首席财务官（Chief Financial Officer，CFO）计算ROI的方法相同，二者在流程的后期使用相同的计算公式。

规划评估、收集数据、分析数据和报告结果涉及12个有逻辑的步骤，这也是本书的核心。

为什么要学习ROI方法论呢？市场营销不断发展，提供了许多选择和机会。这些机会有些为企业增加了价值，有些却没有。我们必须能够区分有效的项目和无效的项目。最终的问责制要求我们将营销活动的成本与其创造的价值进行比较，并以货币收益的形式来表达。

经过验证的方法

在本书出版之前，我们已经撰写了75本阐释ROI方法论的书籍。我们也开发并出版了配套的案例研究、工具、模板和应用程序指南。这些书已经被翻译成38种不同的语言在全世界发行。我们之所以写本书，是因为目前在市场营销领域还没有类似的书籍。本书介绍的ROI方法论，是世界上最常用的评估系统。多年来，我们在市场营销领域一直与营销高管、董事、经理和专家们一起使用这套方法论，并向他们展示如何估算营销项目的影响和ROI。

尽管关于ROI的讨论很多，但营销专业人士在展示其营销项目时很少提及ROI。许多人甚至因为担心自己项目的ROI是负值而避而不谈。估算ROI，并不仅仅是将数字代入方程式那么简单。真正的挑战在于如何获取数字，以及切实理解推动这些数字的过程。为了帮助大家缓解对ROI可能是负值的担心，我们的ROI方法论专门为营销项目的成功而设计。从本质上讲，我们使用设计思维原则来确保你所设计的营销活动在所有5个级别的结果上都取得成功，理想的结果是确保影响级别甚至是ROI级别的成功。这就最大限度地降低了营销项目出现ROI为负值的可能性，也可以消除使用此类方法论的一些阻力。

本书介绍的方法论是经过实践测试并被证明有效的。它基于经典的逻辑数据流，因为营销活动的成功就是伴随着客户对营销信息做出反应、理解营销信息、采取相应的行动，并推动影响乃至ROI目标不断达成。ROI方法论最初是在20世纪70年代开发的，后来在20世纪80年代初通过书籍的出版进一步萃取，并定期根据用户的建议不断完善。在2017年，该方法论进一步完善和修改为当前版本。

专为三类受众设计

ROI方法论为三类重要的受众而设计。第一类受众是用户。ROI方法论对用户友好，使用按逻辑顺序排列的步骤，并且在执行过程的每个步骤时都可以像下拉菜单一样简单操作。而且，它没有复杂的数学和财务概念，因为这些都不是必需的。ROI方法论的人性化设计使其赢得了“世界上使用最多的系统”的声誉。

第二类受众是首席财务官和高级管理人员，因为他们必须拥有一个可以信赖和提供支持的可靠流程。ROI方法论就是针对此受众而开发的。该方法论对CFO友好，组织中的CFO在完全了解流程后通常都会鼎力支持。这套方法论在当今这个始终需要信誉、准确性和保守方法的环境中至关重要。

第三类受众是大学教授和学生，他们必须看到评估过程是可信、可靠和有效的。ROI研究所关于这种方法论的书籍已经被近100所大学的硕士和博士培养项目所采用。这本书也被市场营销学教授采用，并在课堂上使学生受益。

要平衡三个受众群体的需求并非易事，而我们创建的这个方法论能同时满足所有三个群体（用户、首席财务官、教授和学生）的需求。这套行之有效的方法论在当今的经济环境中弥足珍贵，不可或缺。

全球焦点

本书提供的许多具体应用、案例研究和示例都体现出了全球关注的焦点。这对于营销书籍来说至关重要，因为众多的企业和组织已经在运营和分销方面走向了全球化。全球化的结果就是许多大型组织在许多不同的国家/地区开展业务。在一个国家/地区有效的营销策略也有可能在另一个国家/地区行之有效，但是这一点需要实证数据的确认。多年的实践表明，ROI方法论可以适应任何文化、语言或习惯。本书中的场景不仅反映了美国和中国的市场情况，还反映了欧洲、南美洲和非洲的商业环境。

作者团队

作者团队是交付本书内容的理想选择。杰克和帕特里夏·菲利普斯于25年前成立了ROI研究所，以帮助全球范围内的组织展示其工作的价值。现在，ROI方法论已被应用于所有类型的组织中，并被超过3/4的《财富》500强公司、全球26个国家的政府、联合国等大型非政府组织（Non-Government Organization，NGO）所采用。应用ROI方法论的组织还包括大学、非营利组织和慈善组织。多年来，帕特里夏和杰克已经培训了数千名经理来使用这套方法论。在实践中，具有各种职能的专业人员已在许多不同领域采用了这一方法论，而营销是其中一个非常重要的领域。通过这种被认为是评估"金标准"的方法，杰克和帕特里夏带来了如何使其在组织中发挥作用的专业知识。ROI研究所通过其在全球的合作伙伴在70多个国家/地区开展业务。帕特里夏和杰克及ROI研究所代表了一个强大的团队，将本书带给营销社区并提供支持服务。

付庆波教授在市场营销实践和学术研究方面都拥有丰富的经验。在营销管理、销售管理和绩效改进等领域具备深厚的理论功底和渊博的专业知识。他是密苏里大学圣路易斯分校的市场营销副教授，多年来在大学商学院和学术研讨会上讲授营销绩效改进和营销ROI方法。他曾和中国及美国的许多组织开展学术研究，并为众多企业的营销团队带来价值。付教授现为国际绩效改进协会（ISPI）董事，并担任《绩效改进季刊》副主编和《市场营销理论与实践期刊》编委。

易虹老师是中国最大的绩效改进管理咨询公司华商基业（Sinotrac）的总裁和首席咨询顾问。多年来，她和她的团队与中国企业开展了数百个营销绩效改进项目。她和她的团队也开发了各种适应中国市场的工具和技术，以帮助营销人员清晰看到并有力展示其营销解决方案的价值。通过易虹老师的努力，本书的中文版得以在中国市场上顺利出版发行。

本书结构

本书按照与ROI方法论模型步骤相匹配的章节连续展开：

第1章首先解释了为什么现在需要ROI方法论。

第2章提供了完整的ROI方法论模型的摘要，可以作为快速简明的参考。

第3章介绍了该模型的第1步，从何入手，建议营销项目应从明确的业务指标开始。

第4章介绍了如何使之可行，以确保你具有正确的解决方案来推动业务措施。

第5章详细介绍了期望成功，为所有级别的成果设定了目标，并且将信息提供给所有利益相关者以确保实现成功。

第6章介绍了如何使之重要，以确保营销项目对客户和利益相关者重要、有用、及时和有吸引力。

第7章介绍了如何使之融会，确保客户有系统地或在需要时采取行动，朝着实际购买迈进。这样可以确保根据营销项目采取适当的行动和措施。

第8章展示了如何通过将营销项目的效果与其他影响分离开来而使之可信。对营销结果有影响的因素是如此之多，因此必须将特定营销项目的影响与其他影响区分开来。

第9章介绍了如何通过将数据转换为货币价值以确保增加价值并使之可信。货币价值要么是与销售有关措施所产生的利润，要么是与产品退货或客户投诉相关的预付成本。那些无法通过合理的努力而可靠地转换为金钱的数据项留作无形措施。

第10章介绍了如何通过将与项目相关的所有直接和间接费用都包括在ROI计算之中而使之可信。此外，本章还讨论了两个非常重要且可信的计算方法，即效益成本比和ROI（以百分比表示）。

第11章介绍了如何讲述故事，以及将营销活动的结果（使用数字和叙述）报告给主要利益相关者的不同方法。这些方法包括给高管人员的行政简报、博客和一页的图表。

第12章介绍了如何使用评估数据进行营销改进。进行评估的主要原因之一是要使项目更好，而通过这种方式是要对特定项目进行持续改进，以确保针对特定活动优化ROI。通过ROI计算完成这个步骤，可以帮助我们保护和增加营销部门的预算。

第13章详细解释了在营销项目实施之前如何预测项目的ROI。在项目获得批准之前就进行ROI预测正在变得越来越重要。本章介绍了一些用于估计影响和ROI，以及使用误差调整的最可靠的概念。关键是确保分析的可信度和预测的准确性。

第14章重点介绍如何在组织中引进实施ROI方法论并使之成为例行的、系统的过程。它展示了如何在合理的资源下巩固ROI方法论的应用。

这就是本书的14个章节。

致谢

尽管听起来有点像陈词滥调，我们还是要说，如果没有多年来一直与我们合作的这么多客户，我们是无法完成此书的。从简单的广告和促销活动，到大型企业赞助和打高尔夫球活动，我们有太多绝佳的机会来评估营销项目。我们感谢所有邀请我们合作的客户，使我们可以在不同市场情况下探索众多的可能性。在为客户创造价值时，我们也从这些经验中学到了很多。我们衷心感谢那些在营销领域帮助塑造我们工作的人。

我们感谢ROI 研究所的工作人员为我们团队提供的持续支持。特别要感谢的是出版主管霍普·尼古拉斯女士（Hope Nicholas）。她从本书最开始到最后一页交付的整个过程中所做的努力和贡献令人赞叹。本书的成功在很大程度上源于她的大力支持。

杰克和帕特里夏感谢两位伟大的合著者：付庆波教授和易虹老师。这是一次全球团队合作的成果，我们共同编撰了这本将涵盖许多国家不同市场的书。在开发和写作本书的过程中，付教授和易老师一直是令人愉快的团队成员。他们知识渊博，经验丰富，为本书增色不少。

杰克感谢帕特里夏。杰克说：“帕特里夏不仅是我的妻子和商业伙伴，还是我最好的朋友。她是一位杰出的顾问、老到的作家、迷人的推动者、细致的研究员和备受欢迎的主讲人。她是我们全球所有合作伙伴的榜样。她重要而及时的贡献使本书更加实用和有价值。”

帕特里夏感谢杰克将ROI创造性地应用于非资本投资领域。帕特里夏说：“杰克为许多人在衡量、评估和分析方面的实践工作奠定了基础。多年来，他对这个领域的奉献远远超出他所获得的。为此，我们所有人都感激不尽！”

付庆波感谢与杰克和帕特里夏合作的宝贵机会，能够将这些基于学术理论并经过实证检验的方法应用于营销领域。他非常荣幸能与易虹老师合作。易老师不仅创造了本书中讨论和使用的许多工具和案例材料，而且提供了使本书得以顺利出版的资源和支持。此外，付庆波感谢密苏里大学圣路易斯分校的学生和同事。他们检验了营销ROI方法论及其嵌入式工具，并在教学材料的演进发展过程中给予了鼓励和反馈。

易虹感谢三位伟大的合著者：杰克、帕特里夏和付庆波教授，对有机会为该项目做出贡献并在这个全球团队中工作深表荣幸。她感谢多年来所有邀请她和华商基业团队开展绩效改进项目的中国客户。没有他们的信任和支持，就不会有本书中讨论的许多模型、工具和技术。为此，她深表感谢。她同时也感谢华商基业全体员工的奉献精神和持续改进的努力。

最后，我们感谢出版商麦格劳–希尔（McGraw-Hill）的优秀团队。这是我们与麦格劳–希尔合作的第七本书。我们感谢编辑谢里尔·塞古拉女士（Cheryl Segura）的耐心和支持。她与我们通力合作，使本书成为现实。谢里尔彰显了麦格劳–希尔作为世界上最杰出的出版公司之一的良好声誉。

目录

第一部分

缘何重要

第1章 营销的价值：关键问题

> “营销与价值息息相关。”
>
> ——史蒂夫·乔布斯（Steve Jobs）

杰西卡（Jessica）感到非常沮丧。自从被任命为中西部酿酒公司（Midwest Brewing Company，MBC）的首席营销官（Chief Marketing Officer，CMO）以来，她第一次不知所措了。她从印有MBC徽标的杯中小口呷着咖啡，不禁想起今天早上在公司行政会议室里发生的事情。就在去年，她还亲自重新设计了印在咖啡杯上的公司徽标，而现在她不确定是否应该继续在MBC工作了。

MBC是美国发展迅速的酿酒公司之一。这家公司在过去十年中踏着美国精酿啤酒疯狂增长的浪潮，成为这个利润丰厚行业的市场领导者之一。在两年半的时间里，杰西卡一直担任公司的首席营销官，忙于启动各种营销项目。从广告、公共关系到社交媒体宣传，杰西卡相信这些活动都在推动公司的营销计划。她收到的反馈总体上是积极正向的。直到她遇到MBC新任命的首席执行官（Chief Executive Officer，CEO）安德鲁（Andrew）之前，她还坚信一切都在正确的轨道上。

应新任首席执行官的要求，杰西卡今天上午向公司高管做了一个演讲。她着重介绍了她的团队在过去几年中开展的各种营销活动。营销工作包括在当地电视、报纸、广播电台和广告牌上进行广告宣传，以及将优惠券直接邮寄给当地社区。MBC营销部门还通过提供现场音乐、适合家庭观看的节目和其他活动，以及利用公司的酒吧和餐厅来吸引客户。此外，MBC每天都提供啤酒厂的导览游，并在周六和周日开设免费的啤酒学校。这些免费游览和课程内容包括介绍MBC在当地社区精酿啤酒的简要历史，展示MBC如何酿造啤酒，并且向人们介绍应该如何品尝和充分享受MBC提供的不同口味的啤酒。杰西卡最自豪的举措是一年一度的为期两天的大型活动——社区美食节。去年这个美食节吸引了数千名游客。

此外，MBC通过分销渠道出售其一半的产品。这个部门的销售人员向分销商、零售商和酒吧老板推广新的口味并介绍季节性销售折扣。杰西卡理解专业销售的重要性，因此，作为内部营销工作的一部分，她聘请了啤酒方面的专业人士和美食家为销售团队提供培训课程。尽管如此，杰西卡仍然认为还可以做更多的事情。由于大多数MBC目标客户都是精明强干的年轻专业人士，他们一刻也离不开智能手机，因此她很理解MBC加强社交媒体形象的必要性。所以，她在今天上午的演讲中，特地讨论了她和团队共同制订的加强社交媒体和数字营销的计划。

大家对杰西卡的演讲反应不一。安德鲁评论说："杰西卡，你和你的团队确实开展了许多活动，我发现其中的一些营销活动非常有趣和富有创意。我担心的是，你演讲的重点是开展的活动，而不是创造的价值。我们都理解团队面临的问题和挑战，但是我很好奇这些活动为公司的盈利贡献了哪些具体价值。你是否有办法展示这些活动对业务的影响，或者估算一下ROI呢？"

杰西卡回答说："我们提高了销售额、市场份额和客户忠诚度，我相信这些营销活动很有帮助。我听到客户谈论他们在'社区美食节'中获得了许多乐趣。此外，我们每个月都在调研客户的反馈。超过80%的受访者表示对我们的产品感到满意。"

安德鲁接着说："还有更具体的吗？你知道，今年营销的总预算已超过公司收入的20%。尽管我们的业务在过去两年中一直稳定增长，但并不是特别出色啊。"

杰西卡很快回应说："我确实知道广告、导游、啤酒学校和销售人员培训的费用，但是这些努力对于让社区内外的人们了解我们的品牌、品尝我们的啤酒、了解公司的历史，并且对我们的产品产生兴趣至关重要。如果我们不开展这些活动，业务可能会更糟。”

安德鲁听出了杰西卡的防御语调，说：“杰西卡，我并不是反对这些营销活动。我相信它们是有价值的。我只是想让你估算一下营销部门所创造的价值，并与成本进行比较。我们行业的增长速度已经开始放缓了，许多公司都在挣扎。美国啤酒协会本月报道，仅去年一年，全国就有97家精酿啤酒厂倒闭。如果我们不产生足够的业务增长或者对预算管理不够谨慎的话，那么我们很可能就是下一个关门的。我们必须非常清楚地了解营销项目对销售结果的影响。我们再也不能只顾实施项目，而不管项目结果了。”

安德鲁用鼓励的语气总结道：“请理解，杰西卡，我并不是反对你的营销工作。但是，当我们将大量预算用于营销时，我们必须确保这些支出是成功的，能按照预期使ROI为正以帮助公司提高利润。我们还需要不断努力确保营销工作更加有效。这样吧，我给你一些时间来研究怎么做，两周之后咱们再谈谈你对这些问题的想法。”

杰西卡对安德鲁的询问既担心又困惑，尤其是因为他还对她的营销活动发表了一些积极的评论。他为什么要质疑营销项目的价值呢？他为什么这么在意成本和ROI呢？真的有一种方法可以衡量和改进营销项目吗？如果有，那么最好的方法是什么呢？杰西卡越是回顾她在MBC的两年半任期内她和团队实施的营销项目，这些问题就越让她感到沮丧。杰西卡一直认为她的营销项目和开展的促销活动对公司非常有用。她相信通过这些努力，销售和利润都得到了改善。虽然无法确切知道销售和利润改善了多少，但对于某些类型的营销，我们可能永远都不知道它们是否增加了价值，对吧？尽管如此，杰西卡还是感受到她的职业生涯正面临挑战。她究竟应该如何回应新任首席执行官的要求呢？

营销人员面临展示价值的压力

2017年3月23日，可口可乐公司（Coca-Cola）宣布了几项新的C级领导职务任命，并重新调整了营销团队。[1]一个显著的变化是，随着其首席营销官离职，可口可乐将营销职能整合归属于新任命的首席增长官（Chief Growth Officer，

CGO）。对于许多CMO来说，这个消息一点也不令人惊讶。可口可乐只是沿用了其他财富100强企业的方式，例如好时（Hershey）和家乐氏（Kellogg's），它们在过去的一年中都任命了CGO来重振营销职能。这种趋势一直持续到2020年，因为越来越多的CMO承受着“不增长就走人”的压力。这句话是美国全国广播公司商业频道（CNBC）创造的一个术语，用来描述CMO需要实现增长，要不然就只能离职的状况。[2]导致这些变化的原因多种多样。对于许多公司而言，增长是营销部门每个人的头等大事。公司不仅要为了营销收入和市场份额增长而努力，还要为积极的客户体验和可观的财务回报增长而努力。

正如我们将在本书后面的章节中讨论的那样，销售增长和投资回报率都是营销创造价值的指标。可口可乐公司的新闻及本章的开篇故事都凸显了许多营销专业人士面临的挑战：如何衡量、展示和提高营销项目所创造的价值？类似杰西卡和安德鲁的对话，在不同行业大小公司的营销部门都经常发生。[3]许多营销高管都体会过杰西卡那样的挫败感和担忧。事实上，根据最近的调查，2/3的CMO都面临董事会要求证明营销部门价值的压力。[4]

造成压力的原因

造成这种情况的一个可能原因是营销活动的成本增加。根据研究，美国公司每年在广告上的花费将近3 000亿美元。[5]如果将营销人员管理的支出也包括在内，则营销花费总额超过1万亿美元。随着新产品开发和促销活动变得越来越昂贵，营销预算平均已达到公司总预算的11%。在某些行业，将近1/4的总预算都用于营销。[6]可是，正如一项研究显示的那样，70%的企业CEO都认为他们在营销项目上浪费钱了。[7]

> “我花在广告上的钱有一半被浪费掉了。麻烦的是，我不知道是哪一半。”
>
> ——约翰·沃纳梅克（John Wanamaker）

不去衡量营销是否成功，或者不展示营销努力的价值，都会导致严重的后果。面对日趋苛刻的客户和愈演愈烈的竞争，首席执行官和首席财务官都越来越关注销售增长，并给营销人员施加压力，要求他们证明自己努力的回报。[8, 9]如果营销人员未能展示营销项目的价值，那么高管可能会毫不犹豫地削减营销预算、减少资金，并转而支持那些确实能够带来价值的部门和团队。实际上，许多公司都在这样做。据一家调研公司进行的CMO花费调查显示，营销预算从2016年占公司收入的12.1%降至2017年的11.3%。在财富100强公司，例如可口可乐、好时、家乐氏，随着CMO卸任，新任命的首席增长官已经接管了市场营销职能。[10]同时，宝洁（Procter & Gamble）等营销巨头一直在削减广告预算，并大大减少了与之合作的营销和媒体代理商的数量[11]。

嵌入营销中的价值

营销是一个激动人心的领域。对许多人来说，当他们提到营销时，就会联想到朗朗上口的广告词、口若悬河的推销员，以及名人代言的知名品牌形象。他们还可能会想到晚餐时间打来的推销电话，发送到邮箱里的促销折扣和优惠券，上网时遇到的弹出式广告和网络横幅广告。尽管这些确实是营销，但事实上它们只是营销的一部分。营销远不仅于此。

对于专业的业务人员和企业家而言，营销是一项至关重要的职能，它将一个组织的愿景和使命与其核心关注点（客户）联系起来。从本地小公司到大型跨国公司，从零售商店到非营利慈善机构，营销是每个组织都不可或缺的组成部分。营销与其他部门的一个显著区别是，营销是唯一与客户频繁互动的职能。尽管财务、会计、研发和生产等其他部门也很重要，但决定组织未来成功甚至生死存亡的关键因素是组织在多大程度上能照顾好自己的目标客户。因此，营销绩效、营销有效性和营销效率不仅对营销专业人员很重要，而且与整个组织的利益相关者都息息相关。

> “如果你真的相信‘顾客就是国王’，那么这个王国中第二重要的人物一定是那个每天与国王直接交流互动的人。”
>
> ——法国电信董事长兼首席执行官米歇尔·邦（Michel Bon）

价值嵌入在营销当中，无处不在。但遗憾的是，许多营销人员并不知道怎样展示他们营销工作的价值。

营销的基本定义

美国市场营销协会（American Marketing Association，AMA）是一家由营销专业人士和教育工作者组成的专业协会，其将营销定义为“一种活动、一套制度和流程，其目的是创造、交流、交付和交换那些对消费者、客户、合作伙伴乃至整个社会**有价值**的产品”。[12]尽管营销涉及多种多样的活动和流程，但是所有活动和流程都有相同的目的：理解、创造、交流、交付和交换价值。这个定义强调了在向客户提供产品、服务和概念的过程中发现并交付真正价值的重要性，并强调营销的目的是满足客户需求并同时达成组织目标。

与此类似，营销管理的定义为“选择目标市场并通过创造、交付和交流卓越价值来吸引、保留和增长客户的艺术和科学”。[13]这个定义的重点再一次体现出价值的创造、交付和交流。实际上，营销管理的整个过程都是围绕价值构建的。营销人员进行市场调研并使用营销分析来了解客户的需求，以确定价值产品。他们细分市场、选择目标群体并定位价值产品以满足客户的需求。基于对市场所需价值的深入了解开发出产品和服务。然后，营销人员设置体现价值的价格，并选择适当的分销渠道来交付价值产品。营销的关键任务是推广促销价值产品。促销的目的包括建立对价值产品的意识，说服客户购买价值产品，并提醒客户这些价值产品的利益。难怪哈佛商学院的迈克尔·波特（Michael Porter）教授将营销视为他的价值链分析的五个主要功能之一。[14]

除了学者和营销从业者，企业家和创业者也非常强调营销活动的价值。1997年，史蒂夫·乔布斯向苹果员工做了以下演讲：

对我来说，营销与价值息息相关。这是一个非常复杂的世界，一个非常嘈杂的世界。我们没有太多机会让顾客了解我们。所有公司都面临这样的挑战。所以，我们自己必须非常清楚我们究竟希望顾客了解什么。现在，幸运的是，苹果公司已经成为全球最好的几个品牌之一。与耐克、迪士尼、可口可乐、索尼一起，成为伟大品牌之中的伟大品牌。不仅是在这个国家，而是在全世界。但是，即使是最伟大的品牌也需要投入和照料才能保持相关性和活力。[15]

在这次演讲中，乔布斯指出，营销与花里胡哨的产品功能，或者谁是你的竞争对手都没有关系，它只与确定产品的核心价值，以及清晰且令人信服并始终如一地向目标客户传达这一核心价值有关。价值引发关注。价值使你和你的公司在这个复杂而嘈杂的世界中脱颖而出。价值为你提供让人们了解你、记住你的机会。对于乔布斯和他在苹果的员工而言，是价值为其赢得了成功的机会。在演讲的最后，乔布斯基于这一价值主张推出了如今非常著名的“非同凡想”电视广告，其核心价值使苹果能够重整旗鼓、从无到有地创建一个崭新的行业，并成为市场的领导者。

> “因为商业的目的是创造消费者，所以商业企业有且只有两个基本功能，那就是营销和创新。营销和创新产生结果；其他的都是成本。营销是企业显著和独特的商业功能。”
>
> ——彼得·德鲁克（Peter Drucker）

3种类型的营销

根据目标客户的不同类型，营销实践可分为3类，分别是消费者营销、企业营销和内部营销。价值创造是所有3类营销活动的关键，但是营销创造价值的方式可能略有不同。

消费者营销

消费者营销是面向最终用户销售商品和服务的营销。消费者为自己或家庭做出日常的购买决定。购买的可以是便利商品，例如牙膏、杂志和杂货，也可以是选购商品，例如汽车、智能手机和珠宝。消费者营销活动的一个典型示例可以是通过广告进行促销。例如，一家快速消费品制造商开发了一种新产品，可以使消费者的生活更加方便和愉悦。但是，在不知道产品的利益，甚至不知道该新产品存在的情况下，消费者是不会采取任何购买行动的。因此，旨在推广新产品的新电视广告可以通过增加销售收入和利润来增加公司的净利润价值，因为它可以诱发购买，增加销售收入并确保新产品成功。

企业营销

企业营销是向公司、非营利组织和政府机构进行商品和服务的营销，以用于创建提供给他人的商品和服务。[16]与消费者营销相比，企业营销的专业人员需要说服制造商、零售商、慈善组织或者政府机构的采购经理和代理商购买他们的商品和服务。该过程往往很复杂，通常涉及多个决策者。例如，一家工业品制造商的销售人员向全国100个分销商销售新的服务包。当销售人员成功说服分销商的采购员采取购买行动时，他们为制造商的业务成果增加了价值。

内部营销

一方面，消费者营销和企业营销关注的都是外部客户，其中包括公司外部的个人客户和组织客户。另一方面，内部营销是向内的，将公司员工视为内部客户。内部营销是指将公司及其使命、价值、品牌和目标推广宣传给员工的过程。[17]研究表明，员工（例如，销售员）对自家品牌的态度与客户对自家品牌的态度高度相关。的确，当客户看到公司销售人员对品牌的热情和忠诚时，他们更有可能被说服并下订单。内部营销项目的一个示例可以是内部品牌宣传活动。例如，某家公司与另一家公司合并后，该公司的高管注意到两种组织文化的冲突，遂决定开展内部品牌宣传活动，以提高员工士气。这些努力可以降低员工离职率，提高客户满意度，并获得出色的财务成果。所有这些都是内部营销活动创造价值的指标。

衡量价值的不同方法

那么，究竟什么是价值呢？在正确衡量价值之前，我们需要首先明确价值的定义。价值的定义应是使大多数营销人员理解并可以达成共识的术语。遗憾的是，价值是一个模棱两可的词汇，因为它对不同的人有不同的含义。字典里将价值定义为“某物可以交换得来的其他事物的数量或某种交换媒介的数量”。[18]对于大多数人来说，价值意味着事物的重要性、积极性、利益和有用性。一个更相关的问题是，价值对营销人员意味着什么。现代营销将价值视为收益与成本之比。从营销人员的角度来看，收益是指他们的营销项目为公司带来的贡献，而成本是实现收益所必需的支出。但是，这样还是不清楚收益和成本到底是什么。

为了思考这个问题，让我们做个练习。在练习1.1中，你将找到表1.1所示的对营销项目创造价值的6种可能的描述。请按照步骤完成练习并确定你的营销项目的价值。

练习1.1

1. 阅读营销项目的6个价值描述，然后选择一个对你现在很重要的价值描述（可以不止1个）。在“你的选择”列中，在该价值描述的左侧打钩。

2. 衡量营销项目价值的重要性，对每个价值描述进行排名。在“你的排名”这一列中，将数字1放在你认为最重要的项目行中，继续排名，一直到最不重要的衡量标准排名为6。

3. 在“现在衡量”这一列中，从对价值描述的语句中选择符合你现在衡量方式的类型。例如，如果你现在使用覆盖的客户数量和营销项目的支出来衡量价值，那么就在第一项的空格里打钩。对所有符合你衡量方式的价值描述都打钩。

4. 在下一列“高管排名”中，指出你的高级管理人员将会如何选择对他们最有价值的描述，然后（从1到6）对这些数据项进行排名，其中1是最有价值的，6是最没有价值的。

5. 在“现在衡量百分比”这一列中，指出你的营销项目按照现在每年在每个级别上衡量所占的百分比。

6. 在最后一列“高管期望百分比”中，指出你的高级管理人员希望每年在每个类别中评估的营销项目所占的百分比。

对这些问题的回答会揭示有趣的信息。这些回答显示你在衡量价值时是什么样的营销人员，展示营销项目衡量系统的状态，以及你当前的做法与高管期望之间的差距。它还能揭示你所关注及衡量的价值类型。

表1.1　你的营销项目的价值是什么？

衡量营销的价值						
你的选择	营销项目价值描述	你的排名	现在衡量	高管排名	现在衡量百分比	高管期望百分比
	A. “用最小的成本覆盖最多的客户。”					
	B. “客户参与并享受营销项目，认为我们的产品既有趣又有价值。”					
	C. “客户学习并了解我们产品和服务的功能、优势和成效，从而做出购买决定。”					
	D. “因为营销项目，客户采取了适宜的行动，尝试了产品样本，并采取措施做出购买决定。”					
	E. “客户购买我们的产品和服务，对盈利能力和增长都产生积极的影响。”					
	F. “组织在营销活动、时间和所用资源上的投资回报为正。”					

基于营销活动的价值

不知不觉地，一些营销人员选择了选项A。他们衡量所覆盖的客户数量、新产品推出的个数、拨打的电话数量、发送的电子邮件数量，以及发布的推文数量等。有的营销人员进行市场调研、焦点小组研究，并监控公司网站和社交媒体，以查看客户对其营销项目的反应和态度（选项B）。在其他时候，营销人员收集有关客户对项目、产品和服务的知识，以及了解程度的数据。这通常是营销信息

（选项C）。还有一些营销人员会收集客户采取行动的信息，例如客户将产品评级与其他产品进行比较、索取样品、要求进行产品展示，或者同意销售拜访（选项D）。总体而言，此类营销人员认为营销的价值在于努力本身。他们专注于营销投入、客户的看法和活动，而不是项目的成果和结果。这些以投入为导向的营销人员认为，投入的产出结果受到许多外部和内部环境因素的影响，并且大多数因素是他们无法控制的。因此，他们选择专注于他们可以控制的范围，也就是营销项目的设计和启动。

这些营销人员沉迷于他们自己开展的活动或客户采取的行动。有些人享受开展这些活动的过程并深感自豪。他们经常夸耀自己设计、启动和维护了大量的营销项目。对这些营销人员来说，价值的衡量和展示是通过计算项目覆盖的客户数量来获得的。例如，在广告行业中，广告代理商会评估覆盖、频次和总收视点（Gross Rating Point，GRP），并将这些数字报告给广告主以显示其创造了价值。在营销词汇中，覆盖是指在给定时期内接触过营销项目至少一次的个人或家庭数。社交媒体营销也有类似的概念。作为一种分析指标，社交媒体覆盖是指在社交平台（如Facebook、Instagram或Twitter）上遇到特定内容的唯一用户数量。两者都是投入水平的量度，类似于本练习中的选项A。

这种价值衡量方法的问题是，它与高管的期望不符。ROI研究所的一项研究表明，96%的CEO希望看到与营销项目的影响相关的衡量标准，尤其是想看到营销项目在多大程度上有助于实现市场份额、收入和客户群增长的目标。这些衡量标准与我们练习中的选项E相对应。高管最不关心的其实是投入，实际上他们认为这些营销活动是对昂贵资源的消耗。过分专注于投入和营销活动会让大家认为营销是“故弄玄虚”，而不是对实际业务结果做出了实质性贡献。因为其缺少问责，这将损害营销的信誉，并且这对将营销视为投资而非成本的观念的树立没有丝毫裨益。

基于营销结果的价值

基于结果的营销人员处于另一个极端。这些营销人员认识到，无论是产生销售收入还是获得新客户，营销都是为了产生结果。因此，他们选择在影响级别上（选项E）衡量和展示其营销项目的价值。基于结果的价值相对于基于活动的价值，在满足高管人员的期望方面进了一步。但是，仅关注结果也可能会带来自身的挑战，比如，缺少证据链和有力的证明来展示财务和客户结果确实是营销工作带来的。业务结果不可避免地受到许多因素的影响，而其中大多数因素超出了营销人员的控制范围。当有多个因素同时影响结果时，营销人员需要：（1）展示证据链；（2）分离营销项目影响（证明）。缺少这两个措施中的任何一个都会损害营销人员的信誉。

对于某些高管而言，有影响还不够，他们还想知道营销活动是否值得做。这就要求将营销活动的金钱收益与营销活动的成本进行比较。大多数影响需要转化为金钱。营销活动的成本必须包括所有费用——直接费用和间接费用。这个金钱收益与营销成本的比较就是财务ROI的计算方法。首席财务官使用同样的方式计算资本支出的ROI。这是练习中的选项F，也是一个越来越多人用来衡量营销活动、营销项目、营销事件和促销活动的指标。本书的大部分内容用于讨论在影响和ROI级别上衡量成功。

价值的新定义

外部的挑战和内部的压力都要求我们重新定义价值，以指导营销人员衡量、改进和证明其努力的贡献。价值的新定义不应该是单一的数字。相反，新定义应包括影响链中的各个数据点。价值的新定义应关注营销的关键因素，即目标客户。我们不会将客户视为商品，而是尊重他们，分析和理解他们对产品或服务的反应，他们对产品或服务的了解，以及他们因为我们营销项目所采取的行动。价值应该与营销活动以及这些活动所产生的结果相平衡。单独使用活动或者结果都不足以衡量价值。我们二者都需要。同样，我们需要在衡量价值的过程中平衡使用定量和定性数据。我们也应该从财务和非财务两个角度衡量我们正在创造的价值。价值的定义既要反映战术方面的影响（例如营销活动），也要反映营销战略方面的影响（例如财务影响）。

| 现有ROI模型的不足之处

多年来，市场营销从业人员和研究人员已经开发出多种方法和工具来衡量市场营销的价值。这些方法和工具在一定程度上帮助了营销人员。但是，由于市场条件的变化，客户偏好的变化以及竞争的加剧，现有的方法在诸多方面都差强人意，无法充分满足高管人员的高期望。我们并不是要批评任何现有的ROI模型。它们过去、现在和将来都提供有意义的服务。但是，经济环境、高管的期望和筹资方式都已经发生了改变。我们的营销项目既可以提供财务业绩，也可以提供客户绩效，服务于多种目的，并以不同的方式促进组织的成功。我们必须拥有一个更新的系统来全面评估这些营销项目。在本节中，我们将重点展示现有ROI模型的一些不足之处。

现有模型对价值的定义过于狭窄

现有的许多营销ROI方法都将盈利能力作为营销工作的唯一目的。确实，盈利能力是公司成长的命脉。销售额、利润率、市场份额这些财务指标衡量着营销部门对公司盈利能力的贡献。但是，正如卡普兰（Kaplan）和诺顿（Norton）所强调的那样，财务指标本身并不足以指导组织度过复杂而竞争激烈的环境。[19]相反，组织需要一个全面的业务框架来确保可持续增长和长期的成功。这两位作者在其“平衡计分卡”框架中提出了4种观点：财务观点、客户观点、内部业务流程观点，以及学习和增长观点。与此类似，索特纳斯（Zoltners）、辛哈（Sinha）和洛里默（Lorimer）也在4个维度上定义了营销和销售组织的成功，包括：（1）公司业绩；（2）客户业绩；（3）销售活动；（4）销售人员。[20]这几位作者认为，公司不应该单纯关注单一维度，而应该通过同时管理所有4个维度来保持平衡，以确保可持续增长和长期的竞争优势。

现有模型缺乏对客户的关注

营销首先关注的就是客户。但是，营销中一些现有的ROI模型并没有充分认识到客户的重要性。他们要么在方法论中完全忽略客户的决策过程，要么将客户购买视为理所当然。有些模型甚至将客户视为公司可以轻松获取和丢弃的商品。营销人员采用这样的一种思维方式是令人惊讶和有害的。毕竟，是客户的购买在驱动公司短期财务绩效，而公司必须依靠客户满意度、忠诚度和终身价值来保持未来的增长。在所有的营销策略和项目中，我们都应将客户视为我们考虑的核心。缺乏以客户为中心的代价会很高。市场上有非常多失败和错误的案例都是因为对客户需求和偏好的关注不足。

现有模型忽略内部营销与沟通

内部营销指的是在组织内部应用营销的概念和策略。这是一种非常重要的营销形式，但却经常被许多营销项目评估模型所忽略。内部营销的实践包括向员工推广组织的目标、产品和服务，目的是提高员工的工作满意度、忠诚度以及对践行组织使命和目标的参与度。内部营销可以为组织提供各种各样的好处。研究表明，如果员工更熟悉组织的使命、目标和产品，更了解组织的目标客户，并且可以更好地向客户传递品牌信息，那么营销管理将更加有效和成功。美国西南航空（Southwest Airlines）、诺德斯特龙百货公司（Nordstrom）和丽思卡尔顿酒店（Ritz-Carlton）等公司都是一直依靠内部营销来确保一流的客户服务。敬业和训练有素的员工可以成为最好和最受信任的组织大使和品牌拥护者。他们可以通过其他人无法企及的方式展示其知识、技能、自豪感和热情来积极地影响目标客户。但是，大多数当前的评估模型要么忽略内部客户和利益相关者，要么将他们的支持视为理所当然。

现有模型缺乏证据链来证明价值

与现有ROI模型相关的另一个问题是，许多模型只是假设营销项目可以创造价值，但却无法提供充分的依据。营销创造价值这个概念会受到营销人员的欢迎，但可能很难通过CEO和CFO的审查。为了赢得信誉和资金支持，营销人员需要通过建立证据链来证明其创造的价值。就像在法律环境中，办案的检察官必须建立完整的证据链。这个过程包括按时间顺序记录物证和电子数据的收集、分析和处置流程作为证据。同样，营销人员应该通过努力呈现营销项目带来的逻辑数据流作为证据链来显示营销的价值。

表1.2展示了这样一条价值链。你会注意到，该图的第一列是我们在练习中使用的选项的列表。实际上，这些选项对应于在不同级别上收集的数据，这些数据可用于建立营销项目所创建的价值链。级别为0的输入数据衡量营销计划的投资方面。接下来的三个级别，第1级、第2级和第3级，衡量反映客户决策过程的数据，可用于演示和证明价值创造的过程。这些行为的结果通常是购买，这就是

第4级影响。最后，有时需要查看该项目是否值得做，将货币收益与营销项目成本进行比较产生的ROI就是第5级。通过结合在反应、学习、行动和影响级别上收集的数据，我们就能够建立起一条证据链来证明我们的营销项目所创造的价值是合理的。遗憾的是，许多现有模型并不专注于价值链，这就削弱了它们展示营销项目贡献的能力。

表1.2　基于6级数据的价值链

营销项目的价值描述	级别	衡量重点	典型衡量指标
A."用最小的成本覆盖最多的客户。"	0 输入 ↓	营销项目的输入，包括代表项目范围、数量、时间、成本和效率的衡量指标	• 内容与主题的类型 • 营销项目数量 • 人员数量 • 所需时间（小时） • 项目成本
B."客户参与并享受营销项目，认为我们的产品既有趣又有价值。"	1 反应 ↓	客户对营销项目的反应，包括他们对产品或服务的感知价值以及客户的行动计划	• 相关性 • 重要性 • 实用性 • 有价值 • 行动意愿 • 动机 • 推荐给其他人
C."客户学习并了解我们产品和服务的功能、优势和成效，从而做出购买决定。"	2 学习 ↓	获得的知识，包括学习领会概念以及如何在工作中使用技能和能力	• 知识 • 才能 • 能力 • 信心 • 联系人
D."因为营销项目，客户采取了适宜的行动，尝试产品样本，并采取措施做出购买决定。"	3 行动 ↓	客户的行为，以及知识、技能与能力在工作场所的使用	• 行为改变 • 产品演示请求 • 尝试样品 • 回顾客户评分 • 完成的行动 • 行动的障碍因素 • 行动的使能因素

续表

营销项目的价值描述	级别	衡量重点	典型衡量指标
E.“客户购买我们的产品和服务，对盈利能力和增长都产生积极的影响。”	4 影响 ↓	营销项目和营销活动的影响，表现为对影响和有效性的衡量	• 市场份额 • 营销收入 • 客户忠诚度 • 品牌 • 效率 • 客户投诉 • 客户保留 • 客户满意度
F.“组织在营销活动、时间和所用资源上的投资回报为正。”	5 ROI	营销项目的货币收益与营销项目成本的比较	• 利益成本比 • ROI（%） • 投资回收期

现有模型对归因（证明）重视不足

我们实施外部和内部营销项目，以改进绩效指标，例如销售收入、盈利能力、市场份额、客户满意度、客户忠诚度和客户保留率。这些重要绩效指标的改进必将使那些赞助营销项目的组织受益。然而，一个几乎总是出现的问题是，如何表明这种改进是营销项目带来的，而不是由其他因素引起的。营销是一个引人注目的领域。这意味着高管和利益相关者通常都可以看到营销项目的结果数据。但是，由于大多数营销项目的结果同时受到许多因素的影响，并且大多数因素都超出了我们的控制范围，高管们有理由怀疑营销项目对结果的贡献度。例如，在启动社交媒体促销3个月后，一家健身俱乐部黄金健身房（Gold Gym）发现新会员申请在1月份几乎翻了一番。那么这种改进是由社交媒体促销带来的呢，还是由其他因素（比如，大家在新年里健身的决心或者健身房门前刚刚完工的道路）所带来的呢？如果没有一个正确的归因流程，我们的结果很难令人信服。

现有模型不切实际地假定完美的信息和静态的环境

一些现有的营销ROI模型做出了许多大胆但不切实际的假设，比如，我们可以提前弄清市场上大多数未知因素，或营销人员在实际执行营销项目之前就已经获得了所需的所有信息。这些模型还假设在实施营销项目时，我们所处的业务环境保持不变，并且客户在5到10年内的行为将完全相同。这些假设可能在过去的某个时段成立，但现在已今非昔比，因为商业环境新的现实远非一成不变。越来越多的商业领袖都同意，我们是在一个VUCA的世界中运作。所谓VUCA，是一个源于美国陆军战争学院的术语，代表“冷战”后世界的动荡（Volatility）、不确定性（Uncertainty）、复杂性（Complexity）和模糊性（Ambiguity）。在许多行业和领域中，VUCA的概念正变得日益普及，并且越来越相关。所有这些因素都要求我们对当前的营销项目评估模型进行战略和战术上的变革。

现有模型缺乏对流程改进的关注

很多评估工作都是在营销项目即将结束时进行的，通常是在营销项目启动后的几个月或几年后。如果评估表明该项目不成功或者ROI低于预期，再采取任何补救措施都为时已晚。因此，每个评估模型都应关注过程改进。当评估显示结果令人失望时，该模型应及时帮助营销人员确定需要进行哪些改变。即使评估结果令人满意，该模型也应使营销人员知道如何进一步改善结果。从营销计划到实施，这个过程可能既漫长又复杂。如果没有适当的评估模型，营销人员会发现识别和解决问题非常有挑战性。对流程改进的关注也将有助于克服最大的评估障碍：对结果的恐惧。营销人员通常会有一个深切但是可以理解的恐惧，那就是我们的项目可能没有提供大家期望的价值，并且项目的缺点会在评估阶段充分暴露出来。以流程改进作为模型的重点，营销人员可以选择提前进行必要的调整，以确保交付预期的结果。

现有模型缺乏影响投资和资金的能力

所有营销项目都消耗资源。如果没有足够的资金和支持，任何营销项目都无法成功。展示自己的营销项目是对组织资源有价值的投资，以确保将来的资金投入，是符合营销人员最大利益的。由于组织中不同职能之间存在潜在的竞争，因此争取未来的投资资金可能是一个令人困惑甚至有争议的问题。我们所面临的挑战是帮助高管和利益相关者看到我们项目的价值，以便他们能够继续为项目提供资金。评估模型需要为营销经理和营销从业人员提供能够影响未来投资以保障项目具备充足资金的能力。图1.1展示了从项目评估到结果优化，以及最终增加未来资金分配的逻辑流程。具体来说，营销人员应该采取适当的措施来展示项目的价值和问题，优化ROI以改善流程和结果，然后为确保营销项目获得资金提供充分的理由。

图 1.1　评估、优化与分配

| ROI 方法论

我们在本书中向营销专业人员、学生和学者介绍ROI方法论。这个由ROI研究所开发的方法论可解决当前评估模型存在的8个问题，帮助营销人员担当责任并获得资金支持。ROI研究所是一家卓越的致力于研究ROI方法的跨国研究中心。ROI研究所的创始人杰克和帕特里夏·菲利普斯是本书的合著者。他们建立ROI研究所的使命就是为了评估复杂但相对“软性”的非资本项目的成果。从人才管理、领导力发展到技术和创新，ROI方法论帮助专业人士和研究人员展示其项目所创造的价值，从而赢得利益相关者的财务和非财务支持。在过去的25年中，这个方法论已被全球6 000多家组织采用，其中包括85%的《财富》500强公司和联合国。同时，ROI研究所的高管已经出版了超过100本专业书籍和400多个ROI案例研究，展示了该方法论如何应用于各个领域。自创建以来，ROI方法论一直在不断改进和更新。本书介绍的模型是受设计思维原理启发，在营销领域的最新应用。无论是否具有强大的统计学和财务背景，所有的营销人员都可以使用这个方法。方法论的过程是用户友好的，步骤简单、逻辑清晰且有序。该方法论是基于扎实的理论基础，并且已通过广泛使用进行了实证检验。我们将在第2章中对ROI方法论进行概述，并在随后的各章中介绍其详细信息、步骤、技巧和工具。

| 结语

营销人员承受着展示项目价值的压力。本章讨论了价值的定义，并提供了衡量、改进和证明营销项目价值重要性的理由，以回应高管的要求并解决问责制问题。由于当前的许多模型存在着各种缺憾，无法满足这些要求，因此营销领域需要一个全新的评估模型。这个新的模型应该能够避免当前模型的不足之处，并且能够同时适用于企业市场营销、消费者市场营销和内部市场营销。新的模型建立在扎实的理论基础之上，经过不同行业不同国家的实证检验，并且简单实用、用户友好。它为营销人员探索新的方法来衡量、展示和提高价值赋能。最重要的是，这个模型能够帮助营销人员获得资金和支持。

参考资料

1. “The Coca-Cola Company Announces Senior Leadership Appointments.” The Coca-Cola Company. Accessed March 5, 2020. https://www.coca-colacompany.com/press-releases/coca-cola-announces-senior-leadership-appointments.
2. Handley, Lucy. “Chief marketing officers will have to ‘Grow or Go’ as Fortune 100 Companies Switch to ‘Chief Growth Officer’ Roles”. November 7, 2017. http://www.cnbc.com/2017/11/07/chief-marketing-officers-might-become-chief-growth-officers.html.
3. Pemberton, Chris. “2017—2018 CMO Spend Survey Highlights Demand for Results. ” November 20, 2017. http://www.gartner.com/smarterwithgartner/2017-2018-cmo-spend-survey-highlights-demand-for-results/.
4. “2 in 3 CMOs Feeling Pressure From the Board to Prove Marketing’s Value.” Marketing Charts. August 29, 2013. https://www.marketingcharts.com/brand-related/brand-metrics-36293.
5. “Media advertising spending in the United States from 2015 to 2022.” Statista. Accessed March 5, 2020. https://www.statista.com/statistics/272314/advertising-spending-in-the-us/.
6. “Marketing Budgets Vary by Industry.” CMO Insights and Analysis from Deloitte. *Wall Street Journal*. Accessed March 5, 2020. https://deloitte.wsj.com/cmo/2017/01/24/who-has-the-biggest-marketing-budgets/.
7. “7 in 10 Enterprise CEOs Believe They Are Wasting Money on Marketing

Initiatives. ” Marketing Charts. November 25, 2014. https://www.marketingcharts.com/business-of-marketing-48692.

8. Kerin, Roger A. and Steven W. Harley. *Marketing*. 14th ed. Dubuque, IA: McGraw-Hill. 2019.
9. Marshall, Greg. W. & Johnston, Mark W. *Marketing Management*, 3rd ed. New York, NY: McGraw-Hill. 2018.
10. “CMO vs. CGO: The Renewed Importance of the Chief Growth Officer. ” Mondo. Accessed March 5, 2020. https://www.mondo.com/cmo-vs-chief-growth-officer.
11. Handley, Lucy. “Procter & Gamble Saves $750 Million on Advertising and Cuts Agencies by 50 Percent. ” January 24, 2018. https://www.cnbc.com/2018/01/24/pg-slashes-ad-budget-by-750-million-and-agencies-by-50-percent.html.
12. “Definitions of Marketing. ” American Association of Marketing. Accessed March 5, 2020. https://www.ama.org/the-definition-of-marketing-what-is-marketing/.
13. Kotler, Philip & Keller, Kevin Lane. *Marketing Management*, 15th ed. London: Pearson Education, 2015.
14. Porter, Michael E. *Competitive Strategy: Techniques for Analyzing Industries and Competitors.* lst ed. New York: Free Press, June 1, 1998.
15. MASTERCODEAV. “Steve Jobs’ Marketing Strategy.” April 17, 2016. YouTube Video, 6:53. https://www.youtube.com/watch?v=H5zToMreEoU.
16. Kerin, Roger A., and Steven W. Harley. *Marketing*, 14th ed. Dubuque, IA: McGraw-Hill. 2019.
17. Kerin, Roger A., and Steven W. Harley. *Marketing*, 14th ed. Dubuque, IA: McGraw-Hill. 2019.
18. Value. Dictionary. Accessed March 5, 2020. https://www.dictionary.com/browse/value?s=t.
19. Kaplan, Robert S., and David P. Norton. *Translating Strategy into Action: The Balanced Scorecard*. Boston: Harvard Business School Press, 1996.
20. Zoltners, Andris A., Prabhakant Sinha, and Sally E. Lorimer. *Building a Winning Sales Force: Powerful Strategies for Driving High Performance*. New York: AMACOM, 2009.

第2章 ROI方法论的工作原理

> 他山之石，可以攻玉。
>
> ——《诗经·小雅·鹤鸣》

国家投资公司（National Investment Corporation，NIC）是一家大型金融服务企业，为全国客户提供投资服务和保险产品。这家公司成立于20世纪50年代，最初是一家主要服务中西部农民的保险公司。如今，尽管大部分业务（约70%）仍来自中西部地区，它的客户已经遍及美国23个州。NIC的金融产品包括股票、共同基金、年金、人寿保险、房屋和汽车保险、长期护理保险，以及财务规划和信托服务。几十年来，该公司的营销策略致力于客户关系管理，业务发展一度非常成功。

理查德（Richard）刚刚被任命为NIC的市场总监。从大学获得市场营销学位后，理查德在保险和金融服务行业从事过许多不同的工作。理查德具备商业头脑和个人销售技能，也拥有市场营销和管理经验，他对在这个新职位上获得成功充满信心。

但是，NIC的现状远非理想。首先，销售收入数字持平。具体来说，该公司的年增长率已从5年前的15%降至去年的不足1%。NIC的客单销售收入，作为衡量营销和销售效率的重要指标，已下降到低于行业平均水平的20%。此外，记录显示，客户投诉的数量已增加到每月120次，其中大多数投诉与客户服务质量有关。同时，NIC的员工流动率大约为30%，远远高于15%的行业平均水平。

理查德和他的团队进行了一系列分析以探索绩效差距。分析表明，痛点之一是NIC对客户需求的反应过慢。客户调研也证实了这一发现。许多客户都将NIC客服响应过慢描述为其对客户服务不满意的主要原因。理查德和他的团队从公司记录中收集历史数据，进行一对一访谈并组织焦点小组讨论，以进一步了解此问题。这些分析显示潜在的根本原因是客户关系管理（Customer Relationship Management，CRM）不够有效。

由来自销售、市场、财务、信息技术和培训部门代表组成的工作组研究了几种改善客户关系的解决方案，其中包括几款客户关系管理软件包。在比较了多个产品的特点和价格之后，理查德决定选择安装一款同时具备现场版本和云版本的CRM服务软件包。这款名叫CRMNow！的软件包旨在将联系人转化为客户关系，并将客户关系转化为增加的销售额。它具备灵活的客户数据库，简洁的联系人输入、内置日历和待办事项列表等功能。CRMNow！可实现快速有效的客户沟通，并能设计出定制化的报告。

CRMNow！的销售顾问声称，他们的系统可以帮助NIC进行客户获取和客户维护，并提高客户利润率。由于NIC以前从未使用过这种服务，理查德决定进行一项试点研究以评估CRMNow！的功能和可行性。他没有为4 000名理财顾问都购买这一软件，而是只让其中的60名理财顾问先使用该软件并测试其有效性和效率。这项试点研究包括一天的培训会议，在会议上向理财顾问演示如何使用CRMNow！软件。如果采用此软件确实能够产生合适的ROI，NIC计划在整个公司安装该软件，并为公司所有的理财顾问都提供这个为期一天的培训。

理查德曾经听说过ROI方法论，但并不了解详情。他想知道这种方法如何能帮助他正确地评估和展示他的策略的价值，以获得更多对营销部门的资金支持，并确保NIC资源的最佳利用。

使用6级数据衡量价值

如第1章所述，营销ROI围绕客户的决策流程建立框架，并通过一系列的影响链条来评估营销对业务结果的影响。这些数据展示不同级别上的价值创造过程，代表着ROI方法论内在的丰富性。具体来说，营销人员可以使用与每个级别相对应的衡量指标在以下几个级别上收集和分析数据。

第0级：输入

在第0级水平上，营销人员衡量投入营销计划、营销项目，以及不同营销活动的财务和非财务资源。典型的衡量指标包括项目类型、成本和支出、客户和参与者的数量、会议数量、发布的推文、发送的电子邮件、购买的移动广告，等等。在内部营销项目中，如本章开头讨论的NIC的故事，第0级的输入值可以包括参加人数（60名理财顾问）、购买和安装CRMNow！系统的相关费用、提供的培训课程的数量及培训所涉及的小时数，等等。

第1级：反应

反应是指客户或项目参与者对刺激或情况的反应。在此级别上，营销人员评估目标客户对广告、产品、服务、信息发布会、促销信息等的反应。就NIC的例子来说，市场总监及其团队应该监控理财顾问对CRMNow！系统及其相关培训课程的反应。在反应级别上的衡量指标可以是理财顾问在多大程度上认为使用该系统与客户服务相关、对客户服务重要、对客户服务有用。

第2级：学习

学习是通过接触广告、社交媒体促销、培训及与销售专业人员的互动来获取信息、知识、技能或了解偏好的过程。尽管学习本身并不能保证项目成功，但这是决定客户的行动，以及最终影响业务成果的重要因素。在此级别上，NIC需要确保60位理财顾问具有足够的知识和技能，可以在与客户的互动中使用CRMNow！系统。

第3级：行动

行动是指营销人员期望目标受众使用他们所学到知识和所了解的信息来做的事情。这些行动可能包括客户通过电话和电子邮件查询、访问公司网站，以及使用优惠券和样品。尽管仍然不能保证成功，但这些行动通常会对业务成果产生重大影响。对于内部营销项目，这个级别衡量项目参与者在多大程度上应用所学到的知识。在NIC的案例中，第3级的行动指的是指理财顾问应用CRMNow！系统更好地为客户服务。这涉及使用范围、使用频率和使用成功。在这个级别上，我们还衡量行动的障碍因素和使能因素。

第4级：影响

影响衡量营销项目要达成的理想业务结果。典型的业务结果包括增加销售额、增加利润、增加新客户等。NIC的营销团队通过实施CRMNow！项目来增加销售收入、提升客户满意度、减少客户投诉，也希望能够降低员工流失率。所有这些都是第4级影响的衡量指标。

第5级：ROI

在此级别上，我们将影响带来的货币收益与总的项目成本进行比较，以计算ROI。ROI在这里是营销所创造价值的最终衡量。为了计算CRMNow！项目的ROI，NIC的营销团队需要估算与安装实施CRMNow！系统相关的所有直接和间接成本，同时需要计算该项目的年度货币收益。这意味着将销售收入、客户满意度、客户投诉以及员工流失都转化为金钱，从而计入总收益。在将数据转换为金钱之前，应排除其他影响因素以反映CRMNow！项目的真实效果。我们将在随后的章节中讨论这一方法的细节。

如第1章所述，ROI方法论可用于所有3种类型的营销项目，包括企业对消费者营销（B2C）、企业对企业营销（B2B）和内部营销项目。框架中的所有6个数据级别都适用于这3种营销类型，但是每种营销类型的衡量指标可能有所不同。数据的6个级别和相应的衡量指标汇总在表2.1中。

表2.1　3种营销项目的6个数据级别

级别	衡量种类	B2C 营销	B2B 营销	内部营销
0 输入	衡量对营销活动的投入，包括营销项目的数量、参加者、受众、成本和效率	宣传新产品的新电视广告	个人销售的新服务包	推销员参加销售技巧训练

续表

级别	衡量种类	B2C 营销	B2B 营销	内部营销
1 反应	衡量顾客或参与者对营销项目的反应，包括认知的价值和为确保项目成功而计划采取的行动	顾客觉得电视广告很有趣	采购代理觉得服务包很独特	销售人员发现培训对他们取得成功有用、相关并且重要
2 学习	衡量参与者从项目中学到的信息、知识、技能和联系方式（营销项目的收获）	消费者了解新产品的好处	采购代理学习服务包的新功能	销售人员学习如何使用新的销售技巧
3 行动	衡量由于营销项目而采取的行动——使用信息、提出建议、尝试样本、改变行为等	消费者在线搜索以查找新产品评论	采购代理向经理推荐服务包	销售人员在销售时使用销售技巧
4 影响	衡量与营销项目相关影响的变化，例如收入、利润、客户忠诚度、质量和成本	产品销量在6个月内增加了100万套	服务包的利润达到75万美元	每个销售员的月销售额都增加了6万美元
5 ROI	将影响衡量的货币收益与项目总成本进行比较	50%	25%	40%

创建一致性

营销是任何组织必不可少的核心功能。营销管理作为一项核心业务活动，是通过规划、开发和实施战略，进而满足目标客户的需求，并实现组织目标的过程。营销人员每年都会启动各种各样的营销计划和项目，通过管理营销流程的各个方面来提高个人、部门和组织的绩效。这些营销项目消耗财务和人力资源，并且变得越来越昂贵。我们需要采取行动以确保这些项目产生的收益超过成本。这是绝对必要的。

研究表明，项目失败的一个重要原因是缺乏一致性。好的营销项目可以满足重要的业务需求，并达成不同级别的业务目标。确保营销项目的目标与组织目标保持一致，对获取支持和资源并确保项目成功至关重要。ROI方法论使用业务校准模型，也称V模型，来帮助营销人员确保项目具有一致性。如图2.1所示，业务校准模型从左边检查需求开始，到右边以价值链结束，模型的两边都包含了前面讨论的从第1级到第5级的5个级别。

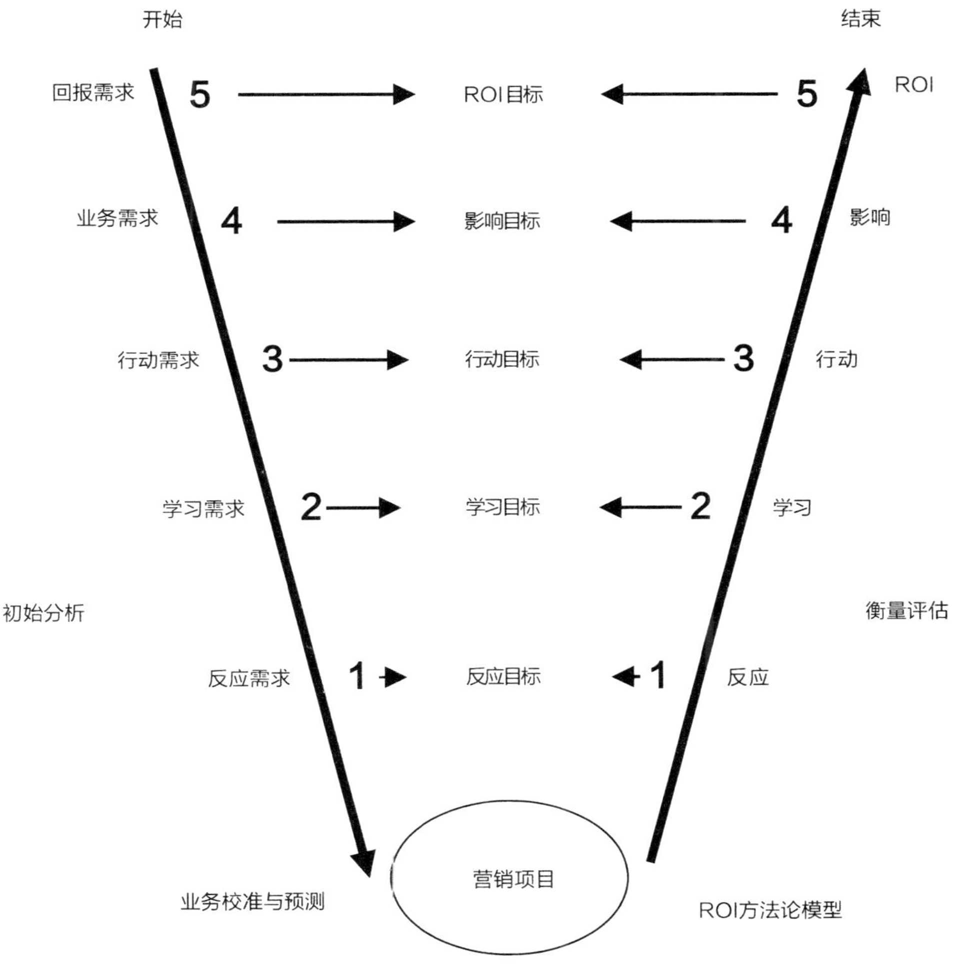

图2.1　业务校准模型

回报需求

校准过程的第一步是检查营销项目的潜在收益，并提出以下问题：这是值得解决的问题还是值得挖掘的机会？这个营销项目值得实施吗？ROI为正值的可能性是什么？营销人员应同时考虑在组织层面上的战略回报需求和在职能层面上的战术回报需求，以确保一致性。

业务需求

下一步是确保启动并实施的营销项目可以用来解决实际的业务需求，例如，提高销售额、市场占有率、提升客户忠诚度、增长新客户、降低产品退货或客户投诉。组织可能会同时面对多个业务需求。应基于战略考虑对这些业务需求进行优先级排序，并对其成本和潜在收益进行加权。

行动需求

接下来，我们需要检查行动需求，这是客户为了满足在上一个步骤里定义的业务需求而采取的行为。例如，如果销售增长乏力，那么营销团队应该怎么做才能增加销售额？我们期待客户做什么？销售团队又应该做什么？此步骤可能很复杂，也可能很有趣。但这是非常关键的一步，因为它能够将营销项目的输入与其预期结果连接起来。

学习需求

确定行动需求后，我们接下来看一下学习需求。此步骤的相关问题集中于获取信息、技能或知识来采取前述步骤中的行动，由此确定哪些可以改变。无论是B2B，或B2C，还是内部营销，几乎每个营销项目都涉及学习。所需的知识可能非常简单，比如知道在哪里购买新产品，也可以非常复杂，比如了解如何安装新设备。根据不同的场景，学习可以是主动的，也可以是被动的；可以是有意识的或潜意识的；可以是线上学习，也可以是线下学习。

反应需求

校准过程的最后一步涉及检查反应需求，以确保外部和内部客户会有积极的反应，比如，客户认为我们的营销项目、产品和服务有趣、重要，或者有价值。这样他们才会希望更多地学习并采取行动。反应本身不能确保项目成功，但它提供了项目从起点到成功的路径。

NIC案例研究

了解营销项目的需求为项目成功奠定了坚实的基础。它还确保营销人员能够制定清晰明确的目标，并将其传递给所有利益相关者。这些目标应定义每个级别上的成功并回答这个问题："我们如何满足这些需求？"在营销项目实施期间和实施之后，我们可以衡量和评估各个级别的成果，并将其与目标进行比较。比如，对于NIC的CRMNow！系统，市场总监理查德和他的团队可以在不同级别上设定目标。在第5级，ROI目标可以设定为20%。第4级影响目标可以设定为在6个月内将现有客户的销售额提高10%，并在6个月内将客户投诉降低到20次以下。为了实现这些高级别的目标，NIC应该分析确定所需的行动需求和学习需求。根据这些分析，可以将第3级目标设置为80%以上参加过培训的理财顾问将在一个月内使用CRMNow！系统，第2级学习目标则可以是90%参加过培训的理财顾问理解使用该系统的步骤。为了确保适当的学习，NIC营销团队需要精心设计发送给理财顾问的促销信息。第1级反应目标可以设定为95%的理财顾问认为CRMNow！系统的培训计划是与他们相关的、有用和重要的。

| 运用设计思维交付成果

设计思维是最近在创新和营销领域中非常流行的概念。尽管设计思维的想法在几十年前就已经出现了，但在过去的几年中，它因为世界创意公司IDEO的蒂姆·布朗（Tim Brown）所写《IDEO，设计改变一切》（*Change by Design*）[1]，还有像伊卓里斯·穆提（Idris Mootee）[2]写的《战略创新之设计思维》（*Design Thinking for Strategic Innovation*）这样的书籍而大受欢迎。作为一种以人为中心的整体方法，设计思维利用诸如移情和实验等元素来获得创新的解决方案。使用设计思维的营销人员不依赖于历史数据或人的本能，而是采用迭代过程，根据客户未来的需求做出决策。在明确了成功的定义之后，营销人员会根据最初的理解水平迅速从构想和原型开始，通过不断获取新信息和挑战旧假设来积极寻求了解用户的需求，并勇于重新定义问题，以尝试确定替代策略和解决方案。

设计思维既是一种思维方式，又是实践方法的集合。它使整个团队能够设计成功的定义，而不仅仅是验证成功。如果我们想要更好的销售业绩，那么每个人都向这个方向努力。如果我们想要更满意的客户，那么每个人都将重点放在客户服务上。如果我们想降低客户流失率，那么每个利益相关者都应该关注这一点。在清晰并正确定义了什么是成功之后，团队在设计思维原则指导下，遵循一系列的步骤来实现期望的成功。专栏2.1中列出了我们总结的10个常见的设计思维原则。这些通用的设计思维原则激励我们不断更新ROI方法论，创建模型以进行结果设计，进行数据收集设计，以及为了获得更多投资而设计。[3]前8项原则独特地影响着ROI方法论的12个步骤。表2.2展示并描述了每个步骤，以及用于每个步骤的设计思维原则。

> “每个系统都经过精心设计以准确实现其获得的结果。”
>
> ——W. 爱德华兹·戴明（W. Edwards Deming）

专栏2.1　设计思维基本原则

1. 在系统级别处理问题的解决问题方法
2. 好奇心和探寻的心态
3. 平衡需求和可行性的框架
4. 通过运用同理心应对设计挑战的方法
5. 促进探索和实验的文化
6. 固定流程和工具包
7. 通过讲故事来激励高级管理人员的过程
8. 业务策略的新竞争逻辑
9. 解决复杂或棘手问题的方式
10. 降低风险的手段

（Idris Mootee. *Design Thinking for Strategic Innovation: What They Can't Teach You at Business or Design School*. Hoboken, NJ: Wiley, 2013.）

表2.2 为结果而设计

1. 从何入手：业务与项目的统一 • 校准是关键 • 是问题还是机会? • 需要特定的业务措施	**设计思维原则：** 在系统级别处理问题的解决问题方法 **ISPI 标准1：**关注结果
2. 使之可行：选择正确的解决方案 • 我们做的（或者没有做的）什么事情正在影响业务结果? • 如何实现这一绩效?	**设计思维原则：** 好奇心和探寻的心态 **ISPI 标准5、6和 7：**确定需求或机会、确定原因，以及设计实施与评估的解决方案
3. 期望成功：为结果而设计 • 在多个级别设定目标 • 定义成功 • 扩大责任	**设计思维原则：** 平衡需求和可行性的框架 **ISPI标准2：**系统思考
4. 使之重要：为投入、反应和学习而设计 • 关注目标 • 考虑投资回报 • 使之相关 • 使之重要 • 以行动为导向	**设计思维原则：** 通过运用同理心应对设计挑战的方法 **ISPI标准8：**确保解决方案的一致性与可行性
5. 使之融会：为行动和影响而设计 • 关注目标 • 确保项目的应用 • 设计应用和行动的工具 • 收集数据	**设计思维原则：** 促进探索和实验的文化 **ISPI标准9：**实施解决方案
6. 使之可信：衡量结果，计算ROI • 分离营销项目影响 • 将数据转化为货币价值 • 估算项目成本 • 计算ROI	**设计思维原则：** 固定流程和工具包 **ISPI标准10：**评估结果与影响

续表

7. 讲述故事：与关键利益相关者沟通结果 • 定义听众 • 确定需求 • 选择方法 • 快速行动 • 考虑使用一页纸摘要	**设计思维原则**： 通过讲故事来激励高级管理人员的过程 **ISPI标准4**：伙伴协作
8. 优化结果：运用绩效改进以增加项目资金 • 衡量 • 改进 • 资金	**设计思维原则**： 业务策略的新竞争逻辑 **ISPI标准3**：增加价值

（Revised from Patricia Pulliam Phillips and Jack J. Phillips. *The Business Case for Learning: Using Design Thinking to Deliver Business Results and Increase the Investment in Talent Development*. West Chester, PA: HRDQ and Alexandria, VA: ATD Press, 2017.）

| 使用ISPI 十大标准来确保成功

国际绩效改进协会（Intenational Society for Performance Improvement，ISPI）是一个非营利性组织，坚信“贵在更好”。本书的所有合著者都曾为ISPI志愿服务并担任过各种领导职务。近60年来，该组织一直在提供工具和策略以有效和普遍地提高绩效，并帮助人员和组织发挥作用。ISPI的成员采用一种称为人类绩效技术（Human Performance Technology，HPT）的系统方法来提高个人、组织和社会级别的绩效。HPT方法在设计、开发、实施和评估绩效改进解决方案之前，会评价分析当前的绩效状态，识别绩效差距和增长机会并分析原因。在整个过程中，它们遵循ISPI 十大标准作为指导。[4]专栏2.2中展示了这十大标准。

从专栏2.2可以看出，ISPI十大标准强调结果、成果和增加价值。这些标准与ROI方法论一致，后者也致力于衡量、加强和证明项目和计划所带来的绩效改善与所创造的价值。与我们在上一节中讨论的设计思维原理相似，ISPI十大标准也影响着ROI方法论的12个步骤。大家可以再看一下表2.2，里面了展示ROI方法论原来的8个步骤，以及影响这些步骤的设计思维原理和ISPI十大标准。

专栏2.2 ISPI十大标准

标准1. 关注结果

标准2. 系统思考

标准3. 增加价值

标准4. 伙伴协作

标准5. 确定需求或机会

标准6. 确定原因

标准7. 设计实施与评估的解决方案

标准8. 确保解决方案的一致性与可行性

标准9. 实施解决方案

标准10. 评估结果与影响

| ROI方法论模型

许多营销人员面临的一个典型挑战是如何使用ROI方法论模型来衡量和展示价值。一些专业人士抱怨说，尽管他们从理论上理解了营销ROI的概念，却仍然不知道如何在实践中应用它。在本书中，我们将介绍ROI方法论的分步过程，并提供工具、示例和案例以支持使用。如图2.2所示，表2.2中的8个步骤已经调整为4个阶段的12个步骤：

第1阶段：计划评估（步骤1~3）

第2阶段：收集数据（步骤4~5）

第3阶段：分析数据（步骤6~10）

第4阶段：优化结果（步骤11~12）

由于可信度在数据分析中的重要性，第3阶段进一步细分为5个步骤，每个步骤在开始时都标有“使之可信”。我们在本节简要介绍ROI方法论模型，并在后续章节中讨论12个步骤的详细内容。

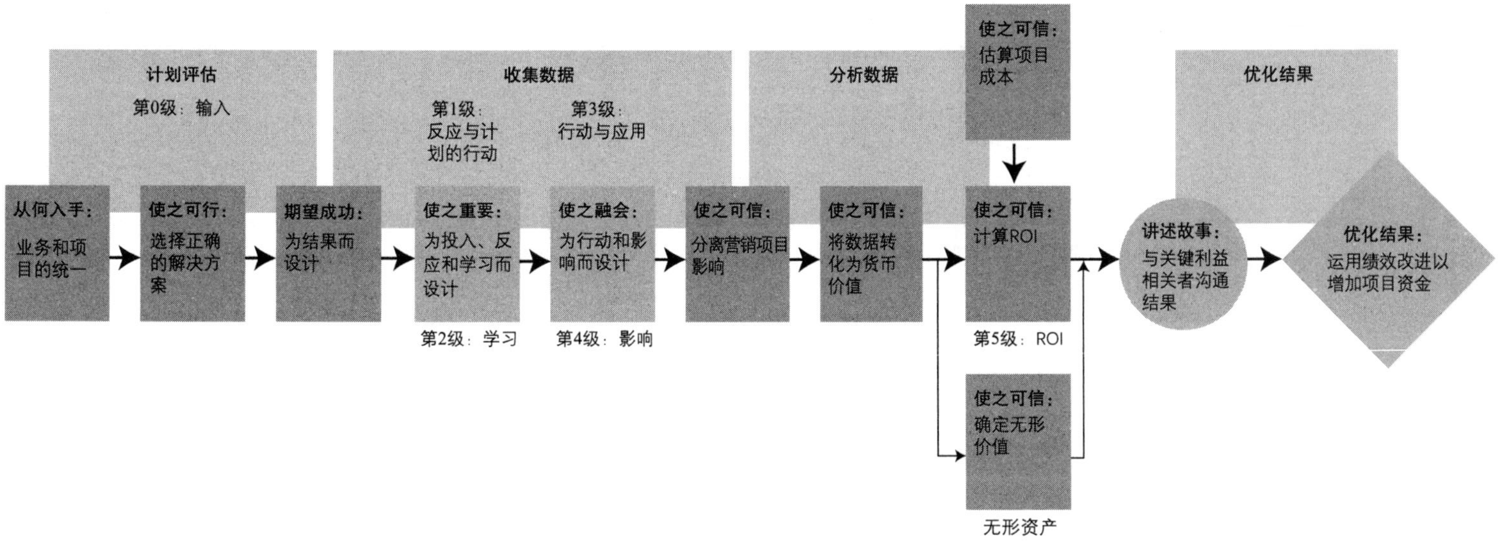

图 2.2　ROI方法论模型

第1阶段：计划评估

ROI方法论的第1阶段，即计划评估，分为3个步骤。第1步“从何入手”，将在第3章中进行讨论。该步骤着重于确保营销项目与组织的使命，目标和策略保持一致。第2步是“使其可行”，其中包括选择适当的解决方案以实现所需的影响。第3步“期望成功”，设定目标并阐明不同利益相关者为取得成功所扮演的角色。我们将分别在第4章和第5章中讨论第2步和第3步。

第1步　从何入手：业务和项目的统一

我们将ROI方法论模型的第一步命名为“从何入手”，因为此步骤定义了我们实施该项目的原因。在这一步骤中，设计思维原则是“在系统级别解决问题”，而ISPI标准是“关注结果”。营销在实施组织战略中扮演着独特的角色。营销人员需要确保营销项目的各个方面都在为这一目标服务。根据高层管理人员做出的战略选择和组织所面临的挑战，营销项目可以用于提高销售收入、盈利能力和市场份额，或者用于维护新客户并减少客户投诉。营销项目还可以用来达成减少产品退货或改善客户响应时间等内部导向目标。无论是什么原因，作为第1步，营销人员都需要准确定义、明确表达和充分沟通为什么我们要开展这个营销项目。例如，NIC的市场总监将改善客户服务和提高销售收入作为他们需要CRMNow！项目的原因。

第2步　使之可行：选择正确的解决方案

在这一步中，设计思维原则是“好奇心和探寻的心态”。这一步涉及3个ISPI标准：“确定需求或机会”“确定原因”，以及“设计实施与评价的解决方案”。营销人员需要进行各种分析以发现问题和被忽略的机会，然后探索原因并设计或选择最可行的解决方案，以实现第1步中设定的目标。我们应该修改产品或其包装吗？我们应该调整价格吗？我们应该针对不同的细分市场或者尝试不同的分销渠道吗？我们应该发起新的社交媒体宣传吗？无论你选择哪种解决方案，都应该通过分析、展示证据，以及对预期影响和成本的充分考虑来证明这一选择的合理性。在NIC的案例中，市场总监理查德选择安装CRMNow！系统并培训理财顾问作为解决方案，以实现在第1步中设定的目标。

第3步 期望成功：为结果而设计

在此步骤中，如业务校准模型中展示的那样，营销人员在影响、行动、学习和反应级别上设定目标。设计思维原则是“平衡需求和可行性的框架”，而ISPI标准是“系统思考”。这些目标应该是SMART，即具体的（Specific）、可衡量的（Measurable）、可实现的（Attainable）、相关的（Relevant）和有时间限制的（Time bound）。该步骤定义了影响级别上的成功，以便所有利益相关者了解他们应该扮演的角色，并努力在实施过程中实现行动和影响的目标。营销人员监控进度，与目标进行比较。如果一个或多个指标未按预期达成，则进行必要的调整。为了确保成功，整个过程的任何环节都可以进行调整和修改。这些目标还可以帮助营销人员计划数据收集、数据分析和沟通组件。这是计划评估阶段的最后一个步骤。

第2阶段：收集数据

数据收集对于ROI方法论至关重要。此阶段使用两个步骤来验证各个级别的成功。第6章“使之重要”，将衡量第0级（输入），第1级（反应）和第2级（学习）的成功程度。第7章“使之融会”，包括收集数据以衡量第3级（行动）和第4级（影响）的成功程度。数据可以是硬数据，也可以是软数据；可以来自一手资料，也可以来自二手资料；可以从内部或外部收集；可以在线上收集，也可以在线下收集。在此阶段，营销人员需要在规定时间和预算限制的范围内选择最适合营销项目的方法。

第4步 使之重要：为投入、反应和学习而设计

在这一步骤中，设计思维原则是“通过运用同理心”应对设计挑战的方法，而ISPI标准是“确保解决方案的一致性和可行性”。营销ROI是以客户为中心的方法。我们通过考虑客户的反应、学习、行动及其对业务结果的影响来设计营销项目的解决方案。关键在于使内部客户能够想外部客户所想，体会他们的感受，并相应地设计营销项目以适应外部客户的需求。在NIC的示例中，它要求市场总监首先考虑需要什么样的输入（目标客户是谁、需要花费多长时间及花费多少金钱），这60位理财顾问会对CRMNow！系统如何反应，以及理财顾问需要学习什

么以确保成功使用CRMNow！此步骤的重点是确保营销项目对涉及的各方都是相关的、重要的，并且拥有足够的资源和利益相关者的支持以取得成功。

第5步　使之融会：为行动和影响而设计

这里应用的设计思维原则是“促进探索和实验的文化”，而ISPI标准是“实施解决方案”。在此过程中，营销人员必须遵循最初的计划，但同时也要愿意使用从客户那里收集的新信息来修改和更新计划。我们需要通过快速的测试、学习和验证的迭代过程来探索有效和无效的方法。本质上，这是一个将客户的态度和知识转化为行动和影响的过程。在此过程中，我们需要收集数据、解决促成因素和障碍因素，并确保营销项目能够顺利运行。如果数据表明我们的营销项目没有取得足够的进展，我们应该回到先前的步骤，并使用新获得的有关客户行为的信息来检查输入、反应和学习级别上的指标。我们还需要开发、测试和修改工具，以衡量、推动和促进行动和影响级别的成功。

第3阶段：分析数据

此阶段涉及分析数据以建立我们的营销项目的信誉。设计思维原则是使用“固定过程和工具包”，这也是ROI方法论中的步骤。ISPI标准是“评估结果与影响”。使之可信涉及多个步骤，其中的分离营销项目效果这一步非常关键，但经常被忽略。分离影响并查明与营销项目直接相关的业务改进，可以提高ROI评估的准确性和可信度。我们在第8章提供了有关此关键问题的更多详细信息。第3阶段的下一个步骤涉及将数据转换为货币价值。有些数据没有转化为货币价值，而是转化为无形价值。第9章提供了有关这些重要问题的更多详细信息。ROI方程式的重要组成部分是项目成本。分析数据的最后两个步骤集中在估算成本和实际ROI计算上。有关成本和ROI的更多详细信息，请参见第10章。

第6步　使之可信：分离营销项目影响

评估中经常被忽视的一个问题是分离营销项目影响。在此步骤中，我们探索具体的策略以明确界定与项目直接相关的结果绩效。因为许多因素都会影响销售和营销数据，因此此步骤非常重要。该步骤采用的具体策略可确定与营销项目直接相关的改进程度，从而提高ROI计算的准确性和可信度。项目评估者可以使用以下方法和技巧来解决这个重要问题：

- 对照组分析
- 趋势线分析
- 统计建模
- 参与者估算
- 经理或其他人的估算
- 高级管理层的估算
- 专家的意见
- 客户的意见

总的来说，这些方法和技巧提供了一套全面的工具来处理分离营销项目效果的重要问题。

第7步　使之可信：将数据转换为货币价值

为了计算ROI，我们需要将影响数据转换为货币价值，并与项目成本进行比较。这就要求给营销项目所带来的每个单位的影响进行赋值。有许多方法可用于将数据转换为货币值。具体方法的选择取决于数据类型和具体情况。这些方法包括：

- 将输出数据的增值用作标准值
- 使用质量成本作为标准值
- 将节省的时间转换为工资和员工福利（标准值）
- 使用历史成本分析来计算价值
- 使用内部和外部专家来提供价值
- 在外部数据库中搜索价值
- 使用参与者的估算
- 使用经理人的估算
- 找到与易于评估的指标具有数学相关的软指标

ROI方法论模型中的这一步骤对于确定计划的金钱利益是绝对必要的。该步骤具有挑战性，尤其在处理软数据的时候更是如此，但是使用这些策略和方法，可以帮助我们按部就班地完成这个过程。

第8步　使之可信：确定无形价值

除了有形的货币收益，大多数项目还会产生无形价值（那些未转换为货币的价值）。无形价值可以包括以下几项：

- 提升品牌声誉
- 改善组织形象
- 减轻团队压力
- 增加客户参与度
- 改善生活质量
- 提高品牌知名度
- 改善社交网络
- 提高患者满意度
- 改善服务
- 减少投诉
- 减少冲突

在数据分析期间，应该尽最大努力将所有数据转换为货币价值。所有硬数据（例如输出、质量和时间）都应该转换为货币价值。还应该尝试将每一项软数据都转换为货币价值。但是，如果用于转换的过程过于主观或不准确，并且结果在转换过程中失去了可信度，我们则应该将数据作为无形价值列出并提供适当的说明。对于某些项目（例如绿色营销），无形的和非货币性的收益是极其宝贵的，通常具有与硬数据一样大的影响力。

第9步　使之可信：估算项目成本

ROI方程的重要组成部分是分母，即营销项目成本的计算。估算成本涉及监控并囊括针对ROI计算的所有与项目相关的成本。其中应包括的成本部分有：

- 初步分析费用
- 设计和开发项目的成本
- 项目材料费用
- 项目团队的费用
- 该项目的设施成本，如果有的话

- 客户和销售团队成员的旅行、住宿和餐饮费用
- 销售团队的工资（包括员工福利），如果有的话
- 主持人费用，如果有的话
- 以某种实用的方式分配的行政和其他间接费用
- 评估费用

保守的方法是将所有这些成本都包括在内，这样就可以确保囊括所有费用。

第10步　使之可信：计算ROI

第10步涉及使用市场营销项目的收益和成本来计算ROI。效益成本比（Benefit-Cost Ratio，BCR）的计算方法为项目收益除以项目成本。公式如下：

$$BCR = \frac{\text{项目收益}}{\text{项目成本}}$$

ROI的计算是用项目净收益除以项目成本。项目净收益的计算方法是将项目收益减去项目成本。用公式表达，ROI的计算方法为：

$$ROI = \frac{\text{项目净收益}}{\text{项目成本}} \times 100\%$$

这个公式与评估其他投资时使用的ROI基本公式相同，传统上是将ROI报告为净收益除以投资。

第4阶段：优化结果

ROI方法论的最后阶段也就是第4阶段是报告和优化结果，其中包括两个关键步骤。报告步骤包括为影响研究和其他简报开发适当的信息，并向所有利益相关者讲述一个有说服力的故事。第11章提供了有关报告步骤的更多详细信息。改进步骤着重于持续改进、优化，以及使用改进的结果来增加将来营销项目资金的过程。第12章提供了有关绩效改进和优化的更多详细信息。

第11步　讲述故事：与关键利益相关者沟通结果

在这一步骤中，设计思维原则是“通过讲故事来激励高级管理人员的过程”，而ISPI标准是“伙伴协作”。营销项目并不会在我们获得结果的时候戛然而止。营销人员必须与所有利益相关者进行沟通，并让他们知道项目的成功。即使结果不理想，营销人员仍然需要与利益相关者进行沟通，使用数据显示需要

改进的地方，以及需要采取哪些措施来改进它。讲故事是一个强大的工具。当我们能够使用不同级别收集的数据讲述故事时，它将变得更加强大。当我们能解决利益相关者对绩效问题的关注并展示我们的营销项目如何帮助他们实现他们所关心的目标时，这个故事将变得更加有趣并引人入胜。当我们用一系列证据证明我们的计划产生了影响并为组织成功做出贡献时，我们将能够激发高管和其他主要利益相关者支持营销。我们将在第11章专门介绍ROI方法论模型中的这一关键步骤。

第12步　优化结果：运用绩效改进以增加项目资金

这里使用的设计思维原则是“业务策略的新竞争逻辑”，而ISPI标准是“增加价值”。这一步的关键是要确保适合的资源能够持续提供给营销项目。我们需要使用绩效改进的方法来分析结果，不断寻找新的增值机会、改善和维持绩效，以确保和增加价值。无论是否达成了改进的效果，都应持续执行此操作。如果缺乏改进效果，绩效改进就变成了一项必须完成的任务。确定失败之处以后，营销人员可以使用系统性的绩效改进方法来分析失败的原因，并设计适当的解决方案以解决这些问题。即使取得了成功，我们也应该进行绩效改进以确保营销项目交付更多价值。营销项目的最终目标是提高价值、优化ROI、争取更多投资以确保营销项目能够分配到更多资金。这是一种将设计思维和绩效改进通过ROI方法论结合在一起的思考方法。我们为所需的结果进行设计，收集数据以讲述引人入胜的故事，使用数据来改进项目并优化ROI，为获得更多的资金而努力。我们将在第12章“优化结果：运用绩效改进以增加项目资金”中讨论这些问题。

运营标准和理念

在过去25年中，全球成千上万的组织践行了ROI方法论。为了确保不同行业和不同个人所进行的项目之间的一致性，我们必须应用统一的运营标准来进行ROI的实践和研究。我们为此制订了12项指导原则，如专栏2.3中所示，这些原则详细说明了应该如何以一致且可信的方式来处理流程的步骤和问题。[5] 这12个原则还为分析提供了不可或缺的保守的方法和工具，有助于建立信誉并确保目标受众的认同和支持。我们将在后续章节中讨论这些指导原则，它们对于ROI方法论的各个方面都是至关重要的。

专栏2.3 ROI方法论的12个指导原则

1. 在进行高级别的评估时，必须从低级别开始收集数据。
2. 在计划高级别的评估时，次一级的评估不必是全面的。
3. 收集和分析数据时，仅使用最可信的数据来源。
4. 分析数据时，选择最保守的方法进行计算。
5. 至少采用一种方法来分离项目的影响和效果。
6. 如果没有收集到针对某个人群或特定来源的改进数据，就假设这里没有获得任何改进。
7. 由于存在潜在的评估误差，需要对改进的估值进行调整。
8. 在计算ROI时，避免使用极端的数据项和缺乏支持的陈述。
9. 在短期方案的ROI分析中仅使用第一年的年度收益。
10. 在分析ROI时，应将与解决方案、计划或项目相关的所有成本都计入在内。
11. 将无形收益的指标定义为有意不转换为货币价值的指标。
12. 必须将ROI方法论的结果沟通传达给所有的关键利益相关者。

结语

本章介绍了用于营销的ROI方法论。我们简要介绍了基于不同级别数据的价值链、业务校准模型、ROI方法论模型的12个步骤，以及指导ROI方法论在实践中必需的标准。我们还展示了设计思维原理和绩效改进标准如何影响ROI方法论的12个步骤，以增加价值并确保资金投入。我们讨论了每个步骤的关键方面，并以ROI方法论的指导原则结束了本章。随后的章节将提供有关ROI方法论12个步骤的更多详细信息。我们将从第3章“从何入手”开始，仔细研究如何确定我们营销项目的业务需求。

参考资料

1. Brown, Tim. *Change By Design: How Design Thinking Transforms Organizations and Inspires Innovation.* New York, NY: Harper Business. 2009.
2. Mootee, Idris. *Design Thinking for Strategic Innovation: What They Can't Teach You at Business or Design School*. Hoboken, NJ: Wiley. 2013.
3. Phillips, Patricia Pulliam and Jack J. Phillips. *The Business Case For Learning: Using Design Thinking to Deliver Business Results and Increase the Investment in Talent Development*. West Chester, PA: HRDQ and Alexandria, VA: ATD Press, 2017.
4. "ISPI's 10 Standards." *ISPI Online.* Accessed February 24, 2020. https://ispi.org/page/10Standards.
5. Phillips, Jack J., and Patricia Pulliam Phillips. *Show Me the Money: How to Determine ROI in People, Projects, and Programs.* San Francisco, CA: Berrett-Koehler. 2007.

第二部分

ROI方法论的细节

第3章 从何入手：业务和项目的统一

> “无论策略多么漂亮，你也应该偶尔看看结果。”
>
> ——温斯顿·丘吉尔爵士（Sir Winston Churchill）

两名管理顾问在芝加哥举行的一次营销会议上发表演讲。他们的主题是ROI方法论在营销中的应用。听众包括营销经理、学者和学生。在简要回顾了ROI方法论的理论基础之后，顾问们讨论了营销项目不断变化的衡量体系，并且重点介绍了营销ROI方法的12个步骤。他们还讨论了营销专业人员在评估、演示和提高营销项目所创价值过程中面临的挑战，以及营销ROI方法如何帮助解决这些问题。

听众中的一位营销经理对讨论特别感兴趣，在演讲过程中问了很多问题。顾问们随后与她进行了交谈。原来她是位于芝加哥的软件和社交媒体公司iTalent的产品经理。该公司为拥有远程和异地工作员工的组织提供员工体验平台。该平台基于移动通信，因此员工可以使用智能手机和平板电脑与总部，以及处于不同地理位置的员工建立联系。该产品对于那些在家工作或者其他偏远地区工作的员工进行内部沟通和参与特别有用。iTalent移动平台在5年前投放市场后，已被不同行业的几十位客户采用。但是，最近iTalent团队开始遇到来自客户的问题和挑战。

根据这位营销经理的说法，几家客户的高管查看了与iTalent移动平台相关的费用，认为这笔开销相当可观。他们要求看一下自己公司实施iTalent移动平台项目的ROI。iTalent营销团队回应说，他们还没有在ROI级别上评估过产品，但是他们收集了可用于显示移动平台价值的其他数据。顾问们询问营销经理收集了什么类型的数据。她提到iTalent一直在进行定期的参与度调研。此外，他们还收集了iTalent使用数据，这些数据显示客户员工进行的在线对话类型及员工在移动平台上花费的时间。但是，这几家客户的高管坚持认为，既然这款产品是设计来帮助自己员工的，而员工又是他们最宝贵的资源，那么他们一定要看到这笔巨大的成本支出的ROI。

为了提供帮助，顾问们向营销经理询问了一系列的问题。这些对话之后，iTalent公司正式邀请顾问们开展对其移动平台进行营销ROI的研究。顾问们评估分析iTalent的产品后发现，iTalent没有与产品相关的任何财务指标。相反，iTalent收集了一些非常重要的无形价值指标的数据，如团队协作、工作满意度和员工敬业度。因为缺乏将数据转化为货币价值的可靠方法，这些指标只能计入无形收益。鉴于iTalent缺乏衡量有形收益的数据，继续评估ROI已经没有意义。iTalent 移动产品的影响可以用无形价值的方式来表达，却无法用ROI的方式来表达。尽管这些无形收益展示了该产品在改善客户员工内部沟通和敬业度方面很有价值，但它们没有办法满足客户高管获取ROI数据的要求。另外，由于缺乏影响的数据，iTalent也错过了改进其产品以帮助客户推动业务发展的机会。

这个故事强调了营销项目应从问“为什么”开始的原因。“我们为什么要开展这个项目呢？我的老板为什么要支持这个项目呢？我们的客户为什么要关心这个项目呢？”这个 “为什么”可以是一项或多项与营销项目所创造的价值相关联的商业措施。它强调，营销团队不仅应该展示营销活动在提升销售额和新客户增长方面的价值，还要准备展示客户购买产品的ROI。在这个故事中，iTalent的客户不是为了取悦员工而购买和实施该产品。他们购买并实施该产品是为了对员工的生产力和工作质量产生积极影响，也是为了降低成本。尽管并非所有产品和服务都需要在ROI级别上进行评估，但有的情况下确实应该评估ROI。iTalent移动平台的故事就是这样的情况。

关注业务价值

本章介绍了营销ROI 12个步骤的第1步：从何入手。这一步骤也是把营销项目转化为业务贡献的过程。“从何入手”，这一步骤定义了我们开展营销项目的原因。在这一步中，指导我们的设计思维原则是“在系统级别处理问题的解决问题方法”。我们有两个绩效改进标准来指导这一步骤：第一个标准是“关注结果”，第二个标准是“确定需求或机会”。遵循这些标准，营销人员应在整个项目过程中都关注结果。营销人员不应该先入为主地替客户选择某一套解决方案。而是必须致力于帮助组织的领导来定义他们要实现的目标、他们要解决的问题，以及他们要满足的业务需求。

无论你所开展的是消费者营销、企业营销还是内部营销项目，业务需求都可以用销售收入、利润、市场份额、增长率和成本来衡量。尽早明确定义业务需求可以避免效率低下和其他问题的困扰。这些问题通常会渗透到营销管理流程中，并产生令人失望的结果。本章介绍了营销ROI评估框架中所嵌入的5个需求评估级别中的前两个：满足回报需求和定义业务需求。

所有营销项目都必须从明确聚焦项目结果开始，而项目结果则必须根据它们对组织长期使命和短期目标的贡献来进行具体定义。无论是商业公司还是非营利组织，高管们都希望看到他们的组织任务得以完成、目标得以实现，以及资源得到有效利用。作为每个组织必不可少的功能，营销在实现组织目标的过程中发挥至关重要的作用，而营销项目则应作为提升组织重要业务绩效必不可少的工具。

但是，许多营销项目因为各种原因都失败了。ROI研究所研究了大约5 000个评估项目，发现造成项目失败的主要原因是缺乏业务一致性。项目失败会导致资源浪费和机会丧失，会将组织的财务前景置于危险境地，并且会对设计和交付这些项目的营销人员的职业生涯造成不利影响。对于项目失败，罪魁祸首通常是从营销项目启动之初就缺乏业务一致性。

业务和项目的统一

我们营销人员都是，或者至少应该是，富有创造力并且充满新想法的。我们总是喜欢使用最新的技术和工具来创建新的营销计划，并对充满新奇程序和活动的营销项目兴奋不已。不过，营销项目正在变得越来越昂贵。要使我们雄心勃勃的营销项目和预算获得高层管理人员的批准和支持是一场艰巨的战斗。但是，不要责怪拒绝我们预算的CFO。毕竟，CFO的工作是使用有限的资金推动不同的项目，从而为组织获得更高的收入。这是一个艰巨的任务。我们要做的是专注于帮助CFO解决问题，而不是成为问题。我们需要证明营销项目可以驱动组织目标并满足收益需求。

博斯公司（Booz&Company）的合伙人莫勒（Moeller）和兰德里（Landry）在他们的经典著作中表达了一个观点：围绕营销ROI对组织进行调整是利润驱动型营销的支柱之一。[1]这两位作者认为，使营销项目与业务保持一致至少可以带来三个重要好处。首先，与业务保持一致可确保组织和高层管理人员的支持。其次，与业务保持一致有助于在营销项目规划和实施过程中集中精力确定营销人员的角色和职责。最后，与业务保持一致会激励员工努力实现营销项目的预期目标。这三者对于营销项目的成功至关重要，从而确保营销为组织目标做出充分贡献。为了使我们的营销项目与业务保持一致，营销人员需要仔细探索计划中营销项目的相关性、重要性、战略和运营意义，以及成本门槛。但是，我们具体应该如何实现业务一致性呢？

业务校准模型

为了了解一致性，让我们回顾一下图2.1中所示的业务校准模型。我们在图3.1再次展示这个模型。遵循第一个绩效改进标准，我们专注于营销项目的结果和成果。遵循第二个标准，我们致力于确定需求或机会，并且特别留意模型左侧不同级别的需求。在本书中，我们将需求定义为从反应、学习、行动、影响到ROI等不同级别的当前指标与预期指标之间的差距。我们将这些差距标记为需求，因为它们都需要分析和改善。

在本章和第4章中，我们将探索模型的左侧，从回报需求开始，逐步过渡到反应需求。在第5章中，我们将专注于模型的中间部分，并探索直接从这些需求中得出的多层次目标。该模型的右侧涉及营销项目的评估，以及与在不同级别的上基于需求和目标对成功的衡量。我们将在第6~10章中介绍这些内容。

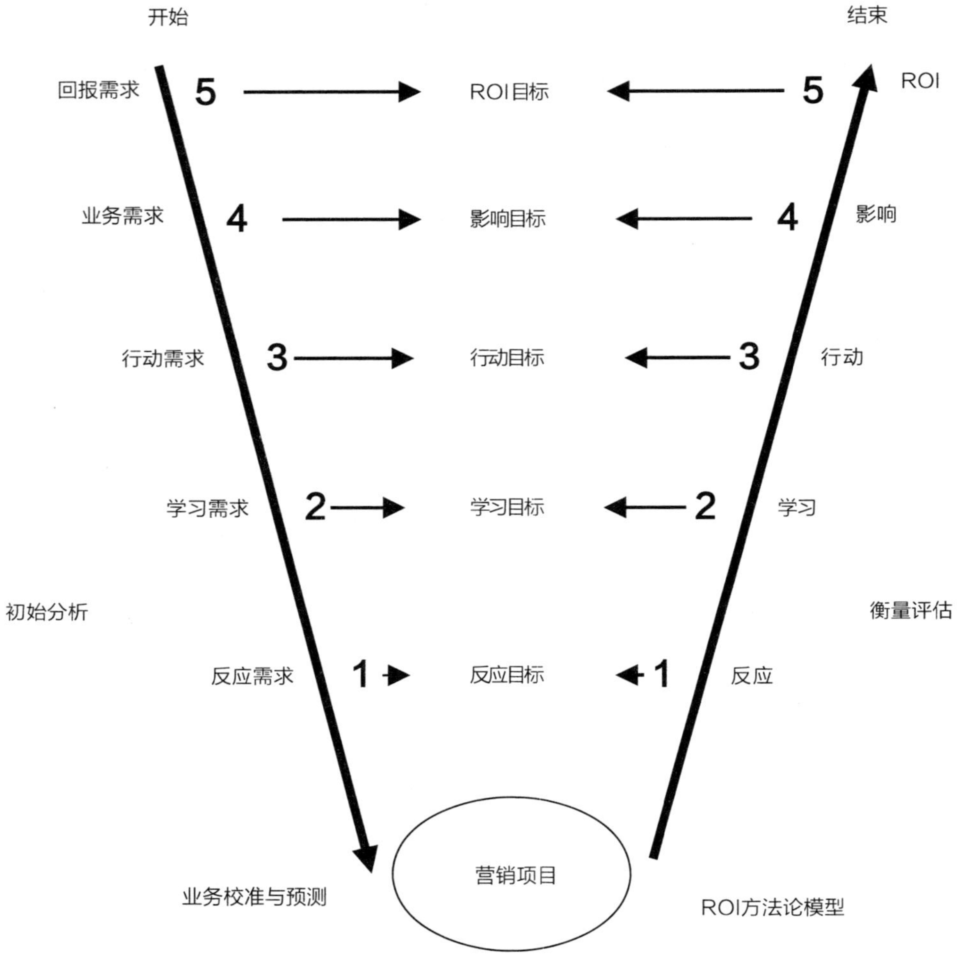

图3.1　业务校准模型

需要提出的关键问题

在接下来的章节中，我们将分析组织的回报需求和业务需求以确保一致性。在开始分析前、分析中和分析后，都要考虑专栏3.1中列出的关键问题。这些问题需要提前考虑，因为它们对决定是否进行分析至关重要。它们会在分析过程中提醒我们时刻注意影响业务一致性的重要因素。在完成分析之后，这些问题会帮助我们回顾整个过程的各个方面以避免遗漏。对这些问题的回答也许会显示我们其实并不需要这个营销项目。无论是否开展营销项目，理解其中的含义使我们能够检查并揭示营销项目的合法性，这在争取利益相关者的支持时会很有帮助。

专栏3.1 有关营销项目的关键问题

- 为什么这是一个问题?
- 如果我们什么都不做会怎样?
- 这个问题很关键吗?
- 这个问题与战略相关吗?
- 这个问题与目标相关吗?
- 这个问题是否可以纠正?
- 进行改进是否可行?
- 这个问题花费我们多少钱?
- 我们可以找到解决方案吗?
- 是否存在多种解决方案?
- 谁会支持这个项目?
- 谁会反对这个项目?
- 解决方案的成本是多少?
- 该项目是否符合我们的使命和价值观?
- 该项目是否与我们的策略一致?
- 该项目是否有助于实现目标?
- 我们如何为该项目提供资金?
- 该项目是否涉及一些重要的无形利益?
- 是否有潜在收益（ROI为正）?
- 我们是否需要对结果，包括ROI，进行预测?

回报需求

在此模型中，回报需求代表了营销弥补差距或对组织做贡献的机会。这些可以通过增加收入、提高利润或做其他更大的善举（如建立品牌资产），既为组织做出贡献，又增加了客户、合作伙伴和社会的价值。确定潜在的回报需求与一致性分析的下一步（确定业务需求）紧密相关，因为潜在回报需求通常基于一个或多个业务需求。

营销在组织内通常有两个维度，即战略营销和战术营销。在第1个维度上，营销作为公司业务战略的核心驱动力，代表了组织长期致力于提高绩效的承诺。相比较而言，战术营销维度主要发生在部门或运营级别，并且侧重于营销的产品、价格、渠道和促销功能，以吸引和服务客户。虽然战术营销必须与战略营销保持一致并为战略营销服务，而且二者在公司内部息息相关，但区分战术和战略的回报需求，对保持业务一致性还是很有意义的。

战术回报需求

如前一段所述，战术回报需求相对明显，并且与营销在运营层面的基本功能有关。为了确定回报，我们需要评估两个因素：改进影响的潜在货币收益和营销项目的成本。货币收益可能来自销售收入的提高、市场份额的增加、新产品的推出、新市场的开发、销售人员生产率的提高、客户满意度的提高或员工忠诚度的提高。这些收益可以转化为提高的利润，并增加组织的盈利。对于非营利组织，“利润”可能以捐款、会员、赠款、赞助或收入的学费等形式出现，从而使该组织从财务上受益。

另外，收益可以来自减少或避免的成本。例如，如果营销项目减少了客户投诉，缩短了新产品开发时间或降低了产品交付错误，那么它将节省相关成本。同样，营销公关活动可以避免负面口碑效应，从而使组织受益。此外，内部营销项目可以通过降低员工流动率或减少不道德行为来降低成本。我们将在后续章节中讨论如何将这些收益转换为货币价值。

然后，我们就可以通过营销项目的货币收益和成本的对比来评估营销项目的回报价值。我们下面用一个旨在提高新产品利润的营销项目作为例子。如果根据适当的分析我们发现它带来的年度利润改善为900 000美元，而且该营销项目的总成本为400 000美元，那么该营销项目的ROI：

$$ROI=\frac{900\ 000-400\ 000}{400\ 000}\times100\%=125\%$$

这个数字表明，对于在营销项目中投入的每1美元，我们不仅可以收回那1美元，额外还会获得1.25美元收益。在这个具体的例子里，公司的战术回报需求是确保营销项目以经济有效的方式产生正回报。这个回报需求很明显。类似这样的明显回报需求还有很多，通常都是值得解决的问题。

如下所示：

明显的回报需求

- 销售额持平，而竞争对手的销售额在增加。
- 两年内处理客户订单的时间增加了30%。
- 客户投诉是业内最高的。
- 网站停机时间是去年的两倍。
- 销售人员离职过多：比基准数据高35%。
- 在竞争对手很少的市场中，市场份额却很低。
- 客户服务不足：在满分为10分的客户满意度量表上得到3.89分。
- 今年的违规罚款总额为120万美元，比去年增加了82%。
- 产品退货过多：比上年增加了30%。
- 呼叫中心的缺勤率高达12.3%，而行业平均为5.4%。
- 净推荐值（一种客户忠诚度评分）持续下降。
- 同店销售额持续下降。

战略回报需求

然而，并非所有回报需求都那么明显。对于许多营销项目，营销经理和专业人员需要同时考虑公司的战术和战略回报需求，以确保营销项目与业务保持一致。

如前几节所述，营销人员应通过将回报需求评估纳入组织环境中来系统地考察。战略回报需求与组织的长期战略和目标相关。相对于战术回报需求，战略回报需求不那么明显，也不太容易进行ROI估算。但是与战术回报需求相比，战略回报需求的重要性有过之而无不及。专栏3.2展示了一些不太明显的回报需求示例。有时，战略回报需求可以在ROI方法论模型中表示为无形价值，包括品牌资产、品牌形象、客户信任度、客户忠诚度和员工忠诚度等。我们将在接下来的章节中讨论与战略回报需求相关的几个重要概念。这些概念定义了组织的现状、描述了组织未来的方向、阐述了组织长期的战略并讨论了组织分析的主要元素。

专栏3.2　不太明显的回报需求

- 提高品牌知名度。
- 赢得某消费者团体的客户服务奖。
- 为客户提供赋权机会。
- 建立一个项目管理办公室。
- 在销售团队开展静观禅修活动。
- 为社区提供健康生活的活动。
- 在所有社区进行回收再利用。
- 创建一个绿色组织。
- 帮助所有员工提高客户服务意识。
- 成为技术领导者。
- 创建一个好的工作场所。
- 为营销团队提供职业咨询。
- 培养未来增长的能力。
- 建立敬业的员工队伍。
- 与所有员工进行合规会议。

使命与愿景

为了业务一致性，营销人员需要将营销项目与组织的总体使命和愿景联系起来。组织的创始人和最高管理者开发组织的核心价值，定义其使命并为整个组织选择方向。[2]他们还需要拟定使命声明以阐明公司基本和独特的目的，或者说明其存在的原因。通过这样的行动，他们为组织内外的利益相关者设定了期望并回答这样的问题："我们现在从事的是什么业务，以及我们应该从事的是什么业务？”组织的营销专家有责任确保所有的营销项目与组织的业务正确匹配，并将营销项目与组织的总体使命和愿景联系起来。

战略

战略是一项全面的行动计划，阐明组织将如何达成使命并实现其根本目的。[3]通过组织战略，高管陈述他们的期望并为整个组织制定路线图。无论规模大小，组织都将面临有限的财务资源、人力资源和技术资源的制约。简而言之，我们没有办法面面俱到，全面开花。因此，高管人员通过制定战略，指导整个组织的成员有效、高效地利用资源来达成其使命。

组织目标

组织通常将其使命和战略转换为长期和短期的绩效目标。这些组织目标是在特定时间完成任务的说明。[4]组织可以追求几种类型的目标，包括与财务相关的目标、与活动相关的目标、与客户相关的目标、与人才相关的目标和社会责任目标。这些目标对于企业和非营利组织的可持续增长都很重要。

总之，对组织使命、战略和业务目标的深入理解有助于解决业务一致性的第一个问题：回报需求。具体来说，开发与组织使命相一致的营销项目，支持战略并实现组织目标，是通过满足组织的战略回报需求而进行业务校准的完美示例。为了满足战术上的回报需求，我们应该根据自身情况评估营销问题的收益和成本，因为价值在不同组织可能会有所不同。业务校准的第二个问题是查明需要改进的业务措施。为了理解这个问题，我们必须讨论一致性分析的业务需求。

业务需求

为了确保满足回报需求，我们必须确定那些支持回报需求的相应业务需求。在本书中，我们使用“业务”一词来指代营利性和非营利性组织，以及教育机构、非政府组织和政府机构。在所有类型的组织中，营销人员都会开发营销计划和营销项目以达成组织的使命和目标，并且通过节省时间、减少错误和降低成本来提高生产力、流程和效率，从而产生货币价值。所有这些成就都可以满足业务需求。

业务需求是可衡量的业务差距。任何过程、条目或感知都是可以衡量的。这些衡量对于影响级别的分析至关重要。如果营销项目着重于解决问题，而项目启动者的思想很明确，那么衡量措施通常是显而易见的。如果项目侧重于预防问题出现，那衡量措施也会很明显。如果项目利用的是潜在的机会，那么衡量措施也会很清楚。否则，如何描述这些机会呢？如何定义价值主张呢？重要的一点是，衡量措施已经存在于系统中，等待着我们去挖掘。我们所面临的挑战是怎样迅速、便利地找到它们。针对业务需求开发衡量措施不仅提供适当的衡量方案，而且有助于评估业务现状。

我们在上几节中讨论的使命和战略确定了战略方向和目标，但是营销人员如何知道他们是否在实现目标方面取得进展了呢？使用营销分析法和大数据跟踪营销绩效成为回答这个重要问题的关键。可是，无休止的数据分析、复杂的模型和繁复的统计方法可能会导致分析瘫痪，从而使营销人员陷入循环分析的怪圈。实际上，分析并不需要那么复杂困难。有多种技巧和方法可以帮助我们发现营销绩效的弱点和被忽略的机会。

差距分析

需求本质上是期望绩效和实际绩效之间的差距（见图3.2）。有差距就表明我们需要采取措施，而差距的严重程度表明需求的紧迫性。差距还表明业务措施可能存在障碍，或者暗示存在着阻碍组织利用机会的因素。[5]为了进行差距分析，营销人员应同时考虑组织因素和环境因素。差距分析的系统方法涉及以下步骤：

1. 识别和分析期望绩效与实际绩效的现状。
2. 确定期望绩效与实际绩效之间的差距。
3. 确定差距的优先次序。[6]

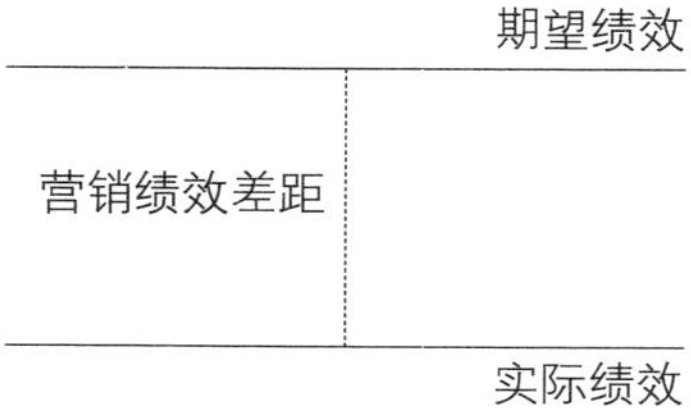

图3.2 营销绩效差距

FACTs框架是一个分析期望绩效和实际绩效现状并寻找差距的有用工具。[7]

我们接下来将介绍这个框架。

FACTs框架

传统意义上，营销专业人员一直沉迷于营销项目的财务结果。确实，财务绩效衡量的是公司的营销职能对其利润率的贡献程度。销售收入、利润和市场份额等成果都是财务绩效的良好指标，对于组织的福祉至关重要。但是，正如卡普兰和诺顿所强调的那样，财务指标本身不足以帮助组织应对复杂而充满竞争的环境。相反，企业需要一个全面的框架来确保长期成功。两位作者在其“平衡计分卡”框架中提出了4种观点，即财务观点、客户观点、内部业务流程观点，以及学习增长观点。同样，营销专家索特纳斯、辛哈和洛里默也在4个维度上对营销和销售组织的成功进行了定义：（1）公司业绩；（2）客户业绩；（3）销售活动；（4）销售人员。[9]这些作者认为，经理们不应只关注1个维度，而应该通过管理所有4个维度来维持平衡，以保持可持续增长和长期的竞争优势。

为什么平衡的观点比单一的观点更可取呢？让我们想象有这么一家公司，一直非常积极地提高其销售收入和市场份额。今年，其销售收入比去年增长了20%。你应该对这家公司的财务前景充满信心，对吗？但是，如果你随后发现他们的客户不满意，他们的员工过度劳累、离职率超高，还有一些销售人员从事不道德的活动，那么你的看法会怎样？该公司很可能无法长期保持可持续增长。

组织的行为有点类似人体。以牺牲身体其他方面为代价来提高短期绩效可能会损害整体健康状况和长期生产力。例如，众所周知，服用合成代谢类固醇会快速增加肌肉，过度节食可以帮助你快速减肥，但两者都会引起严重的健康问题。同样，仅关注财务成果而忽略营销绩效的其他方面，可能会对公司未来造成灾难性的后果。就像平衡膳食和适度运动可以带来持久的健康一样，均衡的绩效管理可以带来可持续的增长。

正是按照这种思路，我们提出了可用于营销绩效评估的FACTs框架。如图3.3所示，FACTs框架包含5个组件。

具体而言，该框架包括营销绩效的4个关键方面：财务绩效、活动绩效、客户绩效和人才绩效。此外，还有一个“战略和目标”组件，因为只有将绩效与正在实施的战略和试图实现的目标进行比较时，绩效才有意义。4个营销绩效维度反映了战略实施和目标达成的结果。FACTs框架从4个维度指明营销绩效的当前状态，并且从战略角度揭示期望的绩效水平，从而满足了差距分析的第一步。接下来，让我们具体看一下这5个组成部分。

图3.3　FACTs框架

财务绩效

FACTs框架的财务方面涉及实现销售收入、市场份额和盈利目标的程度。此外，它衡量与竞争对手相比的增长率，以及与行业平均值相比的成本控制。对于大多数营销专业人员而言，财务维度包括在个人和组织层面上营销成功的最重要指标。从高层管理到销售人员，财务指标都是营销工作中最明显，也是需要最大关注的成果。这是可以理解的，毕竟销售收入和利润决定了许多组织能否成功，甚至能否生存。

活动绩效

营销绩效的活动方面衡量组织如何分配时间和资源，以确保内部流程具有高质量和附加值。它还衡量营销人员如何通过营销项目、营销活动和营销计划来分配时间和资源以实现财务和客户目标。在职能级别上，营销参与许多活动。但是，从绩效改进的角度来看，并非所有的营销活动都可以作为绩效。营销的活动绩效既反映了营销活动本身，也反映了该活动所产生的结果。[10]例如，给客户打电话是一项营销活动，而给客户打电话并发掘重要的客户偏好变化从而产生有价值的情报则是一项活动绩效。同样，培训销售人员是一项活动，但培训销售人员并能够提高其销售技能则是一项活动绩效。

客户绩效

FACTs框架的客户方面侧重于客户关系、客户满意度和客户忠诚度。它还可以衡量客户保留率、客户流失率，以及现有客户与新增客户的数量。营销与组织的其他职能有个不同之处，那就是营销与客户之间有频繁互动。为了实施组织战略和营销策略，营销人员努力确定目标客户并满足客户需求，建立和维护客户关系，向客户推介新产品并寻求反馈。这些以客户为导向的销售工作的结果都可以用客户绩效来衡量。

人才绩效

人才绩效与组织的员工有关，例如，营销专业人员、客户服务代表和销售人员等。人力资源可以说是组织拥有的最有价值的资产，因为人是组织成果和成功的最终推动力。人也是创造力和创新的源泉。在营销管理的环境中，营销人员是营销过程的发起者、交易者和变革促进者。营销员工是活动绩效、客户绩效和财务绩效的驱动力。组织的人才绩效由员工的工作满意度、能力才干、组织承诺、离职率、公民行为等表示。请在练习3.1中确定每个示例的绩效类型。

练习3.1

请为以下各项确定其正确的绩效类型：

A. 销售收入上季度增长了30%____________________

B. 社交媒体营销项目回答了与新产品有关的问题____________

C. 客户投诉从每月12次减少到每月6次__________________

D. 销售团队的员工流动率仅为行业平均水平的一半__________

答案：

A. 财务绩效　B. 活动绩效　C. 客户绩效　D. 人才绩效

战略与目标

营销绩效FACTs框架的第5个要素是组织的战略与目标。正如我们所讨论的，成为一个高绩效组织必须同时在所有4个方面都有卓越表现，这也是组织的最大利益所在。但是，由于营销活动的动态性，组织营销绩效的一个或多个维度低于标准水平是很普遍的现象。为了确定要关注的关键绩效差距，我们需要将当前绩效水平和战略与目标所隐含的期望绩效水平进行比较。这可以帮助我们找出绩效差距，并满足差距分析的第2步要求。

在分析的时候，发现存在多个绩效差距的可能性还是很大的。这种情况下，营销人员就要考虑环境因素和组织策略，以便确定优先级别并关注最重要的绩效差距。这是差距分析的第3步。

使营销项目与业务保持一致涉及构建营销项目以弥补绩效差距。我们可以使用FACTs框架来识别这种绩效差距。如上所述，我们将期望绩效和实际绩效之间的差异定义为绩效差距。根据绩效差距的大小和重要性，营销经理可以选择关注一个或多个关键绩效差距。一个组织通常会设定多个目标，而一个营销项目也可能会同时解决多个绩效差距。请使用练习3.2进行FACTs框架分析和差距分析。

练习3.2

FACTs框架分析和差距分析的案例研究

假如你是一名营销管理顾问，一直在与以下3个客户合作，以帮助他们改进营销绩效，寻找为组织增值的机会。在接下来的练习中，请对这3家公司分别进行营销绩效的FACTs框架分析和差距分析。

X公司是一家制造企业，最近刚刚向美国某大城市的消费者推出了一款新产品。公司市场部使用电视广告来促销产品，在黄金时段的4个本地电视频道上播放广告。但是，3个月后，新产品仅实现了其销售目标的50%。最新调查显示，有60%的目标受众观看了电视广告，但不到20%的受众能够描述新产品的功能和优势。进一步的研究表明，90%购买了新产品的客户对产品感到满意，并愿意回购。

- 财务绩效：________________________________
- 客户绩效：________________________________
- 活动绩效：________________________________

- 人才绩效：______
- 战略与目标：______
- 绩效差距：______

Y公司是为美国中西部市场提供服务的电信提供商。在强劲需求的推动下，该公司在过去3年中以每年25%的速度增长。今年年初，其市场份额达到了惊人的40%。但是，该公司注意到，客户投诉的数量从去年的平均每月15次增加到今年的平均每月28次，几乎翻了一番。另外，只有60%的客户感到满意。Y公司的CMO信奉优质的客户服务，旨在使100%的客户感到满意。

- 财务绩效：______
- 客户绩效：______
- 活动绩效：______
- 人才绩效：______
- 战略与目标：______
- 绩效差距：______

Z公司是一家医疗设备公司，在血压监测设备市场上独占鳌头将近10年。Z公司在这个相对成熟的市场中拥有稳定的20%市场份额和3%的健康增长率，赢得了医生和患者的信赖。在过去的10年中，年度客户满意度指数一直超过95%。该公司从大学招聘毕业生，并培训他们成为专业的销售代表。但是，在过去的3年中，Z公司的销售经理们注意到，有50%的应聘者在自愿加入公司后的第一年自愿或非自愿地离开了公司。同一市场中的类似公司能够保留80%的新员工。

- 财务绩效：______
- 客户绩效：______
- 活动绩效：______
- 人才绩效：______
- 战略与目标：______
- 绩效差距：______

答案：

对于X公司，我们有以下FACTs框架分析结果。

- 财务绩效：新产品仅实现了50%的销售目标。
- 客户绩效：90%购买了新产品的客户对产品感到满意，并愿意回购。
- 活动绩效：60%的目标受众观看了电视广告，但不到20%的用户能够描述新产品的功能和优势。
- 人才绩效：不详。
- 战略与目标：实现新产品的销售目标。
- 绩效差距：新产品的销售额只达到其目标的一半。

对于Y公司，我们有以下FACTs框架分析结果。

- 财务绩效：公司在过去3年中以每年25%的速度增长。今年年初，其市场份额达到了惊人的40%。
- 客户绩效：客户投诉数量从去年平均每月15个增加到今年的平均每月28个，几乎翻了一番。
- 活动绩效：不详。
- 人才绩效：不详。
- 战略与目标：达到100%的客户满意度。
- 绩效差距：只有60%的客户满意，而目标是100%。

对于Z公司，我们有以下FACTs框架分析结果。

- 财务业绩：在相对成熟的市场中，公司的市场份额稳定为20%，增长率为3%。
- 客户绩效：在过去的10年中，年度客户满意度指数一直超过95%。
- 活动绩效：不详。
- 人才绩效：50%的新员工在加入公司后的第1年就离开了公司。
- 战略与目标：第1年要保留至少80%的新员工。
- 绩效差距：新员工保留率是50%，低于80%的目标。

FACTs框架分析可以清晰地描绘组织当前的营销绩效。它还能展示潜在的绩效差距。这些差距表明了业务需求，并且需要进一步关注。FACTs框架分析为后续步骤（如分析原因、探索解决方案和设定目标）奠定了基础。我们将在第4章和第5章中讨论这些后续步骤。在寻找适当的绩效指标以连接到营销项目并查明业务需求时，我们需要考虑在FACTs框架的背景下可能有影响的所有指标，因为许多绩效指标都是相互依存的。

例如，提高员工生产率的努力也可以提高客户满意度和盈利能力。类似地，减少产品交付时间可以提高市场份额，同时也可能会对某些绩效指标产生不利影响。例如，当员工的工作满意度下降时，服务质量可能会受到影响；或者在积极推动销售增长时，会造成客户满意度下降。因此，营销项目团队的成员必须为意外后果做好准备，并收集数据作为可能与该项目相关或受其影响的其他数据项。最终，是否启动新的营销项目需要在战略和策略层面上综合考虑其对组织的总体贡献。

结语

基于结果的ROI 12个步骤的第一步是从问“为什么”开始的，也就是所谓的“从何入手”。营销项目的“为什么”既包括回报需求，又包括业务需求。这些需求是业务的战略和战术重点，是组织战略的一部分，对于组织和管理团队都至关重要。在开始任何营销项目之前，我们必须首先明确地关注结果。结果可能是要解决的问题，也可能是可改善的机会。项目的结果必须根据业务需求和业务措施进行明确定义，以便可以清楚地衡量和计算业务措施和ROI的实际改进。关注结果，还涉及确保营销项目与组织的战略回报需求保持一致。高层管理人员希望营销项目能够改善对组织的长期目标和战略都极其重要的营销绩效指标。

参考资料

1. Moeller, Leslie H., and Edward C. Landry. *The Four Pillars of Profit-Driven Marketing, How to Maximize Creativity, Accountability, and ROI*. New York:

McGraw-Hill, 2009.

2. Moeller, Leslie H., and Edward C. Landry. *The Four Pillars of Profit-Driven Marketing, How to Maximize Creativity, Accountability, and ROI*. New York: McGraw-Hill, 2009.
3. Kerin, Roger A., and Steven W. Harley. *Marketing*, 14th ed. Dubuque, IA: McGraw-Hill, 2019.
4. Johnston, Mark W., and Greg W. Marshall. *Sales Force Management Leadership, Innovation, Technology,* 11th ed. New York: Routledge, 2013.
5. Van Tiem, Darlene, James L. Moseley, and Joan C. Designer. *Fundamentals of Performance Improvement: Optimizing Results Through People, Process, and Organizations*. San Francisco: Pfeiffer, 2012.
6. Chevalier, Roger. *A Manager's Guide to Improving Workplace Performance*, 1st ed. New York: AMACOM, 2007.
7. Fu, Frank Q. "Marketing Performance Improvement." Working Paper, University of Missouri–St. Louis, 2019.
8. Kaplan, Robert S., and David P. Norton. *Balanced Scorecard: Translating Strategy into Action.* Boston: Harvard Business School Press, 1996.
9. Zoltners, Andris A., Prabhakant Sinha, and Sally E. Lorimer. *Building a Winning Sales Force: Powerful Strategies for Driving High Performance*. New York: AMACOM, 2009.
10. Rothwell, William J., Carolyn K. Hohne, and Stephen B. King. *Human Performance Improvement: Building Practitioner Performance*, 3rd ed. New York and London: Routledge, 2018.

第4章

使之可行：选择正确的解决方案

> “每个问题都有解决方案，但你必须有足够的创造力才可以找到它。”
>
> ——优步（Uber）联合创始人特拉维斯·卡拉尼克（Travis Kalanick）

王先生和他的朋友们非常喜欢这次非洲观赏野生动物之旅。大疆精灵3进阶版（Phantom 3 Advanced）无人机使他们得以近距离地观察斑马、长颈鹿、河马和大象，甚至是狮子。尽管仍然更偏爱家乡京州[1]生啤的味道，他们也承认冰镇的拉格城堡啤酒为这次旅行增添了几分异国情调。他们迫不及待地想把非洲野生动植物那些摄人心魄的照片带回给远在汉东的家人和朋友。这次非洲之行的旅费都出自他们从绩效改进项目中获得的奖金。这当然也增加了旅行的愉悦感。这确实是一个轻松而受之无愧的假期。

王先生是中国国家电信公司林城分公司的总经理。他和他的同事在2018年实施的一个绩效改进项目在6个月之内将智能手机在某重要市场的市场份额提高了一倍以上。该项目不仅获得了国家电信的奖项，还展示了营销绩效改进项目的价值创造过程。通过增加销售收入、提高客户满意度，以及增强品牌资产和加强客户关系等无形收益，这个项目同时满足了组织的回报需求和业务需求。该项目表明，在不投入大量额外资源的前提下，营销绩效也可以通过适当的方法和工

① 文中京州、林城、汉东均为虚构的中国城市名。——编者注

具来显著提高。

林城是中国东南部省份汉东省的第五大城市，也是国家电信公司的高潜力市场之一。王先生及其营销团队于2018年启动了一项营销项目以改善林城分公司的业务绩效。为了确保业务一致性，他们邀请咨询公司一同进行了公司愿景、使命和目标的组织分析。国家电信“将人与世界紧密相连”的企业使命及“持续扩张业务规模”的关键组织战略，都要求林城分公司不断提高其在手机市场的市场份额和服务水平。在完成组织分析后，他们又进行了现状分析，并分析了市场环境、工作场所、工作和员工4个级别上的内、外部环境因素。这些分析揭示了多个营销绩效差距，包括在500强企业市场中所占市场份额不足。

在绩效咨询顾问的帮助下，王先生及其团队进行了“关键价值链分析”，这是由北京华商基业咨询公司开发的一种分析工具。这个分析显示“有效员工联系率”是一项重要的绩效改进指标。“有效员工联系率”衡量的是国家电信营销团队能够有效联系的客户员工人数与该客户员工总数的比率。平均而言，有效员工联系率仅为20%，远低于50%的目标。关键价值链分析还表明，缩小这一差距将有助于林城分公司达成其20%的市场份额目标。接下来，王先生和他的团队使用行为工程模型（Behavioral Engineering Model，BEM）进行了原因分析，又在此基础上考虑了多种解决方案以提高有效员工联系率。分析表明，造成有效员工联系率低的主要原因包括：（1）缺乏有关组织结构、员工特点和需求的信息；（2）缺乏与目标员工进行沟通的资源和渠道；（3）缺乏激励渠道合作伙伴更好地协调与合作的动力。然后，绩效改进团队根据原因分析结果设计了一整套解决方案，以缩小绩效差距。

为了应对第一个原因，绩效改进团队与销售人员一起收集有关组织结构和员工特点的数据和信息。然后，他们开发了一种基于微信的社交媒体推广方法，并培训林城分公司销售人员使用。此外，他们与客户合作，将国家电信的产品介绍嵌入每家客户的新员工入职培训流程中。这两种解决方案都旨在应对第二个原因。为了应对第三个原因，绩效改进项目团队提供了专门为渠道合作伙伴设计的奖金奖励，以激励他们与客户建立良好的关系。实施这些解决方案在6个月内将有效员工联系率从20%提高到了55%，也因此大幅提升了市场份额。从2018年1

月到2018年6月，林城分公司在500强企业员工的电信手机市场份额从11%增长到25%，大大超过了20%的预设目标。

在第3章中，我们讨论了组织的战略和战术回报需求，并且揭示了定义这些需求的业务指标的重要性。在发现了“为什么”之后，下一步就是设计或选择一个或多个适当的解决方案来解决问题，以缩小差距并抓住机遇。在本章中，我们将重点介绍原因分析和选择解决方案的步骤。选择解决方案事关重大。选择错误的解决方案不仅不会解决问题或提高绩效，而且会浪费资源，甚至可能破坏营销部门的形象。从这个意义上讲，错误的解决方案可能比没有解决方案更糟糕。即使公司高管要求我们选择特定的营销项目作为解决方案，营销人员也有责任确保解决方案是适当的，因为营销团队最终要对该项目的成功或者失败负责。这个步骤的设计思维原则是好奇心和询问的心态。在这一步，我们将具体使用两个绩效改进标准来指导我们的分析：（1）确定原因；（2）确定解决方案。

作为营销人员，我们的工具包中有很多工具可以发挥作用。为了增加销售收入，我们可以开发新产品，可以修改定价策略，可以选择其他分销渠道，或进行数字和社交媒体营销促销。我们还可以选择不同的客户群作为目标客户，可以修改产品定位声明，或者选择新的差异化策略。此外，我们还可以培训员工以提高他们的生产力，改变他们的工作习惯，或为他们配备新的工具，提供新的资源、技能和知识。另外，我们还可以修改薪酬计划和评估政策以激励销售人员。所有这些都可以作为解决方案，但是我们究竟应该选择哪一个呢？在没有充分了解情况的时候，我们的最佳答案也许是“我们不知道”。

在选择任何重要的解决方案之前，我们都需要进行各种分析，以发现机会、定义问题并探究根本原因。无论我们选择哪种解决方案，这个选择都应以证据和对预期影响及解决方案成本的考虑作为依据。在国家电信的故事中，该组织选择实施关键价值链分析所确定的业务需求为重点的解决方案，以缩小差距并满足战略回报和业务需求。这些解决方案产生了积极的成果，并为组织创造了重大价值。

行动需求

确定了营销绩效差距并定义了业务需求之后，下一步就是确定需要采取哪些措施来改善我们的营销项目所针对的业务指标。根据定义，营销项目是精心设计和协调以实现不同级别目标的一系列活动。行动措施描述的是客户、员工、赞助者或其他相关者在多大程度上因为营销项目而学会了新的行为，改变了现有行为并采取了营销项目所期望的那些行动。例如：

- 在消费者营销的情况下，行动措施可以衡量由于我们新的电视广告，有多少消费者开始下载新的智能手机应用程序、试穿新款跑步鞋，或者访问零售商店。
- 在企业营销的情况下，行动措施可以衡量由于我们最近的促销工作，有多少客户发给我们招标书（Requests For Proposals，RFPs）或将我们公司添加到其获批的供应商清单中。
- 在内部营销情况下，行动措施可以衡量员工在参加培训课程后在日常工作中运用所学新技能和新知识的程度。

在所有3种情况下，行动措施本身都不是业务成果。但是，如果没有这些行动措施，营销人员就不可能获得预期的业务成果。另外，尽管行动措施并不能保证营销项目成功，但它们无疑为成功奠定了坚实的基础。分析和理解行动措施会建立影响链条，以评估我们的营销项目对业务成果的影响。

如第3章所述，我们将行动需求视为营销项目活动绩效的当前水平和预期水平之间的差距。在设计营销项目以提高和展示价值的过程中，我们必须额外关注和审视目标受众的行动需求。具体来说，分析行动需求使我们能够了解是什么导致业务结果不达标，是什么导致营销绩效未达预期。

分析技术

分析行动需求的一个方法是使用专栏4.1里面列出的分析诊断工具。这些工具的细节详见参考资料。[1]

专栏4.1　诊断工具

- 关键价值链分析
- 统计过程控制
- 头脑风暴法
- 问题分析法
- 因果图
- 力场分析
- 思维导图
- 亲和图
- 模拟
- 标杆管理
- 诊断仪器
- 焦点小组
- 探询访谈
- 工作满意度调研
- 参与度调研
- 离职访谈
- 观察法
- 名义群体法

专栏4.1中列出的这些技术中有一些是数据驱动的，另外一些则是基于管理人员和研究人员的主观评估。没有任何一种技术是在所有条件下都优越的，但是在某些条件下，有些技术比其他技术更合适。营销人员可以考虑使用多种方法以获得更好的分析结果。

学习需求

在上一步中发现的行动需求总是需要有一个学习的成分，也就是说客户和相关者必须学习如何采取行动。在消费者营销的情况下，消费者之所以不下载我们的新智能手机应用程序，有可能是因为他们不知道有这么一个应用程序，或者他们不知道应该在哪里下载，以及如何下载。在企业营销的情况下，组织客户不向我们发送RFPs，也许因为他们没有充分了解我们产品的独特优势。同样，在内部营销环境中，销售团队不去应用培训课程中教授的新技能，原因可能是他们不知道如何在工作环境中使用该技能。

在营销过程中，我们使用学习来告知、激励、指导或改变目标受众的态度和行为。根据所处的情况，目标受众可以是消费者、组织购买者、员工和合作伙伴。在某些情况下，学习可以支持另一种解决方案，例如促销活动。在其他情况下，比如学习新产品知识、销售技能、新技术或新系统，学习本身就是主要的解决方案。有时，学习可能只是次要的解决方案，并且通常只涉及简单地了解产品、服务、价格、市场地位或收益。此外，学习可以成为建立品牌资产的主要定位活动的起点。总而言之，我们并不总是需要学习作为解决方案，但是可以肯定地说，营销中的所有解决方案都有学习作为其重要组成部分。

| 反应需求

业务校准模型的需求分析的最终级别是基于反应，这也是整个信息处理过程的起点。正如史蒂夫·乔布斯所提到的那样，市场是非常拥挤和嘈杂的，因为许多竞争对手都在试图吸引顾客的注意。如果我们的营销项目没有引起人们的积极反应，那么我们就没有机会让他们了解我们、采取行动并让他们购买我们的产品和服务。专栏4.2从受众的角度展示了典型的反应需求，这些受众可以是我们营销项目的消费者、客户和参与者。这些反应需求的陈述从价值、必要性和便利性等方面定义了营销项目的参数。由于消费者倾向于依靠主观和情感属性来进行决策，因此诸如“酷”“迷人”和“有趣”这样的陈述与消费者营销项目相关性更强。相对比而言，组织购买者更倾向于使用客观属性，如“信息丰富”及产品“与当前系统兼容的程度”等。对于内部市场营销项目（例如销售培训），参与者更喜欢“有意义”“有用”“易于使用”的项目。

专栏4.2　典型的反应需求

客户需要认为此营销项目：

- 相关
- 重要
- 有价值
- 有用
- 有意义
- 易于使用
- 有益
- 方便
- 新颖
- 酷
- 令人着迷
- 兼容
- 有趣
- 内容翔实

确定原因

原因分析是差距与消除差距的解决方案之间的桥梁。它确定差距存在的原因。正如医生在开处方之前需要诊断一样，营销人员也需要在选择解决方案之前找出造成差距的根本原因。营销人员经常犯的一个错误是对自己的诊断能力过于自信，因此在发现差距和机遇后直接转向解决方案。这种做法可能会产生很多问题，因为差距本身仅仅是症状，但是相同的症状可以由多种原因引起。一个基于错误原因的解决方案不仅无法解决问题，还会浪费资源。如果没有深刻理解原因，所选择的解决方案有可能会有缺陷。因此，我们需要一种系统的方法来进行原因分析。这个方法可以遵循以下步骤进行原因分析。

1. 尽可能多地罗列潜在原因。环境当中存在着许多影响我们营销项目结果的潜在因素和驱动因素。还有一些人为因素也会影响项目的执行和实施。尽可能多地罗列潜在原因可确保我们从各个角度来审视问题，并增加我们发现真正根本原因的可能性。

2. 通过确定原因的起源进行归类。原因有可能来自外部，也有可能来自内部。有些原因与战略或策略有关，另外一些原因发生在计划或实施阶段。图4.1展示了营销绩效原因的12个要素框架。该框架源自罗斯韦尔（Rothwell）的环境模型[2]该模型将环境因素分为4个层次：世界、工作场所、工作和员工。这些外部和内部的环境因素都会通过维持或阻碍实际的营销绩效来影响营销工作的结果。

在世界这个级别上，有3个组成部分：与客户相关的因素，与竞争相关的因素，以及与政治、经济、社会和科技（Political，Economic，Social，Technological，PEST）力量相关的因素。在这3个组成部分中，客户是关键考虑因素，因为客户始终是营销策略和营销项目的核心。这3个组成部分都不在营销人员的控制范围内，但是它们对我们的营销项目都具有重大影响，因此值得我们注意。

在工作场所这一级，3个组成部分都是与开发营销策略相关的因素。第1个组成部分是公司，其中包括企业愿景、使命和组织目标等因素。第2个组成部分与市场细分（Market Segmentation）、目标客户（Targeting）、定位（Positioning）和差异化策略（Differentiation Strategies）（4个词组的缩写：STPD）有关，而

第3个部分涉及4个营销组合要素，即产品（Product）、价格（Price）、促销（Promotion）、分销（Place），也就是4Ps。在这3个组成部分中，营销STPD策略应该成为重点。它们是营销人员对世界级别上因素的反应，它们必须与组织的使命和目标相一致，并为制定组织营销组合策略提供指导。

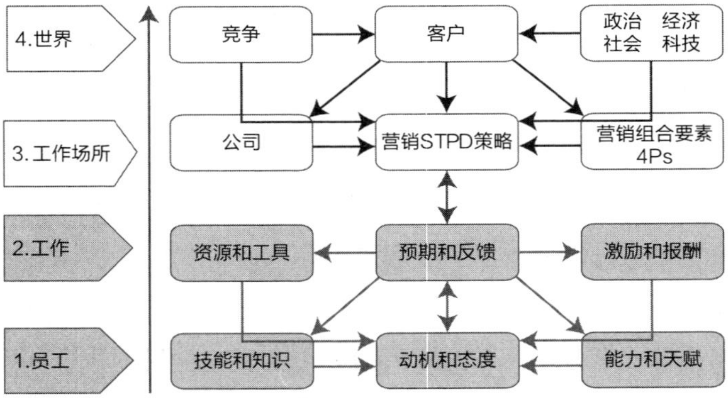

图4.1　营销绩效原因分析的12个要素框架

工作和员工级别的因素都与营销策略的实施有关。这两个级别的6个组成部分来自托马斯·吉尔伯特（Thomas Gilbert）的行为工程模型（BEM），该模型由希瓦利埃（Chevalier）和宾德（Binder）进行了修改，更方便管理者使用[3,4,5]。该模型包含6个单元格。工作级别上的3个单元代表系统，分别是资源、预期和激励。另外3个单元位于员工级别，分别代表个人的技能、动机和能力。我们将在下一节中讨论BEM分析的详细信息。

3. 根据其影响大小对原因进行优先排序。尽管原因的影响大小因情况而异，但级别越高，其对营销项目的影响就越大。一般说来，诸如经济形势、市场竞争和政府法规之类的宏观因素对整个行业都会产生巨大影响，但这些因素却不受营销人员的控制。我们需要仔细考虑它们的影响，并相应地调整我们的营销策略。原因分析的优先级别也随进行分析的营销人员的职位和职责而异。对于营销经理和产品经理来说，应在战略实施之前优先考虑与战略计划相关的因素。但是，如果你是负责营销策略实施的经理，例如销售总监或客户服务总监，则需要优先考虑工作级别上的因素，例如设立适当的预期、提供适当的资源，以及采取适合的激励措施。之后再考虑员工级别上的个人因素，例如，员工的知识、技能、动机和能力等。

4. 确定和验证根本原因。有多种工具可用于确定业务和行为差距的根本原因。我们在专栏4.1里展示了绩效顾问和营销人员使用的常用诊断工具。如图所示，这些工具包括访谈、观察、调研、焦点小组和分析方法等。此外，营销人员可以通过与同事和利益相关者讨论，并询问“谁、什么、何时、何地、为什么，以及如何”等问题来核实原因。

> “如果你让一名优秀的员工与一个糟糕的系统相对抗，那么系统几乎每次都会获胜。”
>
> ——吉尔里·鲁姆勒与阿兰·布拉什（Geary Rummler and Alan Brache）

与战略规划相关的原因

许多组织使用战略营销流程来分配营销组合资源以服务目标市场。[6]该流程的规划阶段涉及分析外部和内部环境，以确定STPD策略和营销组合要素4Ps。通常，负责战略规划阶段的专业人员拥有诸如营销总监、营销经理、产品经理等头衔。在许多行业中，这些专业人员被视为营销职能的代表人物。

在图4.1中，上面两个级别对应于战略规划阶段。在世界级别上的三个要素，即竞争、客户和PEST，都是外部因素，并且都超出了营销人员的控制范围。在工作场所级别上，第一个要素是公司，其中包括组织的愿景、使命和公司目标，这也是营销人员无法控制的。为了达成营销目标，营销人员需要专注于受其控制的组件，也就是STPD和营销组合要素4Ps，但同时要了解那些不受其控制的组件。换句话说，营销人员不必过于担心自己无法控制的因素，而应专注于调整自己控制范围之内的STPD策略并做出营销组合决策，以应对他们无法控制的内部和外部因素。

与战略实施相关的原因

开发了营销项目之后，下一个步骤就是实施它。营销项目的实施阶段将项目付诸实施，并执行策略以达到期望的目标。此阶段涉及获得财务和人力资源、定义任务及执行营销项目。负责实施阶段的专业人员拥有销售总监、销售经理、分销经理、促销经理、客户经理和客户经理等头衔。在图4.1中，最下面的两个级别对应于营销项目的战略实施阶段。

这两个级别上的6个组件均来自行为工程模型（BEM）。根据该模型，这6个组成部分（或因素）对实施营销项目个人的工作绩效产生重大影响。研究人员和管理人员一致认为，工作级别的因素对工作绩效的影响程度通常要高于员工级别的因素。在美国进行的一项研究表明，75%的工作绩效受到工作级别因素的影响，而25%的工作绩效受到员工级别因素的影响。[7]这些统计数字在各个行业和职位中通常都是相对稳定的。表4.1展示了一个针对行为工程模型的6个组成部分相关因素的原因分析工具。

表4.1 营销实施原因分析

预期和反馈
• 正确设定员工的绩效目标，并明确定义其角色 • 明确传达管理者的绩效期望 • 提供清晰且相关的信息来描述工作过程 • 对员工的绩效表现提供及时和相关的反馈
资源和工具
• 适当地部署财务和人力资源来完成这项工作 • 员工拥有完成工作所需的宣传材料、工具（如计算机和客户数据库）和足够的时间 • 整体的身心工作环境有利于员工绩效达成 • 领导和外部专家提供支持帮助员工完成工作
激励和报酬
• 合理设置薪酬、奖励和奖金等财务激励措施 • 适当设定非财务激励措施，如认可 • 组织为员工提供丰富的工作和职业发展机会 • 如果工作绩效不佳，会有负面的后果或惩戒措施
技能和知识
• 员工具有完成工作所需的知识（如产品知识） • 员工具有完成工作的必要技术 • 员工有能力完成工作 • 组织向员工提供学习和培训机会，以增强其必要的技能、知识和能力来完成工作

续表

能力和天赋
• 员工具有足够的智力（包括情商）来学习工作所需的知识和技能 • 员工具有与所需工作相匹配的特质和个性 • 员工具有完成工作所需的教育背景和经验 • 员工的天赋和潜能与工作岗位的要求和特点相匹配
动机和态度
• 员工愿意为做好工作而努力（包括正确的努力方向、足够的努力程度和努力的持久性） • 员工具有适当的工作角色认知（包括工作角色的准确性、角色冲突和角色模糊） • 员工致力于努力工作并表现出组织承诺和组织公民行为 • 员工对客户、管理者、同事和工作都抱有积极的态度

确定解决方案

在找出差距并进行原因分析后，我们就可以准备开发解决方案了。营销人员应根据原因制订解决方案，并着重于缩小差距或抓住机遇。我们建议采用以下4步方法来系统地确定解决方案。

第1步：制订潜在的解决方案

“解决方案”这个术语指的是通过解决问题或利用机会以提高营销绩效并帮助组织实现其战略目标的方案。它通常涉及有意识地采取刻意的行动，根据发现的原因促成变化以解决不同层次上的差距和需求。根据具体原因，营销人员可以选择与计划阶段或实施阶段相关的解决方案。他们可以修改策略或更新技术。他们可以选择一个解决方案来解决问题，也可以选择一揽子解决方案来解决问题的不同方面。营销人员在制订解决方案时需要考虑以下原则。

处于不同级别的解决方案

如图4.1所示，营销人员可以在不同级别上选择解决方案。具体来说，营销人员可以在工作场所、工作和员工级别上进行选择。如果分析确定的原因主要是在世界这个级别上，例如客户偏好的变化、竞争强度、技术突破或政府法规，则首先考虑与STPD相关的解决方案。营销人员可能需要选择不同的目标客户群或更改其产品定位和差异化策略。如果发生的变化与组织相关，那么基于STPD策略的解决方案也可能适用。例如，如果公司在收购另一个组织后制定了新的组织目标，则营销人员可能需要采取不同的细分策略。另外，如果营销人员确定STPD策略是适合的，那么他们可以选择与营销组合要素有关的解决方案，包括4Ps。

如果确定的原因主要是在工作和员工级别上，那么我们可以得出一个结论：问题主要发生在实施阶段。如前几节所述，这些因素可能与表4.1底部的两个级别中的原因有关。如下面的表4.2所示，每个因素都有其潜在的解决方案。这份清单绝对不是一个全面的清单，但它可以作为开发解决方案的起点。请注意，有一些解决方案出现了多次，因为它们可以用于多种用途。

表4.2　营销实施的潜在解决方案

预期和反馈	
• 目标和配额设置 • 领导力课程 • 辅导和反馈 • 销售竞赛	
资源和工具	
• 区域设计 • 设置呼叫中心 • 增加新的销售人员 • 开发新产品手册	
激励和报酬	
• 佣金 • 奖金 • 认可 • 销售竞赛	
技能和知识	
• 培训 • 工作辅助 • 辅导 • 招聘和雇用	

续表

能力和天赋
• 招聘和雇用 • 改变组织结构
动机和态度
• 辅导 • 工作轮换 • 工作丰富化

应优先选择最高级别的解决方案

正如我们在原因分析部分讨论的那样，每个因素的影响都不同。有些因素比其他因素的影响大得多。因此，造成最大影响的那些因素和问题需要得到最多的关注，甚至是最多的资源。它们也是最优先的事项，因为如果我们采取适当的行动，那么它们最有可能在投资甚少或者没有额外投资的情况下产生积极的结果。通常，所处的级别越高，因素对绩效的影响越大。例如，与改进营销组合要素的4Ps相比，改进公司的STPD策略对营销绩效的影响要大得多。同样，在工作级别上改进一个或多个因素（如提供资源和工具）比在员工级别改变员工的态度更容易且更有可能产生积极的结果。

选择较高级别的解决方案时，必须在较低级别上做出改变

如图4.1所示，较高级别的解决方案通常是指在工作场所级别采取的战略行动，而较低级别的解决方案是指在工作和员工级别采取的行动。例如，如果营销人员确定正确的解决方案是开发新的客户群，那么在采用此策略之后，营销人员需要改变产品包装、更改产品价格，甚至选择不同的分销渠道。此外，营销人员还需要与销售管理部门一起制定销售目标，为销售团队提供资源和工具及更改激励措施，而这3个方面都是在工作级别上进行的。另外，营销人员还可能需要为销售人员提供培训，确保他们具备新产品的知识或销售技能，以服务于新的细分市场，这种变化是发生在员工级别上的。但是，如果我们选择的解决方案是在较低级别上时，则不一定需要在较高级别上进行改变。例如，当销售经理决定制订一个销售竞赛计划以激励其销售团队时，只要营销策略是适当的，那么营销人员就不必修改这些营销策略。

第2步：根据需求匹配解决方案

在确定解决方案的过程中，最重要和最困难的部分是确保解决方案与不同级别上的原因需求相匹配。这个任务既是艺术又是科学。我们建议营销人员遵循以下原则，以确保一致。

某些解决方案与需求的匹配很明显

有些原因很明显，因为它们直接指向了解决方案。如果消费者更喜欢在线购买你的产品，那么在线销售该产品就是显而易见的解决方案。如果销售人员需要新的营销手册来进行电话销售，那么更新营销手册就是合适的解决方案。当然，即使如此，我们仍然要面对解决方案的具体设计等问题，我们也将在接下来的几章中讨论这些问题，但是解决方案本身在这些情况下是相对显而易见的。我们来讨论下面这个案例。

焦点案例

一家大型制造商的呼入型呼叫中心正在尝试改善其营销绩效。[8]呼叫中心的代表通过电话和在线实时聊天为现有的和潜在客户提供技术支持、处理维修查询并回答账单和其他问题。但是，经理们对代表的表现并不满意，重点问题出在客户绩效。具体来说，呼叫中心的客户中只有不到70%的人满意，而管理层期望客户满意度至少达到85%。经理们通过标杆分析，发现高绩效代表的行为与普通代表的行为显著不同。在以下衡量措施上，高绩效代表的频率和次数都比普通代表高得多：

1. 代表在与客户对话中提及客户姓名的次数。
2. 代表明确向客户提供解决问题的目标日期的次数。
3. 代表按照培训手册中的脚本回答客户问题的次数。

基于这些结果，管理人员快速开发了一种内部营销解决方案，其中包括培训、教练和激励措施。解决方案实施后的3个月内，呼叫中心就实现了其客户满意度目标。

多个方案可以组成解决方案包

在市场营销中，针对几乎任何问题都存在着多个解决方案。解决方案可以有不同的规模，有时还可以打包在一起组成解决方案包。当能够使用不同的解决方案来解决相同的问题时，我们看到的是营销的创意之美。但是，当面临各种各样的可能性及多种解决方案组合的复杂性时，这又变成了一个挑战。例如，如果你发现客户需要更好的服务质量，那么可供选择的解决方案范围可以从改善实际的购物环境、更改购物流程、提供及时的服务，到培训员工以提高响应能力或表现出更多的同理心等。有一些方案比其他方案更昂贵，并且它们的有效性也各不相同。

此外我们需要注意，当我们在高级别选择战略解决方案时，很可能需要在下游进行改变。例如，如果我们确定了一个新的目标客户群，那么则需要对产品的定位、产品包装、定价政策、分销渠道和促销信息都进行相应的修改。这样，多个解决方案就变成了一个集成的解决方案包，而不是单个项目。同时，我们也需要了解什么是可以接受的解决方案。而且要注意，不采取任何措施，这本身也是一个解决方案。无论我们选择或者不选择解决方案，无论选择哪种解决方案，我们都应该关注不同选择的收益、成本，以及最终的价值和贡献。

某些解决方案耗时很长

有些问题是对应短期解决方案的，例如培训销售人员以帮助其更有效地完成交易。其他问题则需要花费很长时间才能纠正。例如，如果由于组织的公众形象（口碑不佳、近期的负面事件、品牌声誉受损等）而导致消费者不愿购买，那么可能需要很长时间才能修复这种情况。重建品牌资产的解决方案必须从组织的顶部开始，并且贯穿整个组织过程。另一个例子可以是组织意识到了一个新的增长机会，并且决定对品牌进行重新定位。重新定位这个解决方案可能要花费数月甚至数年的时间，才能改变品牌在消费者心目中的形象。

第3步：选择回报最大的解决方案

在将解决方案与需求匹配之后，下一个步骤就是确保我们选择的解决方案回报最大。具体地说，我们需要考虑两个可能影响收益的主要问题：解决方案的成本和实施解决方案所带来的经济效益。如前几章所述，我们将价值定义为收益与成本之比。为了获得最大的回报，我们需要同时考虑收益和成本。从成本角度看，成本越小则潜在价值和回报就越大。从收益的角度来看，收益越大则潜在的回报就越大。

第4步：验证匹配并确保解决方案成功

在确定可能的解决方案之后，营销人员必须验证需求与解决方案确实互相匹配。我们通常需要在不同级别上回顾所确定的需求，并返回到输入的数据源头（如焦点小组、员工等）以确认解决方案的确能满足需求。营销人员也可能需要回顾战略回报需求和业务需求，以确保解决方案与他们保持一致。在最初实施解决方案的过程中，及时获取反馈以查看解决方案是否确实符合预期。早期的反馈可以促进及时地调整，或者在最坏的情况下，建议完全放弃该解决方案。如果解决方案不能达成最初的目标，则及时采取纠正措施以避免在实施过程结束时产生很大的意外。此外，营销人员可以通过检查可用资源和员工的技能来分析解决方案的可行性和可操作性。员工的参与和管理者的支持对于确保解决方案的成功都至关重要。

| 结语

本章重点介绍了12步营销ROI方法论模型中的第2步——使之可行。使之可行的总体目标是，基于分析来确保我们选择正确的解决方案，以解决第3章中确定的回报和业务需求。通过在行动级别检查需求，营销人员可以进行原因分析并确定正确的解决方案以弥合差距并抓住机遇。在此过程中的各个级别都需要确保一致性。我们为营销人员提供工具和流程以了解问题或机会，确保解决方案的可行性和适当性。避免不匹配是至关重要的，因为错误的解决方案会浪费资源、造成怨恨并错过增加价值的机会。营销人员需要认真关注员工和经理对项目的参与、接受和支持，以确保解决方案的成功。营销人员必须通过正确的路径来传递价值。该路径包括明确定义的业务需求和满足这些需求的适当解决方案。

| 参考资料

1. Rothwell, William, Caroline K. Hohne, and Steven B. King. *Performance Improvement:Building Practitioner Performance*, 3rd ed. New York and London: Rout-

ledge, 2018.

2. Rothwell, William, Caroline K. Hohne, and Steven B. King. *Performance Improvement:Building Practitioner Performance*, 3rd ed. New York and London: Routledge, 2018.
3. Gilbert, Thomas F. *Human Competence: Engineering Worthy Performance*. Silver Spring, MD: International Society for Performance Improvement,1978.
4. Chevalier, Roger. *A Manager's Guide to Improving Workplace Performance,* 1st ed. New York: AMACOM, 2007.
5. Six Boxes: The Performance Thinking Network. Accessed March 3, 2020. https://www.sixboxes.com/.
6. Kerin, Roger A. and Steven W. Harley. *Marketing,* 14th ed. Dubuque, IA: McGraw-Hill, 2019.
7. Ripley, David and Peter Dean. *Performance Improvement Pathfinders: Models for Organizational Learning.* Silver Spring, MD: International Society for Performance Improvement, 1997.
8. Robinson, Dana, and Jim Robinson. *Zap the GAPS! Target Higher Performance and Achieve it!* New York: HarperCollins, 2002.

第5章 期望成功：为结果而设计

> “劳驾你能告诉我，我应该走哪条路吗？”爱丽丝说。
> “这取决于你想去哪儿。”柴郡猫说。
> “去哪儿，我无所谓。”爱丽丝说。
> “那么，走哪条路也无所谓。”柴郡猫说。
> ——《爱丽丝漫游奇境记》（*Alice's Adventure in Wonderland*）
> 作者刘易斯·卡罗尔（Lewis Carnol）

绿色食品网（Green Food Networks，GFN）是一家快速消费品食品制造商。[1]他们的产品包括餐食、谷物零食、谷物早餐和其他烘焙产品。该公司通过全国各地的零售连锁店提供许多受消费者欢迎的产品，其中一款是绿色甜品（Green Delights Desserts），这是一种装在塑料杯中的可用微波加热的蛋糕粉。将这种蛋糕粉加入水后，使用微波炉加热几分钟即可做出美味、温暖、令人陶醉的甜点，既省时省力，又无须清理。绿色甜品有不同的口味供选择，如热奶油软糖布朗尼、熔融巧克力蛋糕、焦糖蛋糕、花生酱软糖布朗尼、软糖巧克力曲奇饼、肉桂漩涡蛋糕和柠檬漩涡蛋糕等。从商店购买或线上邮购产品之后，消费者只需添加水、搅拌并开启微波炉，数分钟内就可以享受到温馨而美味的食物。口味与便利性之间的微妙平衡使绿色甜品在年轻的职场人士、大学生和有小孩的家庭中特别受欢迎。

艾比（Abby）是绿色甜品的产品经理，她时刻琢磨着如何进一步提高这个出色产品的营销绩效。她特别关注的一个领域是她的产品定位和促销策略是不是与公司的使命和长期目标保持一致。顾名思义，GFN关心环境并强调通过绿色科技减少其产品对环境的影响。GFN努力成为优秀的企业公民，其一项举措是不断减少固体废物的产生。正如最近发布的GFN《5年社会责任报告》（Five Year Social Responsibility Report）所示，该公司一直在进步。5年来，GFN已将其固体废物产生率降低了24.5%，仅比25%的目标低了半个百分点。

这个报告启发了艾比来考虑如何改进自己的产品——绿色甜品。通过与GFN的包装工程师合作，她了解到产品所使用的一次性塑料碗是以石油为原料的聚丙烯制成。替代聚丙烯的一个更环保的方法是使用碳酸钙来制作新碗。碳酸钙是一种以白垩岩或石灰石等形式存在于自然界的天然材料。[2]该材料已广泛用于许多行业，包括制药、农业和建筑业等。如果艾比批准的话，这将是首次在零售食品包装中的应用。需要考虑的因素包括成本和收益。从收益方面来说，这种新型包装材料碳酸钙是安全的，在世界范围内供应充足，并且可确保成品碗的可回收性。尽管表面的光泽会稍差一些，但如果添加正确的量，新碗看起来与旧碗几乎没什么两样。艾比和她的团队也很高兴地发现新碗与旧碗一样坚固，而且在微波炉加热时候的表现更好。在成本方面，即使艾比可以找到合适的供应商来开发新包装，碳酸钙作为包装材料的价格仍然要比聚丙烯食品包装贵50%。

但是，包装作为产品策略一部分，只是故事的一半。艾比希望，如果绿色甜品的目标消费者知道新包装的环保性，他们将对这个新创意做出积极回应，因此有可能会提升产品的销售和利润。同时，艾比也知道告知和教育消费者需要时间和资源的投入，所以她与团队合作设计促销计划，以通过社交媒体来实现这些目标。为了确保成功，艾比和她的团队使用我们在前几章中讨论的多层次框架来制订行动计划并设定目标。

- 在第0级，也就是输入级别，艾比的营销团队选择美国中西部的两个城市作为测试营销地点。这些城市的人口特征和经济条件确保测试结果能代表全国市场。他们还仔细设计了营销项目的促销策略，并且为广告的覆盖率（所覆盖客户数量）和频率（平均消费者接触促销信息的次数）设定了适当的目标。

- 他们将第1级，也就是反应级别的目标设定为，在测试营销的市场上至少有90%的消费者在了解新的产品包装信息后，他们会认为这是有趣、有利、相关和重要的。
- 在第2级，也就是学习级别，营销团队将目标设定为，确保至少有50%的消费者在新促销计划启动后一个月内能够口头描述新包装材料的益处。
- 第3级，也就是行动级别的目标涉及消费者的行为。营销团队期待有30%的消费者，在了解了新包装的益处之后，会使用公司在网站上和商店中提供的免费试用样品和优惠券。
- 营销团队暂时将第4级影响目标设定为使用新包装的绿色甜品的销售收入在3个月内增加50%。
- 他们还设定了第5级ROI目标，也就是该项目的最低回报率为25%。

3个月后，测试营销产生了惊人的结果。全新包装的绿色甜品销量增加了一倍以上。调研和观察数据表明，在较低级别上设定的目标大多数也已实现。分离项目效果后，这个营销项目的ROI估计为350%。如今，所有口味的绿色甜品都配备了新的碳酸钙碗，每年可减少15 000磅的塑料用量。除了增加销售收入和盈利，这个营销项目还为GFN带来了巨大的无形收益，因为越来越多的消费者将GFN视为关心环境的具有社会责任感的公司。

> “预测未来的最佳方法是创造未来。”
>
> ——彼得·德鲁克

前几章介绍了两个重要步骤：（1）确保我们的营销项目与业务指标保持一致；（2）选择正确的解决方案来达成所需的结果。在本章中，我们将直接针对所需结果，在影响级别甚至ROI级别上进行设计。许多组织在没有明确定义适当级别的成功期望的情况下就实施营销项目。他们或许对想要完成的事情有一些模糊的想法。但是，如果没有在各个级别上明确定义目标，营销人员可能不知道为确保营销项目成功所必须采取的确切措施。在不知道该怎么做的情况下，营销人员也很难理解他们在实施营销项目中的角色及这样做的原因。预先设定明确的目标可以消除期望中的神秘感。

案例研究

为了展示如何用目标设定来推动成功，我们讨论两个促进新产品销售的案例。

B2B营销案例：布雷克工程公司（Blake Engineering）（A部分）

布雷克工程公司（Blake Engineering Company，BEC）是一家致力于为建筑和建筑维护行业的专业客户开发、制造和销售产品的跨国公司。[3]该公司依靠其销售队伍向业务客户销售产品。在公司营销部选择目标客户群、确定产品价格并设计促销信息后，BEC销售人员在市场上实施这些营销策略。BEC销售人员在各自指定的地区独立工作、推广多种产品并负责所有新产品的发布。销售人员展示BEC产品的功能和优点、回答客户的问题、处理产品交付并收取货款。这种业务模型已证明可以有效地产生销售收入。在新产品发布期间，因为客户通常会因与新产品相关的不确定性及担心有风险而犹豫不决，这个时候销售人员的工作尤为重要。

最近，BEC在其产品组合中又增加了另一款新产品。这是一种具有卓越功能的全新的破拆工具，具备使建筑商和承包商受益的潜质。为了确保新产品的成功，BEC的营销团队开始了一项营销项目，以通过公司的销售人员将其推介给目标客户。作为流程的一部分，BEC的营销经理在产品上市前的内部会议上向销售人员演示新产品。营销经理还通过一系列线上和线下的销售会议向销售人员介绍新产品的技术特性、营销策略和支持资源。此外，公司提供在线新产品知识培训，以供销售人员进行自我学习。BEC并不提供与新产品销售直接挂钩的奖金。相反，他们将新产品添加到销售人员的常规产品组合中。BEC销售人员的薪酬计划包括产品总销售额的销售指标和超过指标部分的激励措施。公司根据市场潜力和历史销售数据，为每个销售人员制定了新产品的销量目标（即销售指标）。尽管没有设立直接的奖金，销售人员都知道BEC会通过销售会议上的内部沟通定期公布新产品的销售业绩排名。如专栏5.1所示，BEC营销经理在5个级别设定了目标。

专栏5.1 BEC新产品营销项目的分级别目标

第1级：反应目标

首次销售拜访后，BEC的目标客户将：

1. 认为新产品与其工作相关。
2. 认为新产品对他们的业务很重要。
3. 权衡时间和投入资金，判断新产品具有附加值。
4. 评估销售有效。

（目标是在5分制中，获得至少4分。）

第2级：学习目标

在新产品发布后的1个月内，BEC销售人员联系的目标客户应获得与新产品相关的知识。目标客户应能够：

1. 在新产品的7个功能中，至少能说出其中的5个。
2. 将新产品与竞争产品相对比，描述新产品的至少3个优势。
3. 解释新产品给他们工作带来的至少2个帮助。
4. 列出新产品对其组织的至少3个益处。

第3级：应用目标

新产品发布后的3个月内，目标客户将：

1. 安排新产品演示的时间。
2. 与来自不同职能部门的参与者一起组织采购中心完成购买。
3. 开始与BEC销售人员协商交货时间表和付款条件。
4. 将此新产品推荐给他们自己组织之外的其他客户。

第4级：影响目标

在新产品发布后的6个月内，BEC应该在以下方面实现至少3项具体措施的改进：

1. 至少有20%的目标客户购买该产品。
2. 新产品的销售增长将达到2 100 000美元。

3. 10%的被推荐客户将购买该产品。

4. 客户对新产品的满意度评分至少为4.1分，满分为5分。

第5级：ROI目标

ROI值应至少为25%。

新产品营销项目实施6个月后，大多数BEC销售人员完成了他们的销售指标，该项目产生了185%的ROI。这个案例凸显了及早设定成功期望的重要性。让销售人员知道，在反应、学习、行动和影响级别上，成功不仅是必要的，而且是有可能的。营销人员设定了分级别目标，将营销项目通过不同的级别推进到ROI级别。然后，他们在不同级别上设计和构建工具，以引发客户采取必要的行动，并记录其影响。这个过程确保营销经理和销售专业人员都期望成功。多层次分层级的目标揭去了营销项目应达成结果的神秘面纱。

但是，并非所有的营销项目都能一次就达到成功。有时，当我们未能在一个或多个级别上实现目标时，我们有必要进行调整。下面这个案例重点介绍了这种情况，并且演示了如何设定内部营销项目的分级别目标。

内部营销案例：布雷克工程公司（B部分）

新产品上市3个月后，BEC营销经理收集数据以监测销售人员的进展情况。结果并不像预期的那样乐观。在反应级别上，数据显示只有不到20%的目标客户对新产品感觉良好。实际上，有70%的客户从未听说过这种新产品。此外，在反应良好的20%的客户中，只有不到一半的人获得了足够的产品知识，而在目标客户总数中，只有不到5%的人采取了购买新产品的行动。考虑到新产品前景不佳，BEC营销经理和销售主管共同进行了调查，以查明绩效指标不佳的原因。

分析表明，销售绩效不佳的主要原因是由于BEC销售人员在销售新产品上没有花费足够的时间和精力。进一步的分析显示，许多销售人员对销售新产品没有足够的信心，因为他们缺乏足够的新产品知识和销售技能来销售这个全新的破拆工具。

为了解决这些问题，BEC营销经理与BEC的人力资源部门共同设计了培训课程，以专门提高销售人员的产品知识和销售技能。此内部营销项目旨在面向由1 000多名销售人员组成的全国销售团队。但是，公司高管建议营销经理首先应展示该项目的业务价值，然后再将其应用于整个组织。营销经理同意，并与培训专业人员合作以确保培训计划与业务需求（在本例中为新产品的销售）保持一致。该团队制定了5个级别的目标并创建了数据收集工具，同时确保将这些工具内置到培训计划中。BEC选择了25名销售人员作为最初的测试组，并通过考虑诸如绩效等级、任期、工作角色等因素，来确保测试组能代表整个销售团队。此内部营销项目的5个级别目标包括ROI在内，展示在专栏5.2中。

专栏5.2　BEC内部营销项目的分级别目标

第1级：反应目标

参加此培训项目后，参与者将：

1. 认为培训项目与销售代表的工作有关。
2. 认为培训项目对销售代表的绩效很重要。
3. 认为培训项目是对时间的有效利用。
4. 将培训项目评分为有效。
5. 将此培训项目推荐给BEC的其他销售代表。

第2级：学习目标

完成此培训项目后，参与者应该能够：

1. 确定最有可能购买新产品的客户。
2. 发现客户对新产品的独特需求。
3. 有效地传达新产品的好处。
4. 专业介绍新产品的价值。
5. 有效处理客户的反对意见。
6. 获得客户的购买承诺。
7. 获取资源以支持新产品的成功。

（目标是在5分制的评分中，获得至少4分。）

第3级：行动目标

完成此培训项目后的1个月，销售代表应该：

1. 完成一项针对销售新产品的行动计划。
2. 在收到客户和经理的反馈后，根据需要对行动计划进行调整。
3. 确定最有可能购买新产品的客户。
4. 发现客户与新产品有关的独特需求。
5. 有效传达新产品的好处。
6. 介绍新产品的专业价值。
7. 有效处理客户的反对意见。
8. 获得客户的购买承诺。
9. 获取资源以支持新产品的成功。

（目标是在5分制的评分中，获得至少4分。）

第4级：影响目标

在完成培训项目后的3个月内，销售代表应该：

1. 将新产品卖给两个客户。
2. 为新产品的销售增长贡献15 000美元。
3. 通过销售新产品达到所需的客户满意度。

第5级：ROI目标

此内部销售培训项目的ROI值应至少为25%。

这两个案例都强调了尽早设定成功期望的重要性。两个案例设定目标都是为了将营销项目从各个层面推动到影响级别和ROI级别。谁也不能保证营销项目在首次尝试中就会成功。但是当我们可以获得较低级别的数据时，我们可以调整和修改营销项目以推动成功。或者，如BEC案例的B部分所示，营销人员可以选择增加一个内部营销项目，以推动其企业营销项目的成功。营销人员期望成功，销售主管也期望成功，内部营销的参与者也愿意交付成功。这样，如何获得营销项目的预期结果就不会那么神秘了。

定义营销项目的成功

在这里回顾一下我们在第1章中进行的涉及评估营销项目价值的关键练习，这对我们接下来的讨论很有帮助。表5.1的内容与表1.1中的练习类似。如果你已经做了第1章中的练习，那么你将理解这些陈述分别对应于营销项目影响链的6个层次。这个练习的典型结论是，营销团队需要认真、全面、一致地定义其营销项目的成功。

表5.1　营销项目成功定义的级别

可行的衡量措施	
营销项目的价值描述	级别
“用最小的成本覆盖最多的客户。”	第0级 输入
“客户参与并享受营销项目，认为我们的产品既有趣又与他们相关。”	第1级 反应
“客户学习并了解我们产品和服务的功能、优势和成效，从而做出购买决定。”	第2级 学习
“因为营销项目，客户采取了我们期待的行动，试用了产品样本，并按步骤进行购买。”	第3级 行动
“客户的购买行动产生了重要的业务结果，并且对组织的获利能力和业务增长产生积极影响。”	第4级 影响
“组织在营销项目上投入的时间、精力和资源都获得了积极的回报。”	第5级 ROI

营销项目成功的新定义应该是既平衡又全面的。新定义没有将成功定义在较低或较高级别上，而是将两者都包含在内。较低级别的成功将目标客户视为可以根据营销项目做出反应、了解产品并采取行动的人，而不是可以随意买卖的商品。较高级别的成功考虑营销项目的影响和财务成果，这与业务需求、组织目标和高管的期望高度相关。通过同时关注这两个方面，营销人员能够衡量和展示证据链。营销项目通过这条证据链来影响目标客户，从而实现财务目标。这个新定义同时涵盖营销项目的输入和输出，同时考虑活动和结果，并且同时反映营销的战术和战略层面。使用这个新定义，营销人员能够展示其通过营销项目所创造的价值，这样高管和利益相关者才会将营销视为投资而不是成本。

先睹为快：为每个级别的成功而设计

对营销项目成功的重新定义意味着营销人员应根据表5.1所示，分级别来设计其营销项目。在各个级别上定义成功可以展示出在客户反应、学习、采取行动并产生影响时必须发生的影响链。这个链条从第0级输入开始，一直达到第4级影响，甚至第5级ROI。表5.2 总结了围绕营销成功进行设计的重要主题。在接下来的两章中，我们将更详细地探讨这些主题。

> “智者创造的机会比他发现的机会更多。”
>
> ——弗朗西斯·培根（Francis Bacon）

表5.2 为结果而设计

级别	设计主题
第0级 输入	谁、是什么、在哪里、何时、如何做、多长时间、成本多少
第1级 反应	意识、兴趣、注意力、重要、必要、感知到的风险、相关性、学习主动性、执行力
第2级 学习	行动导向、收益、功能、定价、优势、态度转变、易于理解、激励、信心鼓舞
第3级 行动	时间安排、易于行动、频率、有用性、抑制因素、促进因素
第4级 影响	财务、活动、客户、人才、业务一致性
第5级 ROI	效率、效能

第0级：输入

许多营销人员认为，确定营销项目成败的重要因素是识别并关注正确的客户类型。为了确保营销项目的成功，营销人员需要在适合的时间以适合的内容吸引到适合的客户，并以尽可能低的成本达成所需的结果。当营销项目错过目标受众和最佳时机时，很可能会遭遇失败。有的时候，营销项目因为提供的内容过多，成本过高而失败。

第1级：反应

通过营销项目吸引目标客户的注意，并产生所需的反应是非常重要的。这里的关注点是客户。他们会注意到我们营销项目的信息吗？他们会认为这些内容是相关的、重要的、必要的、易于理解和有用的吗？他们打算学习和使用这些内容吗？对所有这些问题的深入了解将有助于营销人员设计产品特色、位置、信息、内容、示例、活动、沟通方式，以及所有其他要素。这些要素将激励客户处理信息、使用内容并做出决策。

第2级：学习

很多消费者行为都是后天学习得来。学习是消费者决策的一个关键组成部分。营销项目的内容是信息，而这些信息必须是以行动为导向、易于理解、具有激励功能以确保营销项目能带来期望的行动。这里面涵盖了利益、功能、定价策略及优势。营销人员必须通过经验或推理来促进学习。业务客户和内部营销项目的参与者主要是通过推理来学习。营销项目必须为他们提供采取行动必需的信心和决心。这些主题会推动许多设计活动。

第3级：行动

学习本身并不足以确保客户采取适当的行动，也不能确保内部参与者（销售团队）运用他们所学到的知识。营销人员可以相应地设计其营销项目，以简化行动或增加说服力，促进客户采取行动。研究表明，当客户发现产品或服务有用、易于使用且自信具有使用该产品的能力时，他们更有可能采用该产品或服务。对于侧重于知识或技能的内部营销项目，参与者应知道何时使用知识、使用知识的频率及如何确定成功。我们应该注意控制各种阻碍因素，并加强支持行动的那些使动因素。营销人员必须有针对性地设计营销项目以诱使客户采取适当的行动，以便获得理想的业务结果。史蒂芬·温德尔（Stephen Wendel）的《随心所欲：为改变用户行为而设计》（*Designing for Behavior*）一书为相关技术和特定问题提供了极佳参考。[4]

第4级：影响

理想状态下，我们应该从项目之初及在整个实施和评估过程中，都清楚地了解营销项目所期望达到的影响。项目期望达成的影响实际上是第3章中介绍的ROI方法论第1个步骤的重点。要实现影响，营销人员必须选择正确的解决方案，这是我们在第4章中所讨论的。对于所有的营销项目，营销人员都必须清楚地了解业务一致性，并且始终将视线关注在他们正在进行的营销活动与最终业务结果之间的联系上。他们应该从低级别和高级别这两个级别上都收集数据，以更好了解二者之间的关系。如前几章所述，营销项目的影响应与FACTs框架的一个或多个维度相连，即提升财务、活动、客户和人才绩效。许多设计主题都会影响到业务结果的达成。

第5级：ROI

营销人员不需要计算所有营销项目的ROI。但是，即使不计算ROI，我们也应该从设计角度考虑ROI。ROI具有两个关键要素，一个影响要素和一个成本要素。影响要素衡量的是可以转换为金钱收益的营销项目的影响；而成本要素则是衡量实施营销项目的成本。换句话说，影响要素衡量的是营销项目的有效性，而成本要素衡量的是营销项目的效率。在设计阶段，我们致力于获得更大的影响并保持较低的成本，以确保适合的ROI。

> “人性的本质是不刻意追求完美。”
>
> ——乔治·奥威尔（George Orwell）

为营销项目设置分级别目标

第3步的一个重要组成部分是在各个级别上设定目标。如表5.3所示，我们必须在3个级别上设定目标，以实现正确的客户反应、确保客户获取所需的信息、采取预期的行动、改进业务结果，并获得预期的ROI。如果我们适当地设定目标以指明方向、强调重点和提供指导，那么这些目标的影响力会很强大。在各个级别上设定目标可以确保营销项目始终保持业务一致性。

表5.3　各级别的目标

目标级别	目标重点
第1级 反应	定义对营销项目的特定反应级别，以便将其披露并传达给客户、消费者、参与者和利益相关者

续表

目标级别	目标重点
第2级 学习	为客户、消费者、参与者和利益相关者定义营销项目所需的特定知识、信息和技能，以确保营销项目成功进行
第3级 行动	定义确保成功所需的特定措施和行动、应用和实施
第4级 影响	定义由于营销项目的实施而将改变或改善的特定业务衡量结果
第5级 ROI	定义营销项目的特定投资回报，将项目成本与货币收益进行比较

反应目标

在当今环境下，随着市场竞争日趋激烈，吸引客户的注意力变得越来越难。如果想使任何营销项目成功，客户必须要先注意到我们的营销信息，对信息做出正面（至少不是负面）的反应，他们才可能会考虑这些营销信息。反应目标对于引起客户注意并保持适当的关注是非常必要的。对于内部营销项目，例如培训，参与者需要感知到该项目对他们的工作而言是相关、及时且重要的。我们在下面的专栏里分别给出了消费者营销、企业营销和内部营销项目的典型反应目标。

专栏5.3　消费者营销项目的典型反应目标

在项目结束时，消费者对以下各项评分至少为4分（满分为5分）：

- 这个项目介绍的产品与我相关。
- 这个项目传递的消息很有趣。
- 这个项目介绍的产品对我很有价值。
- 这个项目介绍的产品对我很重要。
- 这个项目介绍的产品对我来说很理想。
- 这个项目提供了有用的信息。
- 这个项目提供了新的信息。
- 这个项目提供了使生活更加愉快的机会。
- 我将向我的家人和朋友推荐这个营销项目。
- 我想了解更多有关这个营销项目的信息。

专栏5.4 企业营销项目的典型反应目标

在项目结束时，客户对以下各项评分至少为4分（满分为5分）：

- 这个项目介绍的产品与我的组织相关。
- 这个项目介绍的信息很有用。
- 这个项目介绍的产品对我的组织来说很有价值。
- 这个项目介绍的产品对我的组织很重要。
- 这个项目将使我的组织更有效。
- 这个项目提供了有用的信息。
- 这个项目提供了新的信息。
- 这个项目将使我的组织富有成效。
- 我将向同事推荐这个项目。
- 我想了解更多有关这个项目的信息。

专栏5.5 内部营销项目的典型反应目标

在项目结束时，参与者对以下各项评分至少为4分（满分为5分）：

- 这个项目安排得井井有条。
- 这个项目的主持人非常高效。
- 这个项目对我的工作很有价值。
- 这个项目对我的成功很重要。
- 这个项目对我来说是非常激励人的。
- 这个项目提供了实用信息。
- 这个项目提供了新的信息。
- 这个项目很好地利用了我的时间。
- 我将向同事推荐这个项目。
- 我想进一步了解这个项目。

学习目标

每个营销项目都涉及某种类型的学习。在消费者和企业营销案例中，学习包括对新产品和服务的认知、对产品功能和利益的了解，以及对有关品牌更新信息的获得，这些都是营销信息。在内部营销案例中，学习包括技能培养的解决方案、新产品的知识和新技术的实施。在所有这些情况下，学习都是重要的组成部分，可以促使客户和参与者采取适当的行动。制定学习目标非常重要，因为它们可以提供相关信息、关注具有决策权的客户、交流学习的预期结果，以及为内部营销项目的参与者定义所需的能力。我们在下列专栏5.6至5.8中分别展示了消费者营销、企业营销和内部营销项目的典型学习目标。

专栏5.6　消费者营销项目的典型学习目标

营销项目开展1个月后：

- 90%的受访消费者能回想起营销项目。
- 70%的受访消费者能回想起产品名称。
- 50%的受访消费者可以描述新产品的至少一种属性。
- 40%的受访消费者能够描述新产品的至少一项好处。
- 35%的受访消费者知道新产品的至少一个信息来源。
- 30%的受访消费者知道新产品的至少一种购买选择。
- 25%的受访消费者对品牌持更积极的态度。
- 20%的受访消费者对品牌更满意。
- 10%的受访消费者会使用新产品。

专栏5.7　企业营销项目的典型学习目标

企业营销项目实施1个月后：

- 买方的采购经理能够描述营销项目中展示的新设备的3个功能。
- 买方的采购经理可以描述营销项目中展示的新设备的至少一项好处。

- 买方的采购经理可以描述我们公司的生产能力。
- 买方的采购经理可以描述我们公司的质量控制程序。
- 买方的采购经理可以描述合同中起草的条款。
- 买方的工程师能够描述营销项目中展示的新设备的规格。
- 买方的工程师可以描述营销项目中展示的新设备的至少3个质量标准。
- 买方的财务经理可以描述营销项目中展示的新设备的付款方式。
- 买方的财务经理可以描述营销项目中展示的新设备的交付时间表。
- 买方的培训部门可以描述营销项目中展示的新设备的培训手册。

专栏5.8 内部营销项目的典型学习目标

内部营销项目完成后，参与者将能够：

- 在3分钟内说出本部门新营销策略的6个支柱。
- 在15分钟内成功完成销售管理模拟。
- 陈述新产品政策的6个功能。
- 在标准时间内，演示每个新软件流程的使用方法。
- 针对特定的客户查询，使用解决问题的技能。
- 确定客户是否符合使用交付时间表的条件。
- 在10分钟内完成第一次新产品测验并获得至少75分。
- 展示所有5种与客户互动的技能，成功率至少80%。
- 在5分钟内说明工作团队中5个类别的价值多样性。
- 记录销售竞赛计划的建议。
- 在客户服务政策测验中，至少答对90%的问题。
- 准确说出销售会议上介绍的5种新技术趋势。

行动目标

所有营销项目都应该有行动目标。行动目标强调行为、任务、活动或应用。

营销人员需要定义他们营销项目预期引发的行动。在消费者营销和企业营销项目中，行动目标应是与购买直接相关或重要的先导行为。它们还应该涉及客户决策的特定里程碑，反映营销项目所需的行动。

在内部营销项目中，参与者采取的行动也称为应用。因为内部营销项目所期待的行动是参与者将他们从项目中学到的知识应用到日常工作中。这些行动和应用目标非常关键，因为它们描述的是在学习必要知识和计划实现的实际影响之间的桥梁。下面的专栏5.9至5.11展示了消费者营销、企业营销和内部营销项目的典型行动目标，以及应该在此级别上提出的关键问题。

专栏5.9　消费者营销项目的典型行动目标

实施消费者营销项目时的典型行动目标：

- 30%的目标消费者将在30天内在公司网站上积极寻找新产品信息。
- 20%的目标消费者将在30天内通过电话积极寻求新产品信息。
- 10%的目标消费者将在30天内通过与商店销售人员互动，积极寻求有关我们最新退货政策的信息。
- 至少2 000名目标消费者将在30天内下载为此新服务包设计的免费应用程序。
- 至少1 000名目标消费者将在30天内使用新产品的免费样品。
- 10%的目标消费者将在30天内在社交媒体应用上发布有关我们品牌名称的消息。
- 15%的目标消费者将在30天内对我们在社交媒体应用上的帖子做出情感反应（带有Emoji表情符号）。
- 至少有5%的目标消费者将在30天内在社交媒体应用程序（例如Facebook、Instagram和Twitter等）上向我们发送有关我们产品的私信。
- 本月至少有1 500名目标消费者订阅我们的每周促销时事通信。
- 本月至少有5%的目标消费者将回复我们的促销电子邮件。

专栏5.10 企业营销项目的典型行动目标

实施企业营销项目时的典型行动目标:

- 在90天内，有15%的目标客户将我们公司添加到其供应商列表中。
- 在1个月内，来自目标客户的20%的采购代理将通过电话查询积极寻求新产品信息。
- 在2个月内，10%的目标客户和顾客将邀请我们的销售人员就新产品进行现场介绍。
- 在1个月内，来自目标客户的20%的采购代理将积极向销售人员了解我们产品的退货政策。
- 至少有15个目标客户将在6个月内在我们的新系统上启动试点项目。
- 至少有10个目标客户将在3个月内免费试用我们的新软件。
- 本月至少有20%的目标客户会回复我们的促销电子邮件。
- 在3个月内，目标客户的采购经理中有10%将提交采购建议以供其公司高管审核批准。
- 在3个月内，将有20%的目标客户采购经理将我们的新产品添加到他们的数据库中。
- 在今年11月之前，至少有100个客户将寻求有关我们新产品的实施程序或融资方案的信息。

专栏5.11 内部营销项目的典型行动目标

实施内部营销项目时的典型行动目标：

- 在90天之内，销售经理的360度领导力评估平均得分将提高到3.4至4.1分（满分为5分）。
- 95%的高潜力销售员工将在两年内完成个人发展计划。
- 使用CRM系统3周后，至少99.1%的用户将会遵循正确的步骤和顺序。
- 一年内，运输部门10%的员工将会提交降低销售成本的书面建议。

- 员工在遇到产品质量问题时会常规使用学到的解决问题的新技能。
- 员工每天都会采取措施激励团队成员。
- 在实施零容忍政策后的3个月内，将不再有合规差异的情况。
- 在接下来的6个月中，80%的销售团队将使用新的销售激励计划。
- 60%的会议参与者将在60天内跟进至少一位参会的客户。
- 在11月之前，药品销售代表将把处方药的不良反应信息传递给所在地区的所有医生。
- 经理们将在15天内启动至少3个健身项目。
- 在下个月内，销售和客户服务代表将在与至少一半的客户沟通时，使用所学到的全部5种交流技巧。

行动目标的典型问题：

- 将在工作中应用哪些新知识？
- 在工作中应用新技能的频率是多少？
- 将执行哪些特定的新任务？
- 将采用哪些新步骤？
- 将实施或更改哪些新程序？
- 将实施哪些新准则？
- 需要举行哪些会议？
- 将终止哪些任务、步骤或过程？

影响目标

所有的营销项目都需要设定影响目标。这些影响目标可以用关键的业务结果来表达，而这些业务结果因为行动目标的实现而得以改进。影响目标定义了与营销项目相关的个人、部门和组织级别的营销绩效。他们强调实现利润结果，并确保整个营销项目始终与业务保持一致。营销影响目标应包含易于理解和易于收集的数据。它们应以结果为基础，措辞要明确，并指明组织和利益相关者希望通过营销项目所达成的目的。这些业务营销目标也应该与营销项目的受众相关且为他们所熟知。对于所有营销项目，影响目标应反映FACTs框架中建议的4种营销绩效类型，即财务绩效、客户绩效、活动绩效和人才绩效。我们在下面的专栏5.12中展示了营销项目影响目标的示例。

专栏5.12 营销项目的典型影响目标

在完成营销项目后，应达成如下目标：

- 在下一个财务年度，我们品牌的市场份额应增加一个百分点。
- 9个月后，中西部销售地区的平均客户投诉数量应从每月3个减少到不超过2个。
- 我们的大客户销售人员的离职率应在9个月内减少到10%以下。
- 在6个月内，平均新增客户数量应从每月300个增加到350个。
- 呼叫中心员工的工作满意度在下一个年度应增加20%。
- 今年第三季度就可以实现全年的利润指标。
- 中央银行员工的月均投诉数量，应从3个减少到1个。
- 到今年年底，中西部地区所有工厂的平均次品数量将从每月214件减少到每月150件。
- 销售费用在第四季度应降低10%。
- 在接下来的两个月中，新上市的新产品销售收入应增加10%。
- 客户忠诚度的评分在6个月内应增加15%。

ROI目标

营销项目的第5级目标是ROI。ROI目标定义了营销项目的最低或预期收益，并将其成本与营销项目的货币收益进行比较。与传统的财务ROI一致，我们将分数值乘以100%来表示比较结果的百分比。ROI的计算公式为

$$\text{ROI}=\frac{\text{项目净收益}}{\text{项目总成本}}\times 100\%$$

在此公式中，项目净收益是营销项目总收益减去项目总成本，其中项目总成

本包括执行营销项目的直接成本和间接成本。该公式的解释与资本投资的解释基本相同。例如，当某公司上市一个新产品时，产品上市的ROI是通过将新产品上市的年化净收益除以产品上市的总投资来计算的。这里的年化净收益相当于项目净收益（年化收益减去总成本），而产品上市的总投资相当于满负荷计算的项目总成本。如果该项目的ROI为50%，则意味着每投入1美元，该营销项目不仅可以收回这1美元，还可以额外获得50美分的回报。如果是150%的ROI，则表示收回投资的1美元后，营销项目会额外产生1.5美元的回报。

使用ROI公式，我们可以将营销项目投资与其他资本投资放在一个公平的竞争环境里进行比较。通过使用相同的公式和类似的概念，我们可以确保首席执行官、首席财务官，以及其他关键管理人员和财务主管能够轻松理解我们营销项目的ROI计算，因为他们经常计算其他投资的ROI。但是，营销项目的最佳ROI目标又是什么？由于每个挑战的独特性和每个组织的复杂性，还没有能为大家普遍接受的标准来回答这个问题。我们建议采用以下4种策略为营销项目建立可接受的ROI目标。

- 第1种策略是通过将ROI目标设置为0，从而将ROI值设置在收支平衡点。ROI为0表示收益等于成本。采用这种方法的基本逻辑是我们急于收回项目成本，以便项目能够自负盈亏而不会对组织造成财务负担。对于许多非营利组织、慈善组织和公共事业部门，适合推荐这个ROI目标，因为其理念是该组织不是试图从特定的营销项目中获得金钱上的回报，而是努力保持其组织的财务健康和稳定。此外，ROI为0的营销项目还可能会创造无形收益。所谓无形收益是未转换为货币价值的那部分项目成果，但仍能使组织受益。当公司试图在产品生命周期的早期阶段增强其品牌资产或者建立产品知名度时，这些无形收益尤其有用。
- 第2种策略是让高管、经理、客户或项目发起人设置可接受的最低ROI值。在这种情况下，发起、批准、赞助、资助或支持营销项目的个人将建立可接受的ROI。每个营销项目都有负责批准、资助和支持项目的人员。这些人员可以是高管、赞助商甚至是捐赠者，他们很可能愿意提供可接受的最低ROI值。这种做法将营销项目的财务回报期望与批准和赞助该项目的个人最低期望直接联系起来。

- 第3种策略通过使用与投资资本支出（例如设备、设施和新公司）时使用的相同数值来设置ROI目标。对于发达国家的大多数市场而言，ROI目标通常约为15%，因为北美、欧洲及包括澳大利亚和新西兰在内的大多数亚太地区的资本成本相对较低。发展中国家和世界其他地区的营销人员可以选择更适合其市场资本成本的其他ROI目标。
- 第4种策略是营销人员选择一个反映更高标准的最低ROI目标，也就是将营销项目最低ROI的目标值定得比其他资本支出所需的ROI更高。由于营销ROI的方法论相对较新，并且通常涉及诸如估算之类的主观输入，因此选择较高的ROI目标可确保过程的保守性和可靠性。使用此策略的典型ROI目标可能在20%到30%的范围内。

综上所述，分级别目标可以帮助利益相关者更好地了解我们的营销项目，而设立分级别目标则是一个重要的议题。下面让我们做一个练习。

练习5.1

说明：对于下面列出的每个目标，请指明该目标所针对的评估级别：第1级，反应；第2级，学习；第3级，行动；第4级，影响；第5级，ROI。

目标	评估级别
在营销项目结束后，客户（参与者）应该会：	
1. 在6个月内将销售收入提高20%	
2. 在15天内至少提出3个新产品开发计划	
3. 将每个项目的平均成本降低20 000美元	
4. 在90%的销售电话中增加使用交互式销售沟通技巧	
5. 在新产品质量提升项目实施一年后，收益成本比将达到2：1	
6. 能够识别最近发布的新产品的5个功能	

续表

目标	评估级别
7. 在3个月内将外部客户满意度指数提高25%	
8. 在95%的情况下，通过实施“投诉处理五步法”来处理客户投诉	
9. 觉得新的社交媒体营销信息很有趣	
10. 在产品知识测试中，获得平均75分的成绩（满分为100分）	
11. 与大客户销售专业人员举行绩效审核会议，以建立绩效改进目标	
12. 对新的伦理准则的适当性给出4分的评分（满分为5分）	
13. 将招聘新客户经理的时间从35天减少到20天	
14. 在3个月内完成营销行动计划	
15. 意识到新的薪酬和激励计划会影响他们留在组织中的意愿	
16. 有15%的员工参与职业提升项目	
17. 减少产品经理完成新产品开发项目所需的时间	
18. 将测试后的客户服务知识得分提高30%	
19. 每天使用新的数字营销应用程序，并在随机审核中得分率为80%	
20. 在第一年内，提交改进的想法或建议（目标为10%）	

答案见附录A。

结语

本章展示了必须发生改变的3个类别的内容。首先，营销项目成功的定义必须改变。新定义需要在所有级别上设定目标。其次，营销人员需要认识到，为达成业务成果而设计就需要在每个级别上都有设计思维，必须在每个级别上都设置可实现目标的特定措施。最后，必须为客户、参与者和利益相关者建立期望，并在每个级别都有目标。这些目标在反应、学习、行动和影响的层面上定义成功。第3级和第4级的目标是强有力的，因为它们突出了营销项目所产生的对所有利益相关者都至关重要的收益。在第0级、第1级和第2级上的目标也很重要，因为它们演示了从输入到结果的路径。当必要的时候，我们可以使用较低级别的数据和较高级别的数据来计算ROI，以衡量营销项目的价值。在各个级别上制定目标虽然很耗时，但却为营销项目提供了更多的关注点，并且帮助营销人员确保产生和交付业务成果。

参考资料

1. Kerin, Roger A., and Steven W. Hartley. *Marketing*. 14th ed. New York: McGraw-Hill.
2. “General Mills using ‘greener’ bowls for Warm Delights.” *Packaging Strategies*. Accesssed March 4, 2020. https://www.packagingstrategies.com/articles/85585-general-mills-using-greener-bowls-for-warm-delights.
3. Phillips, Patricia Pulliam, and Jack J. Phillips, *The Business Case for Learning, Using Design Thinking to Deliver Business Results and Increase the Investment in Talent Development*. West Chester, PA: HRDQ and Alexandria, VA: ATD Press.
4. Wendel, Stephen. *Designing for Behavior Change: Applying Psychology and Behavioral Economics.* Sebastopol, CA: O’Reilly Media, 2014.

第6章 使之重要：为投入、反应和学习而设计

> “制胜的策略只有一种，那就是仔细定义目标市场，并为该目标市场提供优质的产品和服务。”
>
> ——菲利普·科特勒（Philip Kotler）

佰晔生物制药公司（Biosearch Pharmaceutical Incorporated，BPI）总部位于新泽西州，在美国各地都设有销售办事处。几十年来，BPI一直致力于处方药和非处方消费药物的研发、制造和营销。BPI的销售收入几乎有一半是来自其在美国市场运营的医院销售代表。萨卢斯他汀（Salustatin）是BPI研发的他汀类产品，可有效降低血液中的胆固醇水平且无明显副作用。3年来，它一直是市场上最畅销的产品之一。与其他处方药类似，医生会在患者有某些心脏病迹象时，开这种他汀类药物的处方。但是，他汀类药物在市场上的竞争非常激烈。BPI面临来自某制药巨头的严峻挑战。竞争阻碍了BPI通过萨卢斯他汀来发挥销售潜力，实现市场份额的目标。在进行了一项市场调研后，研究报告得出以下结论：

- 有处方权的医生是获得市场份额的关键，因为由医生基于其对产品有效性和安全性的考虑来决定开哪种药。

- 医生对萨卢斯他汀的认知程度并不高，既不了解它的益处，也不相信它在治疗效果和安全性方面的优越性。
- BPI与医生的沟通交流主要是通过销售拜访。但是，销售人员的信息经常缺少一致性，而且缺乏有关萨卢斯他汀成效的科学支持。
- 尽管医生目前对萨卢斯他汀的态度并不积极，但他们愿意聆听与产品有效性和安全性相关的新信息。研究表明，促销工作可能是改变医生态度的必要和有效的手段。

这份报告证实了BPI营销总监的想法，即目标客户就是有处方权的医生。这份报告也揭示了在学习级别上的巨大差距，因为许多医生并不了解萨卢斯他汀的成效。基于这些分析，BPI营销总监与萨卢斯他汀产品经理合作，启动了一个称为萨卢斯他汀推广计划（Salustatin Promotion Program，SPP）的营销项目。SPP的目标是教育医师，计划通过一系列的医师研讨会来改变他们的态度并最终提高销售业绩。这些教育研讨会展示萨卢斯他汀的临床试验结果，并将与他汀类药物有关的最新医学文献传播给目标医生。在研讨会期间，既有来自当地医院的医生，也有来自顶尖医学院的研究人员主持讨论。作为医师研讨会活动的唯一赞助商，BPI能够在研讨会期间宣传其萨卢斯他汀产品。研讨会结束后，BPI销售人员以电话和社交媒体的形式跟进，并寻找机会与医生面谈。他们的目标是进一步讨论研讨会的主题并回答医生的问题，以期改变医生的处方行为，从而增加萨卢斯他汀的销量。

为了评估营销项目的价值，作为一项初步研究，BPI随机选择了220位参加了教育研讨会的医生，邀请他们分享对研讨会的反应。使用5分制量表（最高分是5分），这些医生的反应数据总结如下：

信息的相关性 4.2分。

练习的重要性 4.0分。

介绍的有用性 4.8分。

讨论与问答 4.1分。

总体评价 4.3分。

制药行业是受到严格监管的行业。尽管BPI也在学习和行动级别上设定了目标，但是由于情况的敏感性，营销人员无法在这两个级别上收集数据。不过，营销人员可以比较实施这个营销项目前后的影响数据，这也是第4个级别上的衡量标准。在分离各种影响之后，该项目的年度收益估算为657 695美元。而该项目的总费用为326 000美元。BPI营销人员使用ROI公式计算了SPP项目的ROI，计算结果为项目ROI为101.7%。

这个结果表明，BPI在SPP营销项目中，不仅能收回投资的每1美元，还能额外赚取近1.02美元。这项投资是非常高效的。除了货币价值之外，BPI营销项目还对品牌声誉、客户满意度和员工忠诚度都产生了积极的长期影响。所有这几项都是重要的无形收益。

在第4章中选择了正确的解决方案，并在第5章中设定了不同级别的目标之后，我们接下来的步骤集中在设计项目内容，以便实施解决方案并实现项目目标。这个以结果为导向的设计过程涉及两个章节。本章介绍ROI方法论的第4步“使之重要”，并且在第7章中，我们将讨论第5步“使之融会”。

| 设计营销项目时要关注结果

一个不可否认的事实是大多数营销项目都很昂贵，而一个相关的事实是资源普遍稀缺。营销人员应尽力确保营销项目成功，以实现期望达成的组织目标，并且不会浪费稀缺的资源。但是研究表明，一半以上的营销项目都未能实现设定的目标。[1]为了提高营销项目的成功率，营销人员需要在设计项目的时候就考虑到预期的结果。

先前讨论过的一致性模型，也就是业务校准模型，是可以用于此目的的一个有用框架。它可以在营销项目的整个生命周期中的各个级别上展示目标和结果。从投入到反应，再到学习和行动，一直到影响和ROI。跨级别的结果设计可提供足够的注意力、适合的工具、模板和流程来确保达成这些结果。此外，营销人员需要在不同级别上对目标进行优先级排序。由于4级的影响目标是高管们期望的最重要的指标，因此值得更多的关注。在制定、实施和评估其营销项目时，营销人员应时刻牢记预期的影响指标。

为结果而设计输入

正如我们在第2章中讨论的那样，第0级（投入）的衡量包括营销项目的数量、参与者人数、受众人数、成本、时机、持续时间、渠道、地点和效率等。实际上，还有许多其他变化和细分的衡量指标。我们将在本节介绍其中最重要的内容。

目标受众

对于营销项目，营销人员需要问的第一个问题是："谁是我们的目标受众？"这是因为目标受众的选择对于产生影响和ROI至关重要。正如菲利普·科特勒所说，"谨慎定义并全神贯注于目标市场是营销制胜的不二法门"。[2]对于消费者营销和企业营销项目，这是定位策略的问题。所谓定位策略是根据某些特征将市场（也就是客户）划分成不同的群体，选择最适合的客户群体并专注于这个目标市场。理想情况下，营销人员应该在解决方案的开发阶段就已经明确定义和选择了目标市场。但是，现实的情况是营销人员可能并没有定义和选择目标市场，甚至可能选择了错误的目标市场。当我们发现客户未按预期认可我们的产品，不愿购买我们的产品，或者我们缺乏与该客户群体有效沟通的手段，那么我们很可能选择了错误的客户群体作为目标市场。如果选择的目标市场是错误的，营销项目的成功率会大大降低，营销项目的价值也无法保证。

客户和参与者的需求

营销是发现和满足客户需求的过程，而客户需求是客户在购买产品和服务时，需要并希望获得的有形或无形的利益点。虽然在先前的市场分析和方案开发等步骤中，客户需求都应该是分析的重点，但是对于很多营销项目来说，这仍然是一个需要持久关注的问题。在为结果而设计项目输入的过程中，我们需要确保参与者确实需要这个项目。随着大数据和营销分析的日益流行，组织对客户需求的洞见也越来越多。同时，社交媒体和数字营销也使具有真正需求和强烈愿望的客户能够与组织接触，以便获得有益的产品和服务。外部客户和内部参与者都意识到，如果他们参与了他们不需要的项目，则只会增加成本，而不会获得什么收益。对于客户和员工来说，这会浪费他们的时间和精力。对于组织而言，这会浪费资源并降低ROI。

专栏6.1　案例研究：谷歌眼镜

即使是那些被热捧的技术也可能因为对目标受众定义不明确或者因为误解了客户需求，而无法带来价值。谷歌眼镜的失败就是这样的一个例子。[3]当谷歌眼镜这个创新产品上市的时候，甚至谷歌的营销人员也无法就其具体用途达成一致。一部分营销人员认为，消费者会将谷歌眼镜作为时尚设备长期佩戴。而另一部分营销人员则认为，谷歌眼镜只是为了满足人群的特定目的而偶尔佩戴。谷歌既没有进行认真的市场研究来确定和选择目标客户，也没有采取任何措施来验证客户的需求。营销人员自信地认为谷歌眼镜肯定是“皇帝女儿不愁嫁”，适合的顾客一定会找到并接受这个外貌滑稽的装置。尽管该产品旨在提供快速拍照和上网两种功能，但因为没有明确定义目标细分市场，没有足够的顾客愿意支付1 500美元的价格来购买谷歌眼镜。

媒体渠道和位置

在市场营销中，媒体渠道或促销渠道是指将信息传递给其预期受众的特定媒体。这些媒体可以是传统的促销渠道，如电视、广播、报纸、杂志和广告牌，也可以是在线渠道，如社交媒体网站，包括Facebook、Twitter、Instagram和LinkedIn等。为了更好地为结果而设计，营销人员需要考虑自己的产品、信息，以及它们在何种程度上与特定媒体匹配，以便进行更好的选择。选定的媒体应以合理的成本为营销人员提供最佳的目标受众影响力。此外，还要考虑对客户的便利性和可用性，以确保客户愿意使用这些媒体渠道。更重要的是，也需要从有效性和效率两方面进行考虑，确保这些媒体渠道是自己组织的首选。

时间和时长

营销项目的时间安排和持续时长都是可能对项目收益和成本产生影响的重要因素。时间是指何时开始实施项目，而时长是指项目持续的时间。由于季节性因素，许多零售产品的销售额每个月都会有所不同，并且随着圣诞新年假期的到来而达到全年最高点。时间反映的就是这种季节性因素。营销人员还需要考虑其产品的生命周期。对于消费者（客户）营销和内部营销项目，持续时长都指的是致力于该项目所花费的时间。对于收益、成本、有效性和效率等问题，我们都应该考虑项目的最佳持续时间，但有时候这也会是个相对棘手的决定。一方面，如果项目持续时间太短，那么项目可能对客户或参与者还没有足够的影响，而这可能会降低金钱收益，以及项目的有效性和ROI。另一方面，如果持续时间太长，则会增加项目成本，也会降低ROI。项目持续时间应该从ROI最大化的角度进行优化和设置。

结论

正如我们所讨论的，许多类型的输入问题都可能对项目的有效性或效率产生重大影响。营销人员必须在整个项目过程中优化管理输入。这个努力需要不同的人员进行系统检查以确保运行无误。我们在表6.1中展示了一份输入任务项的清单。这份清单可以帮助营销人员在适当的时间选择适合的资源，确保消费者营销和内部营销项目获得成功。

表6.1 输入级别的条目示例

该营销项目必须	参数
至少覆盖50 000个潜在客户	数量/人员
至少在6个销售区域每个区每月有100名参与者	数量/人员
仅作为试点项目实施	范围
仅包含在新产品测试市场中	范围
仅适用于销售人员	受众/范围
仅适用于大型客户（年销售额>100万美元的客户）	受众/范围
由新产品发布之日开始	时间
在9月1日前完成	时间
在至少3个月之内完成	持续时间
在3小时的会议时间之内完成	持续时间
将预算控制在每个销售区域预算的3%以内	预算/成本
确保每位客户分摊的成本低于1 000美元	预算/成本

续表

该营销项目必须	参数
设计耗时与内容时长的比例必须低于10∶1	效率
致力于高级销售谈判技巧	内容
将重点放在服务包的新属性上	内容
基于完备的市场研究和分析而产生	起源
为支持最近推出的新产品而实施	起源
采用社交媒体和数字营销的方式实施	交货
选择在墨西哥湾沿岸的度假胜地进行	位置
仅在中西部市场实施	位置
在实施时，不能打断工作	破坏
与客户无缝衔接	破坏
与现有的在线订购系统集成使用	技术
使用虚拟项目管理工具	技术
将外包业务控制在50%以内	外包业务

为结果而设计反应

消费者的购买决策是一个受许多因素影响的复杂过程。当客户（包括个人消费者和组织购买者）意识到自己有需求或问题需要解决时，该过程就开始了。对于消费者而言，这个过程相对简单，例如冰箱里的牛奶喝光了或家里的汽车出故障了，这都代表有了需要解决的问题。对于企业客户而言，这可能是发现库存不足，或者是意识到当前的客户关系管理系统无法服务新的细分市场，等等。发现问题后，消费者会进行信息搜索，这个时候营销项目就可以提供他们所需的信息。消费者在处理这些信息时会产生所谓的消费者知觉，这是消费者在他们的脑海中所创造的对我们产品有意义的描述和图画。这种知觉是消费者对我们所促销产品的认知解释，并且消费者也会因此产生感触或者感受。当我们感受到某事时，我们通常会做出反应。反应则意味着因为我们的感受和感触，而去表达、去感知，或者去做一些什么事情。

在营销ROI的术语中，反应是我们的营销项目从消费者那里收到的第1级响应和结果衡量。它非常有价值，因为这是直接来自目标受众的第一个指标，而且目标受众最终会决定营销项目的成功或失败。无论这个反应是积极正面的还是消极负面的，它都会表明目标客户或参与者将在多大程度上处理营销项目提供的信息并参与学习其内容。通过在反应级别上收集数据，我们能够展现项目成功的潜力并找出潜在的障碍。例如，当消费者觉得电视广告里那只一口伦敦腔的绿蜥蜴非常有意思的时候，他们更愿意去了解政府员工保险公司（Government Employee Insurance Company，GEICO）保险的好处。另外，麦当劳（McDonald）在2017年的广告里通过一个男孩向母亲询问自己已故父亲的情况来宣传产品。[4]这则广告在观众中引起了强烈的负面反应，大家纷纷谴责该公司渲染儿童丧亲之痛的做法。麦当劳被迫道歉并撤回了广告。对于消费者营销和内部营销而言，这样的负面反应通常表明客户和参与者将不会学习产品信息。

专栏6.2　案例研究：失败的新产品

每年都有成千上万的新产品失败，并给美国企业造成数十亿美元的损失。研究表明，营销和非营销因素都会导致新产品失败，而其中一些与消费者对营销项目的反应有关。[5]下面我们看三个例子：

- **病毒杀灭纸巾**。金佰利公司（Kimberly-Clark）生产的这款产品含有维生素C衍生物，据称该产品的设计非常科学。当使用者在打喷嚏、咳嗽或擤鼻涕时使用这款纸巾可以杀死感冒病菌和流感病毒。这个新产品失败的原因是消费者对品牌中的“杀灭”一词感到恐惧，因为他们将其与自杀之类的词联系起来。这种词语联想产生了负面的反应，使消费者不愿意去了解产品的益处。
- **“嘿！我的房间里有个怪物”喷雾**。这个喷雾产品带有泡泡糖的香气，设计来消除孩子卧室中的恐怖生物。但是，许多孩子们觉得这个产品的怪名字比怪物本身更可怕。因为这个名字暗示着怪物仍藏在卧室的某个地方。对产品的负面反应最终导致其营销失效。

- **芬戈斯（Fingos）麦片。**通用磨坊公司（General Mills）开发的芬戈斯是一种玉米片大小的甜味麦片。这家公司希望消费者在不加牛奶的情况下拿芬戈斯当零食来吃。但是，与爆米花和薯片等零食相比，大多数消费者并没有看到这个产品的优势。他们对芬戈斯这个新产品没有什么反应。芬戈斯之所以失败，是因为大多数消费者都不想尝试该产品。因为消费者的反应太弱，不足以引起行为的改变。

衡量的主题

尽管获得正确的客户反应非常关键，但并非所有的营销经理都会对这一数据给予足够的重视。有的营销经理认为反应是理所当然的，或者完全忽略客户反应的早期信号。这些错误可能需要在后期花费更多的时间才能纠正。专栏6.3展示了我们可以用来衡量消费者和企业营销项目中反应的潜在主题。

专栏6.3　消费者和企业营销项目的反应主题

- 相关性
- 重要性
- 有价值
- 有用性
- 有意义
- 易用性
- 有益性
- 方便
- 新
- 酷
- 令人着迷
- 兼容
- 内容有趣
- 内容翔实

对于内部营销项目，如专栏6.4所示，我们可以将衡量主题分为体验和内容。体验是使参与者对项目感到满意，其中可能包括对服务、舒适度、环境、沟通、设施和协调员感到满意。但是，体验的主题对内部营销项目的结果影响有限，因为项目的内容比体验更重要。因此，我们设计的重点应该放在项目内容上，例如，与参与者工作的相关性、对成功的重要性及使用意图等。

专栏6.4　内部营销项目的反应主题

• 备妥	• 强大	• 使用意图*
• 有用	• 前沿	• 学习环境
• 必要	• 恰好	• 新的信息*
• 适当	• 为我	• 综合评估
• 励志	• 高效	• 内容
• 奖励	• 容易/困难	• 交付
• 实用	• 服务	• 设施
• 有价值	• 相关*	• 主持人
• 及时	• 对成功重要*	• 推荐给他人*

*通常与行动和应用相关。

衡量反应

我们可以使用4点、5点、7点或10点量表来衡量反应。这样做的目的是保持简单、限制问题的数量、使用强制选择问题并留出空格供发表评论。过去，营销人员使用调研或电话采访来收集数据。如今，越来越多的组织使用各种技术促进数据收集、分析和报告来衡量反应。根据营销项目的性质，对顾客反应的衡量可以在开展项目之前、期间或之后进行。因为反应本身经常会发生变化，所以数据收集的时机也需要考量。在进行营销项目之前，客户也可能已经对我们的产品、服务或品牌有所了解。而当他们接触营销项目时，这种最初的反应可能会发生改变。因此，对反应的变化进行比较可能会揭示有趣、有用和重要的洞见。

使用反应数据

反应数据可用于识别有效的方法和无效的方法，以便我们进行调整以确保达成学习级别的目标。我们可以在量表上使用高点和低点作为行动的标记。例如，在5点量表上，高点可以设定为4，而低点可以设定为3。然后，我们可以探究什么原因导致反应超过4，什么原因使反应降至3以下。这些原因可能与目标受众、内容、媒体、主持人，或者内部营销项目的协调人有关。确定原因之后，我们可以采取行动加以改进。重要的一点是监控反应数据及其如何链接到学习甚至行动数据。有时，尤其是对于内部营销项目，我们可以使用反应数据来预测项目对影响（包括ROI）改进的程度。我们将在第13章中讨论如何使用反应数据来预测ROI。

为结果而设计学习

每个营销项目都涉及学习，许多消费者行为都是学来的。为结果而设计的一部分是确保为正确的学习而设计营销项目。对于消费者和业务营销项目，学习涉及获取有关产品、服务、品牌、组织或概念的信息。这些通常就是营销信息。对于内部营销项目，学习包括获得知识和技能。当客户从营销项目中了解营销信息时，他们更有可能采取我们期望的行动，而这将对业务结果产生积极影响。同样，当参与者从内部营销项目中学到了知识和技能时，他们将更愿意在日常工作中运用这些知识和技能，从而提高生产力并改进工作绩效。我们需要特别关注以下几个方面：

两种学习方式

对于消费者营销项目而言，学习可以通过重复体验或者推理来引发行为改变。消费者学习使用哪种信息来评估产品和服务，使用什么样的评估标准来比较替代方案，以及如何做出购买决定。与消费者营销有关的学习基本上可以分为两大类。第一类学习方式是所谓的行为学习，这是一种因为反复接触某种情况从而自动响应的过程。对于此类学习，营销人员可以使用相同的品牌名称来诱导重复购买。泰诺（Tylenol）的不同类型产品或百威（Budweiser）的不同口味啤酒就是这样的例子。品牌忠诚是消费者对品牌的一种积极正面的态度，它可以通过行为学习引发自动购买。

第二类学习方式是认知学习，是基于思考、推理和心理估算的一种学习。认知学习涉及通过广告、个人销售、社交媒体营销或其他促销方式在品牌和利益之间建立联系。例如，高露洁（Colgate）可见白色（Visible White）这个产品通过重复的广告信息，例如“牙齿一周白一度”，在其品牌和去除牙渍之间建立联系。同样，麦克尼尔消费者保健公司（McNeil Consumer Healthcare）通过持续的营销努力将泰诺八小时（Tylenol 8-Hour）与缓解疼痛联系起来。[6]

改变态度的3种方法

消费者学习过程中的一个重要概念是态度。学术界将态度定义为“一种后天习得的，以一贯有利或不利的方式，对一个对象或一类对象做出反应的倾向”。[7]根据营销理论，态度被定义为一种信念的函数，即品牌在多大程度上具有某些特定属性，以及这些属性的重要性。为了引发适当的行动，营销人员通常需要通过学习来改变客户对其品牌、产品或服务的态度。在消费者和企业营销项目中，营销人员通常使用3种方法来改变消费者的态度。[8]

1. **改变消费者对品牌具有某些特定属性的主观感知程度。**通过促销和交流，营销人员可以改变消费者对品牌或产品具有某些属性的主观感知程度。例如，赫尔曼（Hellmann）成功地说服了消费者，其蛋黄酱产品的欧米伽3（Omega 3，一种对人体健康至关重要的营养素）含量比消费者最初想象的要高。

2. **改变人们对某特定属性重要性的认识。**产品具有某些属性并不意味着这些属性就很重要。有时，营销人员可以设法改变消费者对属性重要性的认识，从而改变他们的态度。例如，新鲜度是可乐等饮料的一个属性。然而，在百事可乐花费逾2 500万美元教育消费者了解这一属性的重要性之前，很少有消费者认为新鲜度是选择饮料的重要因素。而在百事可乐进行这些大规模广告促销之后，消费者调查显示有61%的可乐饮用者认为新鲜度是非常重要的产品属性。

3. **为品牌添加新属性。**改变消费者态度的第3种方法是教育消费者该品牌实际上具有他们以前不知道的某种新属性。这样就从本质上为消费者的感知过程添加了新属性。例如，高露洁花了1亿美元来教育消费者其高露洁全效牙膏含有一种新的抗菌成分——三氯生。因为这个改变，高露洁全效牙膏现在已成为价值10亿美元的全球品牌。

| 用于输入、反应和学习的数据收集方法

在数据收集方法中，以下内容对于衡量检测输入、反应和学习方面的数据特别相关和有用。[9]

访谈和焦点小组

收集营销项目数据的一个主要方法是直接询问，如访谈和焦点小组研究等。

访谈可以是一对一，由一名研究员和一名受访者进行。这种方法使营销人员可以提出更深层次的问题，并通过后续问题跟进探究其他想法。使用这种方法，通用磨坊公司能够通过在反应和学习级别上探索客户的关注点来确定新产品失败的原因。这些访谈可以是面对面，也可以在线进行。焦点小组是另一种用来向人们提问的技术。焦点小组一般由6至10位客户组成，他们在由讨论负责人或主持人主持的非正式会议上分享他们对公司品牌、产品和竞争对手的想法、观点与态度。访谈和焦点小组可用于收集消费者、企业和内部营销项目在输入、反应和学习级别上的数据。

观察

收集一手营销数据的第二种方法是观察。观察是一种通过观看人们的行为来获取事实和数字的数据收集方法。对于消费者营销和内部营销项目而言，这个工具非常有帮助。这种方法可以在输入、反应和学习级别上收集数据。例如，宝洁公司使用观察的方法来了解印度消费者如何使用其吉列剃须刀，并注意到许多印度消费者用一小杯冷水剃须，而这会导致刀片堵塞。利用这些信息，宝洁公司推出了带有易冲洗单刀片的剃须刀。采用类似方法，宜家注意到当购物车装满后，店里的顾客就会停止购物。因此，宜家（IKEA）在商店各处都放置了额外的购物袋。观察数据也可以不通过人来收集，如尼尔森（Nielsen）采用机械方法来收集全国的电视收视率。最近，市场研究人员甚至已开始使用神经科学方法（如脑部扫描、眼睛跟踪、生物特征监测和面部编码）来观察消费者对无意识刺激的反应。这些研究的结果可用于改善产品质量、包装和广告信息。管理人员和研究人员还经常使用观察来识别内部营销项目的差距和机会并评估其结果。

其他数据收集方法

调研问卷也是营销中常见的数据收集方法。这些问卷长短不一，有用于短期调查，也有非常详细的长期调研的工具。营销人员可以使用它们来获取有关参与者反应和学习的主观数据，也可以用于记录业务绩效数据和预测ROI。

其他数据收集方法还包括测试和考试。这些对于衡量学习效果，尤其是内部营销项目的学习效果，非常重要。对于内部营销项目如销售培训，测试分数的提高表明参与者的技能、知识或能力，因为营销项目而发生了变化。

衡量学习效果的另一种方法是模拟。此方法涉及使用流程或任务来模拟项目中的应用情况，比如销售模拟。参与者尝试在模拟活动中展示他们的业绩。另一个模拟过程是案例研究，它通过记录实际发生的情况来展示所需的成功。

| 用于输入、反应和学习的整合营销传播

在市场营销中，整合营销传播（Integrated Marketing Communication，IMC）是一个重要的概念。它确保所有形式的营销沟通和消息都被仔细地联结在一起，以实现组织目标。[10]对于营销项目，整合营销传播意味着将所有沟通和促销工具集成在一起，确保它们可以和谐地协同工作，以实现营销者在不同级别上设定的目标。IMC在营销项目的整个生命周期中都很重要。在启动和设计营销项目时，一条沟通链条也立即开始。营销人员可以使用5个促销备选方案中的一种或多种（称为促销要素）与客户进行交流。这5个促销要素是广告促销、人员推销、公关促销、直接促销和营业推广。它们适用于不同的沟通任务和不同的情况。[11]

| 结语

在本章中，我们通过一种设计方法来探讨营销项目的有效性和效率。“使之重要”涵盖了在营销ROI方法论的前3个级别上进行成功设计的方法。这3个级别分别是输入、反应和学习。我们在这些级别上收集数据时，关注的重点是检查每个度量或潜在度量，并进行适当调整以确保成功。每次调整都聚焦与增加价值，也就是增加货币收益，或降低成本，或两者兼而有之。这个过程的重要部分是为提高影响而进行设计。这些影响可以转化为金钱利益，或者降低项目成本。即使在营销项目实施的早期阶段，这也是如何最大化ROI的办法。本章还关注了如何衡量输入、反应和学习的内容，以及如何在这些级别上收集数据并与客户、参与者和利益相关者进行沟通。我们将在第7章继续讨论为成功而设计。第7章讨论的重点是在行动和影响这两个级别上。

参考资料

1. Crawford, Merle, and Anthony Di Benedetto. *New Products Management*. 11th ed. New York: McGraw-Hill, 2015.
2. Kotler, Philip, and Kevin Lane Keller. *Marketing Management*. 15th ed. London: Pearson, 2015.
3. Yoon, Clara. "Assumptions that Led to the Failure of Google Glass." NYC Design, August 2, 2018. https://medium.com/nyc-design/the-assumptions-that-led-to-failures-of-google-glass-8b40a07cfale.
4. Kottasová, Ivana. "McDonald's Pulls Ad About a Boy Whose Father Died." CNN Money, May 17, 2017. https://money.cnn.com/2017/05/17/news/mcdonalds-advertisement-dead-father/.
5. Kerin, Roger, and Steven Hartley. *Marketing*. 13th ed. New York: McGraw-Hill, 2016.
6. Kerin, Roger, and Steven Hartley. *Marketing*. 13th ed. New York: McGraw-Hill, 2016.
7. Fishbein, Martin, and I. Aizen. *Belief, Attitude, Intention and Behavior: An Introduction to Theory and Research*. Reading, MA: Addison-Wesley. 1975.
8. Lutz, Richard J. "Changing Brand Attitudes through Modification of Cognitive Structure," *Journal of Consumer Research*, March 1975, pp.49-59.
9. Phillips, Patricia Pulliam, Jack J. Phillips, Gina Paone, and Cyndi Huff Gaudet. *Value for Money: How to Show the Value for Money for All Types of Projects and Programs in Governments, Nongovernmental Organizations, Nonprofits, and Businesses*. Hoboken, NJ: John Wiley & Sons, 2019.
10. Kerin and Hartley. *Marketing*. 13th ed.
11. Marshall, Greg W. and Mark W. Johnston. *Marketing Management*, 3rd ed. New York: McGraw-Hill, 2018.

第7章 使之融会：为行动和影响而设计

> “临渊羡鱼，不如退而结网。”
>
> ——《汉书·董仲舒传》

星系体育（Galaxy Sports）是一家在美国和世界各地生产销售与运动相关的可穿戴设备及应用的高科技公司。该公司为喜欢体验和分享精彩运动的职业运动员与业余玩家开发运动相机、移动应用程序、视频编辑软件等。星系体育由一群体育爱好者在大约20年前创立，现已成为这个快速发展行业中的主要竞争者之一。最开始，星系体育生产的相机使用35毫米胶片来拍摄，胶片需要在药房或摄影工作室进行处理。后来，星系体育用数码相机代替了胶卷相机，既可以拍摄数码照片，又可以摄制VGA视频。如今，该公司提供多种具有音频功能、广角镜和延时功能的产品。其产品线还包括智能手机应用程序、视频编辑工具和无线遥控器等。

自成立以来，星系体育一直大力投资新产品，并依靠新产品销售的利润来收回投资，其中包括支付与新产品开发相关的成本并为未来新产品项目提供资金。最近，该公司推出了一款360度摄像机。该产品具有多种功能，优于市场上许多竞争品牌。星系体育的高管们希望这款产品能够在市场上取得成功，并加强公司在行业中的领导地位。凯丽（Kelly）是这款产品的产品经理，她从概念生成到新产品发布的整个过程一直致力于产品开发。根据市场研究，这款产品具有巨大的潜力，可以满足目标客户未满足的需求。星系体育已为其提供了数百万美元的投资支持。

但是，在投放市场3个月后，这款360度摄像机并没有像预期的那样热销。凯丽和她的团队对新产品的业绩不满意。销售收入增长不够快，仅以每月15%的速度增长，远低于预期的每月30%的增长速度。作为经验丰富的产品经理，凯丽知道销售收入是衡量财务业绩（第4级）的重要指标。而增长率是衡量新产品成功的关键，尤其是在产品生命周期的早期阶段，更是如此。为了更好地了解情况，凯丽与一家绩效咨询公司合作，寻找原因。数据和分析表明，尽管有些客户对新产品有积极的反应（第1级），甚至也了解了360度摄像机的某些功能（第2级），但很少有客户采取行动（第3级）。具体来说，在那些了解新产品功能的客户里面，只有5%通过下载应用程序或响应社交媒体促销采取了行动。另外，公司新产品网站的访问量很低，表明很少有客户访问该网站以搜索新产品信息。

凯丽认为，确保360度摄像机成功的关键在于说服更多的客户采取行动。因此，她在绩效咨询公司的帮助下设计了多种方案来解决这个问题。在调查研究和绩效顾问的建议的基础上，凯丽开发了一套整合营销传播（IMC）策略，重点关注以下几点。

1. 感知有用性。研究发现，目标客户在了解360度摄像机的优势方面有困难。为了解决此问题，新促销策略突出显示了产品对客户有用的功能。例如，360度摄像机具有防水功能，这对于喜欢冲浪并乐于在社交媒体上分享精彩时刻的人们特别有用。此外，产品随附的透明镜头盖有助于在拍摄剧烈动作时保护镜头。

2. 感知易用性。另外，一些客户在一定程度上对新产品的复杂性和先进性望而却步。新的IMC策略集中展示了这样一个事实，即对于大多数客户而言，360度摄像机是易于使用的。通过针对目标客户的内容营销和数字营销信息，凯丽和她的团队演示了将相机的新动态图像稳定功能用于静态照片和视频是轻而易举的一件事。这些信息还突出显示相机的另一个功能，那就是客户只需很少的技能即可通过云连接自动备份相机拍摄的所有图像。

3. 自我效能。根据研究，自我效能是指个人对自己成功执行某项动作的能力的信念，同时也是实际行为的重要预测指标。为了诱使客户采取适当行动，凯丽和她的团队努力提高目标客户使用360度摄像机的自我效能。使用新产品创建的视频被大量上传到YouTube和Instagram，许多客户分享了他们的成功故事。研究表明，看着相似的人取得成功并听取他们的成功故事，会使客户相信他们也可以做到。

凯丽理解在行为改变之前态度变化的重要性，因此她通过调查和访谈来仔细了解新的IMC策略推广前后客户态度的变化。此外，凯丽和她的团队将倡导者作为其营销项目的重要组成部分。他们保留着来自100多个运动项目的运动员名单，这些运动员是星系体育品牌和新产品的支持者、倡导者与品牌大使。

在启动营销项目后，凯丽和她的团队使用多种工具来衡量评估该项目在不同级别上的效果，并特别注意与第3级也就是行动有关的衡量措施。具体而言，他们严密监控网站访问量和智能手机应用下载量。除了通过问卷收集数据，他们还分析人们如何观看YouTube和Instagram的视频，以及客户是如何回应星系体育在Twitter和Facebook上的宣传信息的。所有这些衡量措施都有显著改善。凯丽希望这最终会带来销售收入和增长率的提高。

| 通过影响行动以实现业务结果

大多数失败的营销项目都是倒在第3级也就是行动级别上。如开篇故事所示，如果客户在营销项目实施后不采取任何行动，那么业务结果就无法实现。当员工参加内部营销项目如培训之后不采取任何行动时，他们所学的知识和技能将不会对工作绩效产生影响。当发生这些情况时，营销项目不仅无法产生收益，而且会浪费财务和人力资源。但是搞清楚客户或者员工不采取行动的原因可能并非易事，因为可能同时存在着许多障碍和推动因素。尽管其中一些因素可能比其他因素更明显，影响力更大，但是所有的因素都会同时产生影响。我们面临的挑战在于，必须在营销项目开展前、项目进行中和项目结束后识别、了解这些障碍与推动因素，并想办法克服障碍。

ROI方法论关注客户的行为及其对业务绩效的影响，而本章讨论的“使之融会”是ROI方法论中的重要一步。本章探讨如何帮助营销人员在行动和影响两个级别上进行成功的设计。具体来说，我们会回顾过去几十年学术研究所发现的各种重要因素，讨论它们对营销项目的影响，并提供工具和技术，以便营销人员可以用来设计营销项目并取得成果。

影响客户行动的因素

几十年来，营销经理和研究人员一直在致力于探索影响客户行为的因素。在此过程中，我们从社会心理学、工业和组织心理学及管理文献中借用了很多好的思路和想法。在这些领域中，值得注意的模型和框架包括理性行为理论（Theory of Reasoned Action，TRA）、计划行为理论（Theory of Planned Behavior，TPB）和技术接受模型（Technology Acceptance Model，TAM）等。这些理论已经在很多领域和各种情况下进行了检验，并且在过去的几十年中获得了相当多的实证支持。下面这些因素就是我们从文献中得出的预测客户行动的最重要和最可靠的指标。

态度

客户的态度是指他们对某个主题喜欢或不喜欢的倾向，而这个主题可以是产品、服务、促销信息、品牌或组织。客户需要找到的是对他们重要或有价值的产品与服务。研究表明，客户在积极评估相关主题的重要属性时会产生积极的态度。[1]相反，当他们否定性地评估相关主题的属性时，他们的态度就会是消极甚至负面的。正如理论所预测的那样，积极的态度会引发强烈的行为意图和实际行为的发生。例如，当客户对某产品持积极态度时，与持消极态度的人相比，他们更有可能去寻求有关该产品的信息，也更有可能与其他人讨论该产品，甚至尝试购买该产品。

在第6章中，我们讨论了改变消费者对品牌态度的3种策略。具体来说，我们可以改变消费者对某种属性的感知程度，或者更改其对该属性感知的重要性，或者为消费者的感知增加新的属性。当消费者对我们的品牌持更积极的态度时，他们才会采取行动尝试购买（第3级），从而提高我们的销售收入和利润（第4级）。我们可以通过使用广告、推销、社交媒体营销和其他促销方式来实现这些目标，因为这些推广策略可以积极影响消费者的反应（第1级）和学习（第2级）。

态度对于内部营销项目（如培训）也很重要。当员工对内部营销项目持积极态度时，他们更有可能采取行动来参与、学习和应用所学到的内容。当员工对内部营销项目的重要属性进行评估时，这个认知过程会塑造他们对项目的态度。经理和项目推动者可以使用与消费者营销相同的三种策略来改变员工对内部营销项目的态度。他们可以通过使用公告、小册子、传单、会议和内部网络通信来达成这些目标。当这些内部沟通努力产生正面的反应（第1级）和有益的学习（第2级）时，员工会形成积极的态度，从而引发所期望的行动（第3级）和项目成果（第4级）。

主观规范

主观规范也称规范压力，是个人在采取或不采取某种行为的时候感受到的社会压力。主观规范在计划行为理论和理性行为理论中都起着重要的预测作用。[2]它的有效性已经在数百个（甚至是数千个）不同的实证研究中得到了测试和证实。在市场营销中，使用主观规范的策略包括依靠意见领袖和名人的认可，或者依靠家人、同伴和朋友的推荐等。在内部营销项目中，获得经理的支持和认可是至关重要的，因为员工更有可能满足经理的期望。

自我效能

正如本章开篇故事所讨论的，自我效能是个人行为的重要预测指标。当客户对自己使用某产品的能力有信心时，他们更有可能花费时间和精力来搜索产品信息及尝试样品。对于内部营销项目，高自我效能的员工更有可能将所学的技能转移并应用到与工作相关的实践中。根据学术研究和管理人员的经验，有多种方法可以提高自我效能。我们可以通过口头劝说来帮助员工改善和提升个人的自我效能，我们可以帮助客户体验个人的成功，或者创造机会让他们学习其他人的成功经验，以及模仿他人的榜样行为。这些都可以帮助客户提升自我效能。

感知有用性

与新产品销售特别相关的另一个属性是客户所感知到的产品的有用性。正如在本章开篇故事中讨论的那样，这个概念衡量的是客户对新产品提供益处的感知程度，也就是这个新产品在多大程度上可以使他们的生活更轻松、更愉快、更有效率。[3]由于接受新产品总是涉及行为的改变（第3级），我们需要努力说服客户这种改变将带来理想的结果。营销人员在设计促销内容和材料的过程中都需要考虑这一点。这个感知有用性也是内部营销项目中对员工行为产生影响的很重要的一个因素。当员工发现内部营销项目（如销售培训）对他们很有用时，他们更有可能运用项目中学到的知识来采取行动。有时，组织可以利用奖金和销售竞赛等来提高内部项目的有用性，以引发管理层所期望的行动。

感知易用性

与新产品接纳相关的另一个重要属性是感知易用性。技术接受模型将其定义为客户在多大程度上认为使用新产品是轻松、省事、没有障碍的。[4]当客户认为某项技术或产品易于使用时，他们更有可能尝试使用该技术或产品。否则，他们可能会犹豫。如本章开篇故事所示，营销人员可以使用内容营销来说服客户。这可以通过为目标客户的特定受众创建和传播营销内容（包括视频、网页、白皮书文章、播客、信息图表等）来实现。在内部营销项目中，管理人员也可以使用模板、工作辅助和其他工具来简化学习，使采用新技能和新知识的过程变得容易，从而提高感知易用性并促进所期望的行动。

对营销人员的意义和影响

这些研究结果为营销人员在设计、实施和评估营销项目的过程提供了有意义的见解和帮助，有助于营销人员确定适当的策略，以直接和间接地影响客户，使之采取行动，以实现业务结果。此外，这些研究结果对指导营销人员设计、选择用于此过程中各种任务的工具和技术也有意义。依靠研究结果，营销人员可以选择通过改变客户对营销项目的态度和看法来直接影响客户的行为。他们还可以通过利用倡导者、意见领袖和其他重要人物，以及经理人（如果是内部营销项目）来间接影响目标客户的行为。

业务校准模型

这个设计、实施和评估营销项目的过程意味着我们必须同时管理许多活动部件。在此过程中，重要的是不要迷失在细节之中。如前几章所述，业务校准模型（见图7.1）可帮助营销人员将自己的营销项目与组织的业务保持一致。[5]我们以本章开篇故事为例来展示这个校准过程的组成部分和步骤。

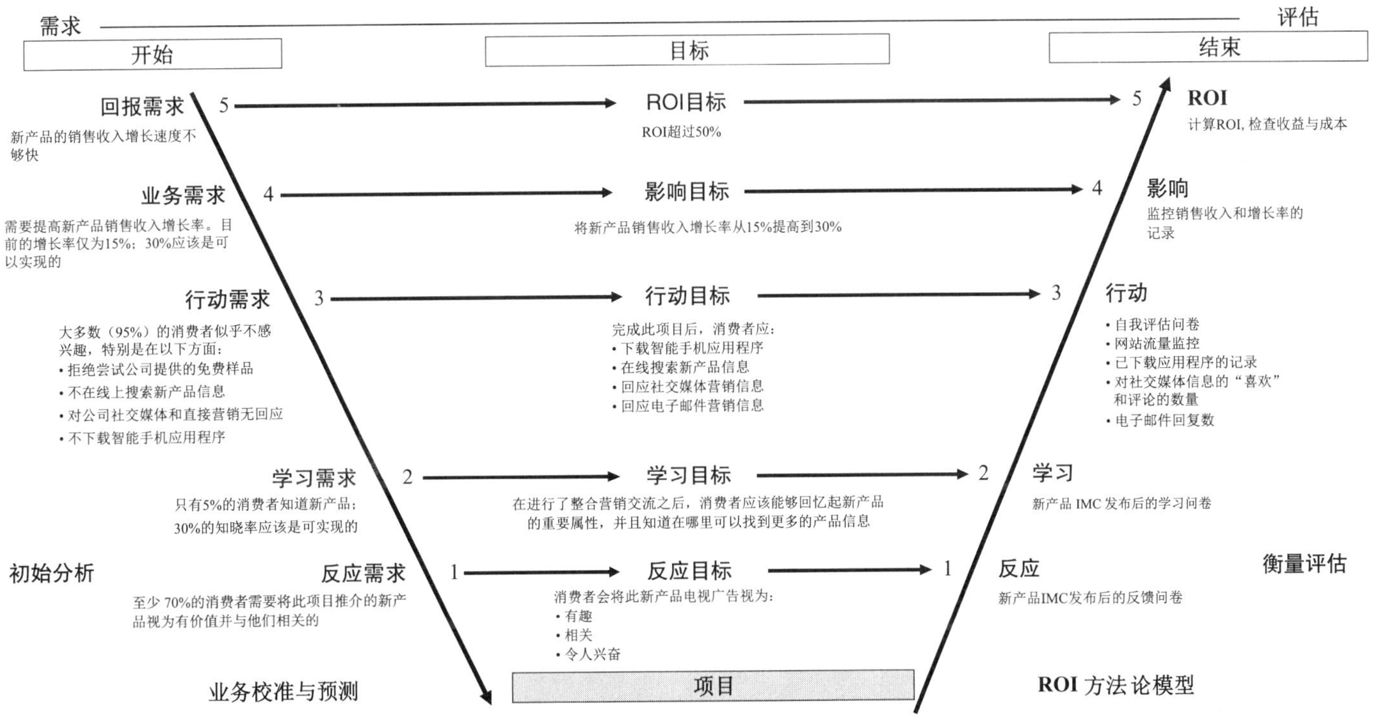

图7.1 消费者营销项目的业务校准模型

如图7.1所示，星系体育的情况创造出了回报需求。如业务校准模型的左上角所示，公司从360度摄像机销售收入中获得的收益不足以收回投资。此外，在业务校准模型的左侧，我们还可以看到公司业务需求，因为当前的销售额只以15%的速度增长，远远低于预期的30%的增长速度。进一步的分析显示出一些行动需求，因为95%的消费者对新产品缺乏热情。而缺乏热情的原因可能是只有5%的消费者知道新产品的存在，这表明存在学习需求。星系体育的营销人员认为，要确保营销项目的有效性，消费者必须将其视为相关且有价值的（反应需求）。

如本章开篇故事所述，星系体育设计了一个营销项目来满足这些需求，以期改善新产品的销售业绩。具体来说，他们启动了IMC策略，以突出新产品的重要属性。如图7.1所示，他们将目标设定在5个级别上，分别对应于已确定的5个级别的需求。启动营销项目后，星系体育使用多种工具来测量和评估该项目在不同级别上的效果。他们使用调研问卷来衡量营销项目的反应和学习情况，这分别是第1级和第2级数据。为了衡量作为营销项目重点的第3级行动，除问卷数据收集，他们还监控网站访问量和智能手机应用程序的下载量。通过监控销售收入和新产品增长率来收集有关影响的第4级数据。而计算ROI会生成第5级的数据。这样就完成了这个消费者营销项目的业务校准模型。

业务校准模型也可以用于内部营销项目中。图7.2展示了一个分销商的业务校准模型。这家公司正在通过销售人员积极开发中西部的新市场。营销总监认为公司面临一个回报需求，因为新客户获取率太低了。他们还确定了在影响、行动、学习，以及反应级别上的需求。这些需求都列在业务校准模型的左侧。

分销商的营销总监分析后发现，大多数销售人员缺少商业谈判和达成交易的工具。此外，他们发现销售人员使用的潜在客户数据库不完整，而且过时。他们通过提供工具、绩效辅助支持和更新数据库来设计解决问题的方案。为确保销售人员采取行动使用工具和工作辅助（第3级），分销商制定目标以实现期望的反应（第1级）并促进学习（第2级）。这些目标在业务校准模型的中间列中显示。如业务校准模型的右侧所示，营销总监还使用多种方法来收集和评估数据。

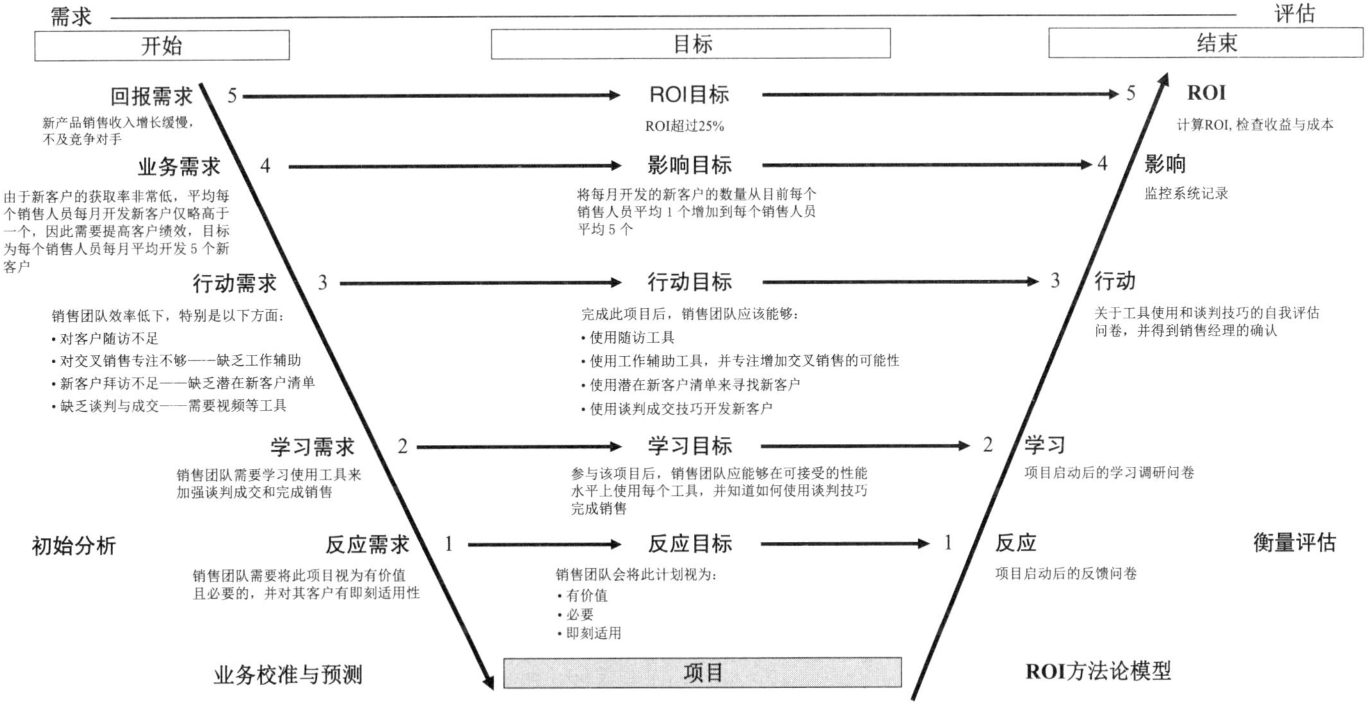

图7.2 内部营销项目的业务校准模型

我们讨论的这两个案例都证明了使用业务校准模型开展营销项目的益处。业务校准模型使营销人员可以清楚地了解问题，从而发现差距和机会。这些分析帮助营销人员证明启动营销项目的合理性、确保资金投入，以及争取高管和利益相关者的支持。此外，业务校准模型可帮助营销人员了解需求并相应地在不同级别上设定目标。了解需求和设定目标有助于设计和开发出最佳解决方案。业务校准模型还可以帮助营销人员与组织中其他部门的利益相关者进行沟通，并为营销人员提供审查项目进度并在必要时进行适当调整的机会。

行动和影响级别上的数据收集

在讨论与“使之融会”有关的其他问题之前，有必要回顾一下用于衡量行动和影响级别上的数据收集方法。在整个项目周期中，选择合适的数据收集方法是至关重要的。[6]正如我们在最后一章中讨论的那样，有一些方法适用于收集和衡量反应及学习级别上的数据。在本章中，我们探讨的是与行动和影响级别数据收集相关的方法。这两个级别上的数据可用于确认营销项目的有效性。数据收集还可以揭示营销项目中差强人意的方面，从而使营销人员能够采取纠正措施加以改进以使其融会。我们在表7.1中列出了几种常见的数据收集方法，以及其对应的数据级别。

表7.1 收集行动和影响数据

方法	级别			
	1	2	3	4
调研	✓	✓	✓	
问卷调查	✓	✓	✓	✓
观察	✓	✓	✓	
访谈	✓	✓	✓	
焦点小组	✓	✓	✓	
考试测验		✓		

续表

方法	级别			
	1	2	3	4
模拟		✓		
行动计划			✓	✓
绩效承诺			✓	✓
营销绩效监控			✓	✓

问卷调查和调研

问卷调查是最常用的数据收集方法之一，可以收集与态度、信念和观点相关的数据。如第6章所述，我们可以使用问卷调查来衡量客户的反应和学习情况。我们还可以使用问卷调查来获取有关客户行为、业务结果，甚至ROI分析的主观信息。为了控制可能与从问卷调查中收集到的结果相关的潜在偏见，确保适当的问卷调查回收率是至关重要的。如果对提高和达到期望的问卷调查回收率及其他有用的技巧感兴趣，请参阅我们的著作《调研基础》（*Survey Basics*）。[7]

观察

观察，除了我们在第6章中讨论的可以收集输入、反应和学习级别的数据，还可以用于收集第3级的行动数据。例如，设计和推广玩具的费雪公司（Fisher-Price）的营销人员经常使用观察的方法来了解儿童的互动行为。他们甚至还专门建立了一个费雪游戏实验室来完成这个任务。内部营销项目也经常使用观察来监控员工在参加项目后是否按照培训的顺序来执行操作，并了解员工在多大程度上实践了所学的技能。[8]

访谈

访谈是另一种有用的数据收集方法，可用于收集那些难以通过问卷调查、观察或其他方法获得的第3级数据。访谈也可以用来发现可以展现评估结果的成功案例。为了确保该方法的有效性，访谈者必须能够熟练地采访不同的人，并使用探询过程来发现障碍和推动因素，同时探询成功的故事。

焦点小组

与访谈类似，焦点小组方法在需要收集直接和深入的反馈时会很有帮助。如第6章所述，焦点小组可用于收集输入、反应和学习级别的数据。此外，此方法在收集第3级也就是行动数据时也很有用。当营销人员对以下任务感兴趣时，该方法优势明显：

- 衡量营销项目的整体有效性，以驱动期望的行为。
- 确定影响营销项目成功实施的障碍和推动因素。
- 将营销项目的效果与其他影响分开。

监控营销效果

第4级数据收集的一种更重要的方法是监控组织的业务记录。每个组织都使用营销绩效数据来报告影响结果，如销售收入和利润、新客户、产品退货、销售周期时间、客户投诉、客户满意度和忠诚度等。正如在第1步“从何入手”中所强调的那样，关键是要从与营销绩效4个维度之一相关的影响衡量开始。然后，我们可以将其与营销项目的实际结果进行比较。在计算ROI之前，我们需要将影响转换为货币价值，并将营销项目的影响单独区分开来。我们将在第8章中具体讨论这些步骤。

结语

本章重点介绍了基于结果的营销ROI方法论模型的第5步。由于许多营销项目都是失败在第3级也就是行动级别上，我们着重探讨了影响客户行为的多种因素。有了这种理解，营销人员就可以选择最佳策略、工具、模板和绩效辅助，以推动客户采取期望中的行动，进而实现组织的业务绩效目标。我们也回顾并讨论了业务校准模型，因为它可以将需求、目标和结果联系起来，从而帮助营销人员监控营销项目的每个阶段并使其融会。我们还回顾并比较了不同级别数据收集的方法。这些模型、工具和方法可以帮助营销人员确保营销项目能够创造价值，并为组织的成功做出贡献。

参考资料

1. Fishbein, M., and I. Ajzen. *Belief, Attitude, Intention And Behavior*. Reading, MA: Addison-Wesley, 1975.
2. Ajzen, Icek. “From Intentions to Actions: A Theory of Planned Behavior.” In Julius Kuhl and Jürgen Beckmann (eds.), *Action Control: From Cognition to Behavior*. Berlin: Springer.1985, pp. 11–39. ISBN 978-3-642-69748-7.
3. Davis, F. D., “Perceived Usefulness, Perceived Ease of Use, and User Acceptance of Information Technology. ” *MIS Quarterly*, 13 (3): 319–340(1989).
4. Bagozzi, R. P.; F. D. Davis and P. R. Warshaw. “Development and Test of a Theory of Technological Learning and Usage.”*Human Relations*, 45 (7): 660-686(1992).
5. Phillips, Patricia Pulliam and Jack J. Phillips. *The Business Case For Learning: Using Design Thinking to Deliver Business Results and Increase the Investment in Talent Development.* Alexandria, VA: HRDQ and Alexandria, VA: ATD Press, 2017.
6. Phillips, Jack J., and Patti P. Phillips. *Show Me the Money: How to Determine ROI in People, Projects, and Programs.* San Francisco: Berrett-Koehler, 2007.
7. Phillips, Patti P., and Jack J. Phillips. *ROI Basics*, 2nd ed. Alexandria, VA: ATD Press, 2019.
8. Kerin, Roger A., and Steven W. Harley. *Marketing*. 14th ed. Dubuque, IA: McGraw-Hill. 2019.

第8章 使之可信：分离营销项目影响

> “如果不能展示对业务做出的直接贡献，你就不会有任何信誉。”
>
> ——杰夫·贝佐斯（Jeff Bezos）

基恩塔克公司（Gentech Incorporated）是一家为客户提供软件产品的高科技公司。该公司在制造业、农业、制药、建筑和施工、采矿、石油和天然气精炼、废物和水处理以及运输领域开展业务。此外，基恩塔克公司还为政府机构、数据中心、电信公司、公用事业和大型医院提供软件工程咨询服务。它通过直销团队和分销渠道覆盖全国7个销售区域的客户。基恩塔克公司由一群工程师在20多年前创立，现在已经成为行业领导者。但是，基恩塔克公司最近的营销表现并不令人满意。在过去的3年中，基恩塔克公司一直在失去新客户。去年，该公司失去了22%的新客户，客户满意度平均得分也创了新低——只得到了3.2分（满分为5分）。客户投诉数量也在增加，许多客户表示基恩塔克公司提供的产品和服务无法满足他们的需求。同时，基恩塔克公司的销售收入和利润率都在下降。

基恩塔克公司的营销部门决定进行分析以便更好地了解问题所在。营销团队检查了销售记录和客户满意度数据，并通过访谈和调研向员工收集了数据。这些数据显示，多年来，基恩塔克公司的总销售收入一直在稳步下降，大多数销售区域实现其销售收入目标都很困难。公司销售人员通常不分析客户的情况和需求，并且不花任何精力来理解客户的需求以匹配最佳产品。他们只卖他们想卖的东西。

经过分析后，营销部门与基恩塔克公司的学习和培训部门合作，测试了销售人员的新产品知识。结果令人失望，销售人员平均得分仅为34分（满分为100分）。最高得分也只有为62分。毫不奇怪，许多销售人员在解释新产品的功能、优势和应用时都遇到了麻烦。

根据这些分析，营销部门请基恩塔克公司的学习和培训专家设计了一个内部营销项目。目标之一是完善销售人员的新产品知识，并提高其针对客户需求匹配适合产品的能力。营销部门还为销售人员开发了工具和工作辅助支持手段，以帮助其更好地回答客户有关价格、包装、软件应用和产品保修等方面的问题。这个内部营销项目在销售经理的帮助下在7个销售区域实施，但过程并不容易。培训团队必须前往不同的地区，与不同部门进行协调，并提供线上和线下培训课程。基于对该计划重要性的认识，所有培训师都坚持不懈地努力工作。在完成所有培训课程后，他们迫不及待地评估了营销项目的产出和结果。

项目结果充其量算喜忧参半。虽然销售人员的测试成绩和客户满意度都有一些提高，但改善的幅度并不明显。基于不同地区销售经理参与程度的差异，有些地区取得了比其他地区更好的结果。尽管大多数参加课程的销售人员对培训的内容和讲师还算满意，但客户投诉数量只是略有减少。事实上，学习和培训团队发现，在实施这个内部营销项目之后，唯一的显著变化就是基恩塔克公司的总销售收入增长了20%，而且增加的价值达到了数百万美元。

学习和培训团队在他们的报告中总结了这些数据，并在报告中将销售收入增长作为这个内部营销项目重要贡献的闪光点。在向基恩塔克公司的营销总监进行汇报时，他们也强调20%的收入增长是项目创造了价值的例证。营销总监看了看幻灯片，然后语气平淡地说："伙计们，虽然我很确定你们的项目创造了价值，但20%的销售收入增长可能与你们的项目无关。"总监停顿了一下，接着说："你们可能没有听说吧，在过去的几个月里，基恩塔克公司一直在努力寻求加速增长。这个20%的收入增长主要是由我们并购了几家初创公司所带来的。"

在项目实施后，能看到积极的结果总是令人振奋的。销售收入的增加、客户满意度的改善和员工生产力的提升都值得庆祝。的确，汇报营销绩效指标的改进是我们项目评估中的重要一步，我们也应该尽可能地宣传项目所创造的价值。然而，在此之前，我们需要问自己一个问题：在这些积极的业务结果中，究竟有多少改进是我们的营销项目带来的？事实上，虽然这些积极变化很可能与我们的项目有关，而与该项目无关的其他因素也可能有助于改善结果。我们必须准确、自信地回答这个问题。否则，营销项目所产生的结果将缺乏可信度，我们的声誉也将会受到质疑。

正如前几章所述，在分析营销项目对业务的影响并评估ROI之前，将营销项目的影响与其他因素的影响分离开来是至关重要的。我们将在本章探讨用于分离营销项目影响的技术方法。

分离营销项目影响的重要性

营销并非凭空运作。在几乎每个营销项目中，对该项目所针对业务结果产生影响的因素多种多样。无论营销项目影响是好还是坏，也无论影响是大还是小，确定营销项目的真实影响不仅重要，而且势在必行。如果不采取适当的方法将营销项目的影响与其他因素的影响分离，我们将无法验证营销项目的成功，或者，即便营销项目的结果不能令人满意，我们也将无法从中吸取教训。如果我们将业务结果的变化完全归因于营销项目，则存在夸大其词的风险。高管、经理、同事和其他利益相关者就会质疑我们结论的合理性和合法性。他们的担忧可能会进一步损害我们未来争取资金和支持的能力。将营销项目影响与其他潜在因素相比并展示营销项目的真正价值是我们不可推卸的责任。

两个基础问题

正如营销相关期刊所强调的及之前的章节所讨论的那样，营销努力与业务绩效之间的关系通常难以估算，而要证明营销项目与项目实施后衡量的业务绩效之间的因果关系则更具挑战性。评估过程必须透明、易于理解，并且能够以合理的准确性进行自我展示。为了实现这些目标，我们需要首先回顾两个重要的基础问题。

回顾影响链

我们回顾的第一个问题涉及先前讨论过的影响链。就像许多人记得的那样，影响链可以在多个级别上衡量和评估营销项目的影响。营销项目的预期结果通常在影响级别（第4级数据），并且应从项目引起的行动（第3级数据）中得出。符合营销项目要求的行动应源于客户通过学习获得新的信息和学会做与之前不同且必要的事情（第2级数据）。而成功的学习，通常发生在客户对营销项目做出积极反应或至少关注到营销项目内容（第1级数据）的时候。营销项目，只有在正确的时间，以正确的频率，通过正确的渠道，选择正确的目标客户，接触沟通正确的人群，并让正确的人员参与，才有可能产生正确的反应（第0级数据）。这些基础证据有助于分离营销项目影响。

从实际操作的角度看，如果营销项目选择的目标人群和参与人群是错误的（第0级错误），产生了不利的反应（第1级错误），没有学习的过程（第2级错误），或者项目实施后没有引发任何行动（第3级错误），我们就不能说我们的营销项目产生了任何影响的改进（第4级结果）。尽管不需要为所有营销项目收集所有级别的数据，但我们确实看到，如果在前面的较低级别上没有发生改进，就很难或根本不可能在最终业务结果和营销项目之间建立联系。通过使用影响链并在较低级别上收集数据，营销人员可以打造一条证据链，以建立营销项目和由其所带来的改进与价值之间的直接联系，并准确地确定影响程度的大小。

确定其他因素

在讨论分离影响的方法之前，我们需要关注的第二个基础问题是确定可能影响结果的其他各种潜在因素。从理论上讲，作为分离营销项目影响的第一步，我们应该确定有助于影响改进的所有可能的主要关键因素。实际上，这可能说起来容易做起来难。因为潜在的影响因素实在是太多了，并且相关因素的总数也可能是未知的。但是，根据帕累托原则（Pareto Principle，也称80/20原则），少数因素会决定主要的结果，这就让确定关键因素成为可能。此外，这一步也向有关方面说明了营销项目并不是改进的唯一来源，其他因素也可能对结果有影响。因此，我们与多种可能因素和来源共同分享绩效改进的功劳，就更有可能赢得利益相关者的尊重。

分离营销项目影响的定量方法

有多种方法可以分离营销项目影响。虽然没有一个方法是完美的，但有些方法比其他的更可信一些。营销人员需要仔细考虑某种方法比其他方法更合适的条件，并准备采用多种方法来解决这一重要问题。接下来将介绍两类分离方法，我们首先从最可靠的方法开始。

在以下各节中，我们将讨论几种定量分离方法，包括带有对照组的实验设计、趋势线分析和统计建模。

带有对照组的实验设计

许多人认为分离营销项目影响最可靠的方法是带有对照组的实验设计。这种方法需要一个实施营销项目的实验组和一个不实施营销项目的对照组。在理想情况下，这两组来自相似的市场、具有相似的特征，并且在组成上应尽可能相似。如果可能的话，应随机分配每个组的消费者和参与者。这样做的目的是确保两个组都受到相同的外部和内部环境影响。因此，两组之间营销绩效的任何差异都只能归因于营销项目的影响。[1]

我们在图8.1A中展示带有对照组的实验设计。如图所示，我们在实验组中实施了营销项目，但在对照组中没有实施。对于这两个组，我们都分两次衡量营销绩效。第一次衡量是在实验组实施营销项目之前，第二次衡量是在实验组实施营销项目之后。由于两组之间的唯一区别是营销项目，因此通过比较两个组的营销绩效指标，就可以评估该项目的效果。

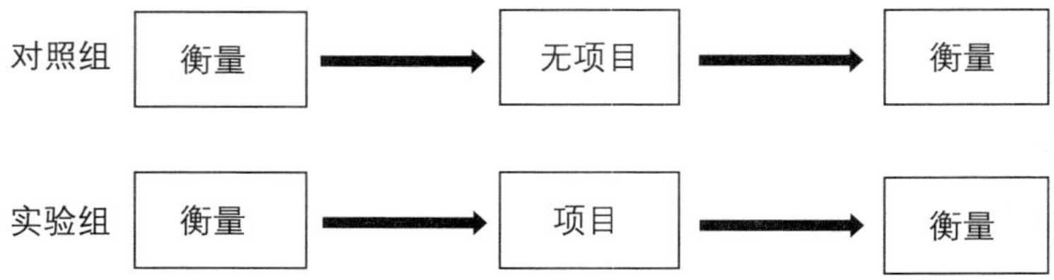

图 8.1A　带有对照组的实验设计

图8.1B展示的是实验设计的简化版本，在这个版本里，对照组和实验组的绩效不一定需要在营销项目实施前进行衡量，而是可以在营销项目实施期间和营销项目实施之后进行衡量。如果我们有足够的理由相信两组的营销绩效起点是相似的，就可以简单比较一下营销项目实施之后测得的两组营销绩效的差异，并衡量与营销项目直接相关的改进的大小。当有历史数据来支持这个假设时，或者是在

比较刚推出的新产品的销售业绩时（两个组的绩效起点都接近于零），我们可以采用这个简化版本的实验设计。

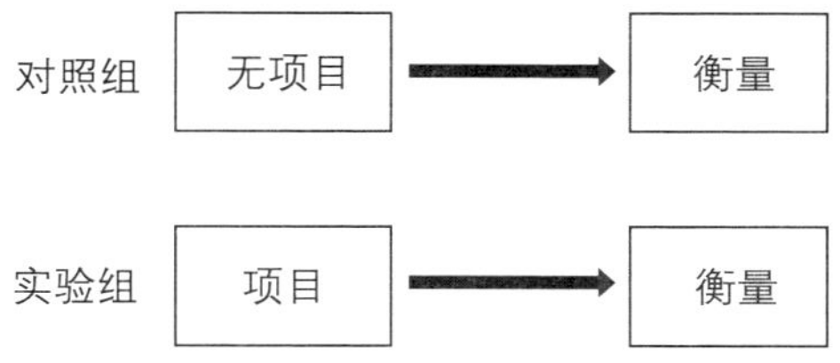

图 8.1B 带有对照组的实验设计（简化版本）

图8.2显示了三星（中国）和华商基业管理咨询有限公司为提高新产品销售业绩而进行的一个内部营销项目的实验组和对照组比较。在实施内部营销项目之前，两个组的平均月销售业绩相似，都是大约200台。在实施内部营销项目后，实验组中销售人员接受培训后，平均每人每月能够销售215台。但是，对照组中没有接受培训的销售人员，平均每人每月只能销售205台。由于两组所有的其他特征都相似，因此我们可以得出结论，两组之间的差异主要归因于这个内部营销项目。

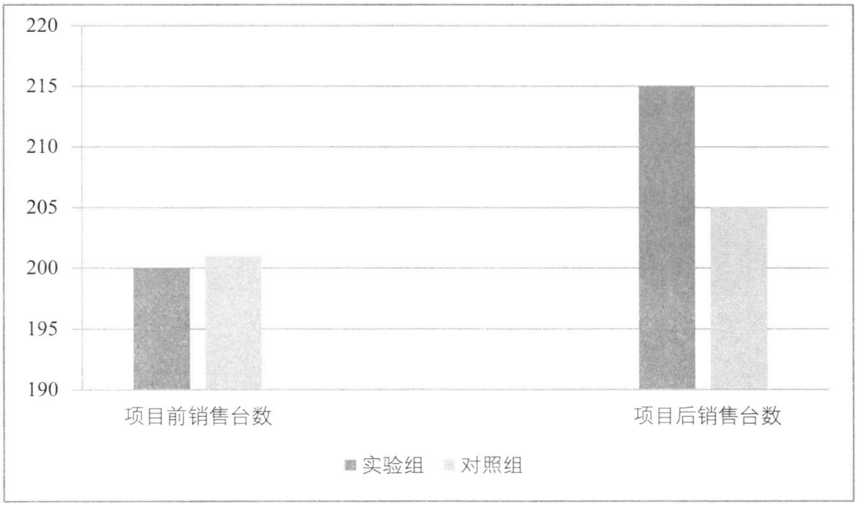

图 8.2 实验组与对照组新产品销售台数对比

趋势线分析

分离营销项目影响的另一种定量技术方法是趋势线分析。这种方法根据以前的绩效数据绘制一条趋势线来预测未来绩效。然后，在营销项目完成后，将实际的营销绩效数据与趋势线预测的绩效进行比较。任何超过预期的营销绩效改进都可以被合理地归因于营销项目。趋势线分析绝对不是一个精确的过程。但它可以为营销项目的影响提供合理可信的估算。这个技术方法在不能采用对照组实验设计的情况下尤其有用。要使用此技术方法，必须具备两个先决条件：

- 第一个条件是，即使不实施营销项目，趋势也将按照既定的路径持续下去。换句话说，我们假设，在没有这个营销项目的情况下，之前的趋势将一直持续。
- 第二个条件是，在营销项目实施和评估期间，整个过程没有受到其他“新”因素的影响。这里的关键字是“新”，意味着趋势是根据现有因素确定的，没有额外的其他因素影响这个过程。

要使用这一技术方法，需要获得项目前期数据，而且数据应该有合理的稳定性。数据的稳定性对预测的可靠性至关重要。如果数据的方差过大，那么趋势线的准确性就存在疑问。当数据足够稳定时，就可以使用许多计算器和软件包（如 Microsoft Excel）中提供的简单公式，直接从历史数据中得到预测趋势线。图8.3显示了一个旨在提高销售收入的营销项目的趋势线分析。

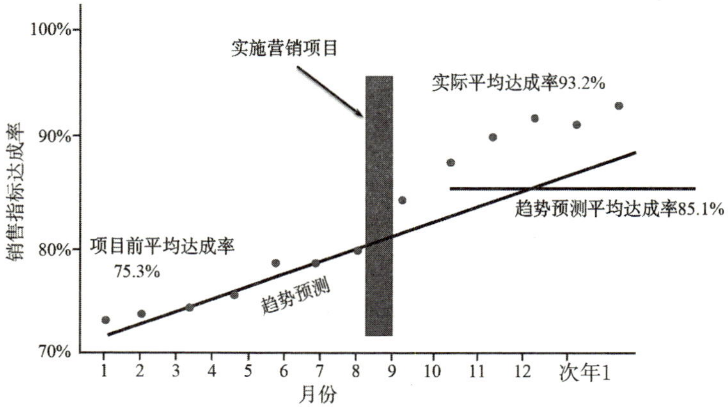

图8.3　销售趋势线分析

纵轴表示销售任务目标达成率，以年初至今的销售收入除以年初至今的任务目标来计算。横轴为时间，以月为单位。数据反映了在8月实施营销项目前后的销售业绩水平。如图8.3所示，在营销项目实施之前，数据存在上升趋势。在营销项目实施前，销售任务目标的平均达成率为75.3%，如果这一趋势持续下去，今年最后一个季度将达到85.1%。但是，该项目显然对销售收入的增长产生了影响，因为实际的销售任务目标达成率均值为93.2%，远高于预计的85.1%。这两个数字之间的差值，表明了营销项目的影响为8.1%。

在另一个例子中，一家公司实施营销项目以减少客户投诉。如图8.4所示，1月的客户投诉比例为20%。尽管趋势一直在下降，但速度缓慢。据估算，在今年的前6个月中，客户投诉的比例平均值为18.5%，如果按照这种趋势继续下去，则平均值只会下降到14.5%。该公司在7月实施了营销项目，客户投诉的比例立即下降。项目实施后6个月客户投诉的实际平均值为7%，大大低于预期。这样，14.5%减去7%所得的7.5%的差值就可以归因于营销项目。

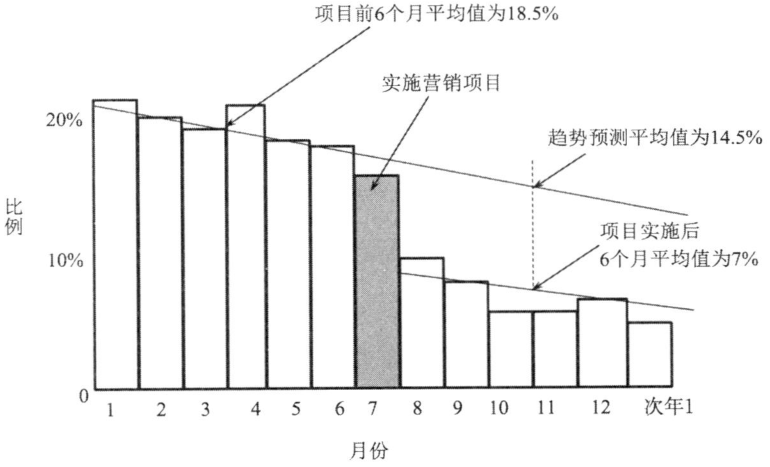

图8.4 客户投诉的趋势线分析

统计建模

趋势线分析是建立在营销项目实施的过程中没有其他重要变量对结果产生影响的假设之上。但是，如果相关变量确实对结果产生了重大影响，怎么办？随着环境变得越来越不稳定，与过去相比，我们更有可能面临此类的挑战。在这种情况下，我们可以使用统计建模方法来分离营销项目的影响。

当只有一个变量影响结果时，变量之间的关系可以表达为$y=ax+b$。使用这个线性关系，我们可以计算出预期的绩效改进值。在这个等式中，y表示结果，x表示影响结果的变量。假设我们已经建立了将x关联到y的数学模型，就可以根据项目在实施或评估期间变量发生的变化，来预测营销项目所产生的结果。然后，我们将实际值与预测值进行比较，其中的差值就反映了营销项目的影响。

如果这个讨论听起来太理论化，那么让我们用一个例子来演示说明。[2]一家经营家用电子产品的零售商店实施一个内部营销项目，通过培训和角色扮演来提高销售人员探询客户需求的技能。高管们希望这个项目能帮助提升销售人员的销售额。作为衡量项目成功与否的重要指标，商店将内部营销项目实施后6个月的每位员工的平均销售额，与项目实施之前的指标做比较。我们从商店经理那里获得了以下信息：

- 内部营销项目开始前，每位员工的平均每日销售额为1 100美元。
- 内部营销项目实施6个月后，每位员工的平均每日销售额为1 500美元。

内部营销项目实施前后，每位员工的日销售额相差400美元。这意味着在实施内部营销项目6个月后，每位员工的日销售额增加了400美元。我们能否说这400美元都是由内部营销项目带来的呢？在回答这个问题之前，我们需要问自己，在此期间是否有其他因素对实际的销售水平产生了影响？只有在答案是“没有”的情况下，我们才可以说这400美元都是由营销项目带来的。但在检查了潜在的影响因素之后，商店的主管发现，在内部营销项目实施的时期内，广告支出的水平似乎发生了重大变化。在内部营销项目发布前的1个月，每周广告支出金额为24 000美元。项目实施后，每周的广告支出金额为30 000美元。当广告支出金额增加时，每位员工的销售额将成比例增加。因此，在分离内部营销项目影响时，我们不能忽略广告支出金额变化所产生的影响。

利用公司保存的历史数据，零售商店的营销人员开发出了一个线性模型，得出以下变量关系：$y=140+40x$。在此等式中，y是每个员工的日销售额，x是每周广告支出金额（除以1 000），而两个数字140和40是根据历史数据估算的常数。该方程是一条直线，对应广告支出金额和每位员工日销售额的关系。如图8.5所示，我们可以用x来估算y。例如，当每周广告支出金额为24 000美元时，每位员工的日销售额为1 100美元。

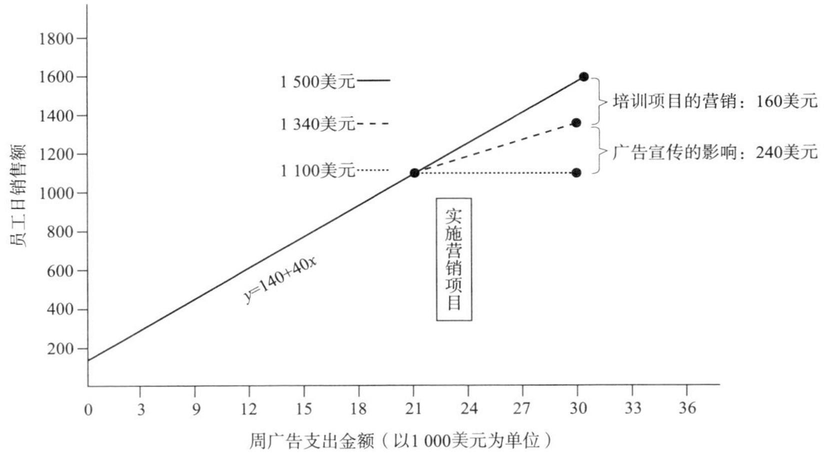

图8.5 基于周广告支出金额预测日销售额

现在，我们可以使用方程和数字进行预测。例如，该图显示，当每周广告支出金额增加时，每位员工的日销售额也增加。内部营销项目结束后的6个月，每周广告支出金额达到了30 000美元，根据该方程的预测，每位员工的日销售额应为1 340美元。由于新的实际价值为1 500美元，因此预测价值与实际价值之间的差值160美元必须归因于内部营销项目。这种差异代表了培训对销售人员的探询客户需求技能的影响，因为预测值中没有包含技能的影响。

营销项目影响的定性分离方法

尽管上面介绍的定量分析方法通常是可信的，并且对分离营销项目影响很有意义，但是在现实中，我们并不一定总是有机会使用这些方法。有时候，高管们可能不会批准在组织中开展对照组之类的实验。有时候，我们可能缺乏资源、数据或专业知识来进行趋势线分析或统计建模。在这些情况下，如果使用得当，定性分离方法就可以作为有效的替代。尽管定性方法可能比定量方法弱，但在许多情况下它也是可信的，并且如果营销人员采用了足够的预防措施，就可以大大提高分析的可信度。专栏8.1展示了使用定性分离方法归因的基本步骤。

专栏8.1　使用定性方法归因的基本步骤

如果你发现绩效衡量和指标得到了改进，并且想了解营销项目是如何影响这一改进的，可以采取如下步骤：

1. 首先确定最了解该项改进及其成因的最可靠的数据源。数据源可以是项目参与者、经理或内、外部专家等。

2. 然后确定最适合的数据收集方法，例如，问卷调查、行动计划、访谈、焦点小组等。

3. 请受访者回答下列问题：

（1）鉴于这项绩效指标的改进程度，你认为促成改进的主要因素有哪些？（这个问题可以是开放式问题，请受访者填空，也可以列出几项潜在的因素供受访者选择并添加新的因素）。

（2）仔细思考并讨论每个因素与改进影响之间的关联。

（3）以百分比表示，请你估算营销项目对绩效改进的影响有多大？

____

（4）在0到100%的范围内，你对自己的估算准确度有多大的信心（0=毫无信心，100%=确定无疑）？______________________

（5）使用下面的公式分析你的数据：

A	B	C	D
从事实开始：衡量改进	估算营销项目对改进的贡献百分比	误差调整（估算信心百分比）	调整后的项目贡献 D＝（A×B×C）
改进	______%	______%	营销项目的贡献价值

改编自 Phillips, Patricia Pulliam, Jack J. Phillips, Gina Paone, and Cyndi Huff Gaudet. *Value for Money: How to Show the Value for Money for All Types of Projects and Programs in Governments, Nongovernmental Organizations, Nonprofits, and Businesses*. Hoboken, NJ: John Wiley & Sons, 2019。

这些定性估算的潜在来源在本质上可以分为4个组。直接参与项目的参与者和客户应该是我们考虑的第一和第二来源。如果这些来源不可用，我们可以寻找经理或其他重要人员作为可能的来源。此外，内部和外部专家也可能提供有关营销绩效改进原因的见解。接下来我们将讨论这4种来源。

参与者估算

对于许多内部营销项目来说，分离营销项目影响最直接、最容易的方法是在营销项目实施期间从参与者那里获取信息。由于参与者自始至终都参与了项目，他们亲身经历并且采取了（或没有采取）行动，因此他们能够确定或估算改进结果在多大程度上与内部营销项目有关。出于相同的原因，他们也可以在不同级别上提供准确而可靠的数据。尽管仍然是主观的估算，但他们提供的信息可能具有相当重要的分量，因为这些参与者处于变革和改进的中心。首先我们通过定义改进，然后要求参与者回答一系列问题来获得估算值，例如：

- 其他哪些因素促成了营销绩效的改进?
- 这些因素与营销绩效改进之间有什么联系?
- 这种改进有多大的比例可以归因于该营销项目的实施?
- 对于每个估算值，你有多少信心（以百分比表示）？（0=毫无信心，100%=确信无疑）
- 还有哪些个人或团体可以提供这个百分比的可靠估算值，以确定营销项目对改进的影响?

我们以一个参与者的估算为例来说明这种方法。如表8.1中展示，参与者估算了由每个潜在因素产生的改进百分比。为保守起见，我们也要求参与者提供每个估算值的可信度。可信度反映了参与者对自己估算值的确信程度。例如，80%的可信度表明参与者仅80%确信自己的回答正确无误，这表明潜在的错误率为20%。根据ROI方法论的第4个指导原则，我们应该使用最低的估算值进行审慎分析。因此，我们将估算值乘以80%，实际上是将数字减少了20%。使用这种方法，将估算值乘以可信度可以得出估值范围的下限。

在表8.1显示的示例中，参与者将改进的40%归因于营销项目，并对此有80%的信心。可信度百分比乘以估算值即可得出32%，用于计算项目价值。然后，将调整后的百分比乘以实际的改进金额（项目后价值减去项目前价值），以分离出应归因于营销项目的部分。例如，如果改进的实际价值金额为100万美元，则使用参与者估算方法，归因于营销项目的部分为320 000美元。

表 8.1　参与者归因估算示例

影响改进的因素	对改进影响的百分比	参与者估算信心百分比	调整后的对改进影响百分比
营销项目	40%	80%	32%
流程改变	10%	50%	5%
环境变化	40%	60%	24%
竞争变化	10%	80%	8%
其他因素	—	—	—
合计	100%		

客户估算

对于消费者营销和业务营销项目，营销项目的目标客户可以作为可靠估算的数据源。我们可以询问他们为什么选择特定的产品或服务，或者请他们解释其对产品或服务的反应是如何受到营销项目影响的。如果客户提供的信息完整、准确和有效，那么这些数据就是最可靠、最强大而且令人信服的。一个收集客户反馈的绝好机会是通过常规的客户调查，直接从客户那里收集其对新产品或改进的产品与服务的感受。然后，我们可以将这些数据与项目实施前后的营销和销售业绩数据结合起来，以确定营销项目所带来的改进。

例如，有一家制造商最近向市场推出了一款新型的高效炉。[3]营销部门使用电视广告和社交媒体对这个新产品展开促销。这个消费者营销项目实施6个月后，高效炉的销量达到了420 000台。除了营销项目，还有其他几个因素也可能对销售业绩有所贡献。其中一个因素是零售渠道合作伙伴的态度发生了变化，因为他们意识到新产品的利润率高于现有产品。此外，还有一个因素是主要的竞争对手出现了产品质量问题，由此带来负面口碑使许多客户不愿购买竞争品牌。最后，因为高效炉具有环境效益，政府向购买的家庭提供了税收优惠。事实上，所有这4个因素都对高效炉420 000台的销售量产生了影响。

该制造商的营销总监为了将促销策略（包括电视广告和社交媒体营销）的

影响与其他因素分离开，从购买高效炉的客户中随机选择招募了10位进行焦点小组分析。在立场中立的专业引导师协助下，遵循以下步骤来找出每个因素的因果关系：

- 向10位客户描述任务，并说明对他们的期望。
- 说明为什么需要这些信息，以及如何使用信息。
- 请客户确定影响其购买决策的因素。
- 请客户讨论每个因素与其购买决策之间的联系。
- 向客户提供所需的信息，以帮助其估算每个因素的贡献。
- 获得每个因素贡献值的估算百分比。百分比总额必须为100%。
- 从每个客户获得其对每个因素估算值的可信度（0=毫无信心，100%=确信无疑）。

根据焦点小组分析结果，营销总监及其团队设计了一份调查问卷，以分离营销项目的影响。通过适当的介绍和指导，客户可以在没有帮助的情况下自行完成这些步骤。问卷被随机发送给购买过高效炉的客户，并回收了1 000份有效问卷。

表8.2展示了调查结果的平均值。通过将项目因素归因百分比乘以可信度百分比，可以确定归因于营销项目的估值。实际上，这个估值展示的就是营销项目影响。在这个案例里面，估值为420 000×39%×81%=132 700，表明在排除其他因素的影响后，营销项目产生的销售量约为132 700台高效炉。

表 8.2 客户对高效炉销售的归因估算

高效炉营销项目		
贡献因素	**对结果的平均影响（估算）**	**估算的平均信心水平**
营销项目	39%	81%
零售商态度改变	11%	77%
竞争厂商产品质量问题	33%	60%
政府对高效炉的激励措施	12%	72%
其他因素	5%	85%
合计	100%	

经理估算

对于内部营销项目，我们更喜欢使用参与者的估算。但是如果参与者的数据源缺失，我们可以请参与者的经理或主管估算项目在营销绩效改进中所起的作用。在某些情况下，经理可能比参与者更熟悉整体情况，偏见更少，也因此可以更好地对项目影响进行估算。针对经理提出的问题和分析过程应与参与者估算相似。经理的估算也应根据他们提供的可信度进行调整。

在某些情况下，我们可以从参与者及其经理那里都收集到估算值。你可能会问我们应该使用哪种估算值。根据指导原则第3项，我们应该选择更可信的估算，无论是来自参与者还是经理。如果两个估算值同样可信，我们应该依靠指导原则第4项，选择最保守的方法，也就是使用合理的最低值。

内部或外部专家估算

在某些情况下，我们可以选择外部或内部专家来评估营销项目的效果。[4]例如，当无法获得参与者、经理或客户估算的时候，或者这些估算的可信度较低或估算有偏见时，专家的估算就成为我们获得信息的最后手段。要使用此技术，必须根据专家对营销项目、细分市场、产品和具体情况的了解程度来精心挑选。例如，客户服务专家在客户满意度测评中能够估算出有多少改进可以归因于服务改进项目，以及有多少改进应该归因于其他因素。

选择方法

分离营销项目影响并非易事，选择最合适的分离方法也很有挑战。我们有定量和定性、简单和复杂、昂贵和低价等多种方法供选择。但是如何选择呢？通常来说，没有哪种方法在所有条件下都是最佳选择。但是在某些情况下，选择某种方法会更有利。在选择分离方法时，应考虑以下因素：

- 在目标受众中的可信度。
- 方法的可行性。
- 方法的准确性。
- 实施的成本。

- 对正常工作活动的造成的干扰。
- 所需的时间。[5]

我们可以选择使用多种方法，以确保可信度并提高方法的准确性。通常来说，使用两种或更多种方法比使用单一方法更好。使用多种方法可以从不同角度审视问题，允许组织尝试不同的策略并树立使用特定方法的信心。例如，如果经理担心参与者估算的准确性，则可以选择将其与对照组方法结合起来，并检查估算过程的准确性。

当使用多种方法时，应该选择最可靠的方法来计算ROI。如果估算都是可信的，在计算中应使用最保守的值，即最小值。同时，应由始至终为目标受众提供有关过程和要求的充分说明。这样，包括管理层在内的受众可以理解，即使结果可能会出错，但我们已竭尽一切努力来分离营销项目影响。无论选择哪种方法，结果都代表着我们在给定的条件和可用资源约束下，对营销项目影响的最佳估算。

结语

绩效改进结果中究竟有多少是由我们的项目带来的？回答这一问题的重要一步是分离营销项目影响。但是，很多营销人员在汇报结果时，没有尝试分离营销项目的实际影响，而是直接将结果归因于他们的营销项目。这种做法不仅会导致评估不准确，更会损害我们的信誉。如本章所述，我们需要及早在所有重要的营销项目中正视这一问题，采取适当措施分离营销项目影响。否则，我们将失去尊重、承诺、支持和资金。在本章中，我们介绍了多种定量和定性的分离方法，以帮助营销人员解决这一重要问题。这些方法不仅有效，而且相对易于使用。事实上，一些动作比较快的组织已经实施了这些方法。我们还向营销人员提供了如何为他们的项目选择最合适方法的建议。完成这一重要步骤后，营销人员必须将数据转换为货币价值，这是我们将在第9章进行讨论的话题。

参考资料

1. Phillips, Patricia Pulliam, Jack J. Phillips, Gina Paone, and Cyndi Huff Gaudet. *Value for Money: How to Show the Value for Money for All Types of Projects and Programs in Governments, Nongovernmental Organizations, Nonprofits, and Businesses*. Hoboken, NJ: John Wiley & Son, 2019.
2. Phillips, Patricia Pulliam, and Jack J. Phillips. *Handbook of Training Evaluation and Measurement Methods*. New York: Routledge, 2016.
3. Phillips, Phillips, Paone, and Gaudet. *Value for Money.*
4. Phillips, Patricia Pulliam, and Jack J. Phillips. *Making Human Capital Analytics Work: Measuring the ROI of Human Capital Processes and Outcomes*. New York: McGraw-Hill, 2015.
5. Phillips, Patricia Pulliam, and Jack J. Phillips. *The Green Scorecard: Measuring the Return on Investment in Sustainability Initiatives*. Boston: Nicholas Publishing, 2011.

第9章 使之可信：将数据转换为货币价值并估算无形价值

罗德："你准备怎么办，杰瑞？"

杰瑞："我要看到钱！"

罗德："好！恭喜，你仍然是我的经纪人。"

——电影《甜心先生》（*Jerry Maguire*, 1996），卡梅隆·克劳（Cameron Crowe）导演

全球工程公司（Global Engineering Company，GEC）是低功耗、高清和超高清视频压缩与图像处理解决方案的主要开发商。该公司生产视频芯片片上系统（System-on-Chip，SoC），并通过一支由80名员工组成的销售队伍向全国的原始设计制造商和原始设备制造商销售6种不同类型的产品。该公司的产品用于各种专业和消费者应用程序，包括安全IP摄像机、汽车摄像机、飞行摄像机、运动摄像机、可穿戴式摄像机和广播基础设施解决方案。GEC的目标客户包括可穿戴运动相机的领先制造商GoPro和Internet协议安全相机的领先制造商优倍快网络技术咨询有限公司（Ubiquiti Networks）。GEC的销售人员不仅负责销售产品，而且在客户购买后提供专业服务和技术支持。

然而，在过去一年左右的时间里，GEC销售副总裁迈克尔（Michael）注意到了一些变化。虽然公司仍在增长，但增长速度已经开始放缓。与此同时，在这个利润丰厚的行业中，许多竞争对手的发展速度更快。此外，他还注意到另一个

令人不安的趋势：GEC的新业务正在加速流失。最后也是最让迈克尔担心的问题：与过去相比，越来越多的客户抱怨GEC订单延迟交付、产品质量变差，以及客户服务质量下降。可是迈克尔并不确定应该如何去提高绩效，因此他决定进行一些分析。

迈克尔首先查看了业务记录，数据证实了他的担忧。具体说来，GEC的年增长率已从3年前的12%下降到今天的5%，而该行业仍以每年10%的速度增长。同样，与3年前相比，合同丢失的数量和客户投诉的数量都翻了一番。此外，销售人员每年的流失率也从10%增加到30%。

他的分析还揭示了以下内容：

（1）许多GEC的经理具有深厚的科学和工程背景，他们乐于雇用具有类似能力和经验的营销专员和销售人员。而且，他们的培训更侧重于GEC产品的技术特性，而不是如何与客户讨论。

（2）大多数客户对GEC的现有产品感到满意，但对GEC的新产品不满意，因为“它们太复杂了”。客户还抱怨说，他们无法从GEC的销售人员那里获得技术支持。客户“从未”接到过回复电话，“从未”获得过他们请求的服务。一些客户质问GEC为什么不雇用更多的销售人员。

（3）根据公司销售报告，GEC销售人员一直很努力地工作。许多销售人员抱怨说，由于GEC的新产品越来越复杂，并且客户对技术支持的要求越来越高，他们忙于日常销售工作而无暇兼顾技术支持与客户服务。

（4）行业数据表明，安霸（Ambarella）、美信半导体（Maxim Integrated）、德州仪器（Texas Instruments）、恩智浦半导体（NXP Semiconductors N.V.）等主要竞争对手已经建立了内部客户支持中心，以提供技术支持并协调服务工作。英飞凌科技股份公司（Infineon Technologies AG）和意法半导体（STMicroelectronics）等其他公司也建立了全国大客户团队，为重要客户提供更好的服务。

迈克尔感觉自己身处困境，好像火烧眉毛一样着急。因此，他聘请了一家绩效咨询公司来寻求帮助。绩效咨询公司使用一套系统的方法来评估现状、分析原因、设计解决方案，并且还为整个绩效改进过程的所有阶段都开发了工具和方法。通过与绩效咨询公司顾问合作，迈克尔与GEC不同部门的成员一起实施了一项营销绩效改进项目。该项目涉及多种解决方案，其中包括一个内部营销项目，以强化员工对以客户为中心的营销策略重要性的认知。迈克尔还建立了一个全国大客户团队和一个客户服务中心，并调整了员工的绩效评估标准和奖励计划，以匹配新的要求。这些方案都是系统解决GEC营销绩效问题的重要组成部分。

营销绩效改进项目产生了令人鼓舞的结果，全面提升了营销绩效。在实施解决方案6个月后，GEC新产品的销售收入增长了10%。此外，营销数据显示，丢失合同的数量和客户投诉的数量都减少了30%，销售人员的流失率也降低了20%。迈克尔对这些数字感到很兴奋。但是在与GEC首席执行官和其他董事会成员进行讨论之前，他希望能用货币价值来衡量营销绩效改进结果。

为了确保估算的可信度，迈克尔知道他需要回答以下问题："这些改进成果实际上有多少是由这个项目带来的？"根据绩效咨询公司的建议，迈克尔采用参与者、客户和经理的估算来分离营销绩效项目的效果。这些分析遵循了第8章所介绍的步骤，以确保估算值的可信度。

迈克尔很高兴看到营销绩效在多个方面实现了改进，包括财务绩效、客户绩效、活动绩效和人才绩效。回想一下第1章中讨论过的FACTs框架。所有这些方面对于GEC的战略和组织目标都至关重要。但他仍然想估算出这个重要的营销绩效改进项目所贡献的具体货币价值。毕竟，CEO和CFO都关心货币价值和ROI。迈克尔想知道他如何才能将改进结果（如减少客户投诉数量和降低员工离职率）转化为货币价值。此外，他还想知道如何估算总成本，以期计算出营销绩效改进项目的ROI。

这个开篇故事说明了一个重要趋势，即高管和经理试图将那些难以衡量的项目成果转化为货币价值。在各行各业中，高管都有意无意地希望营销人员向他们展示货币价值。[1]为了展示真实的货币价值，营销人员需要将可归因于该项目影响的改进结果（在分离该项目的影响之后）转换为货币价值，然后与项目成本进行比较以计算ROI。货币价值是营销人员向高管展示业务结果的一种重要的（即使不是唯一的）衡量方式，但现实是很多业务结果并没有转换为货币价值。在本章中，我们将展示营销人员应该如何计算货币价值。该价值可用于计算ROI，这代表了5级评估框架的最终水平。

为什么要将数据转换成货币价值

许多营销经理并不是很清楚为什么要将影响数据转换为货币价值。毕竟，只要我们在正确分离影响之后能够证明项目所产生的收益超过其成本，我们就可以说营销项目是成功的。例如，客户满意度、员工忠诚度、产品质量或服务质量的提高都可以代表与营销项目直接相关的重大收益。但是，这对于许多高管和项目赞助人来说可能还是不够的，因为他们需要看到与营销项目相对应的实际货币价值。因此，为了营销专业人员自身的利益，我们需要采取额外的步骤将改进项目成果转化为货币价值。

将改进成果转化为货币价值可以规范价值的定义

根据第3章所述的FACTs框架，营销绩效有4个重要维度，分别反映营销成果的财务、客户、活动和人才方面。但是，在大多数高管看来，货币价值仍然是成功的主要标准之一。将各个维度的价值用统一的标准来衡量，不但能降低资源分配过程的难度，而且能以更深刻的方式来定义价值。

将改进成果转化为货币价值，凸显营销的贡献

对于某些营销项目来说，以货币价值表示其业务结果不仅更容易理解，而且更容易突出其贡献。我们可以用一个旨在改善某个组织客户关系管理（CRM）系统的项目做例子。[2]由于CRM系统涉及许多部门和员工，因此营销项目可能会对组织的大多数部门都产生影响。弄清楚该营销项目价值的最佳和最简明的方法就是将各个维度的成果和绩效都转换为货币价值。

将改进成果转换为货币价值可以厘清成本问题

为了获得可持续的竞争力并提高营销管理的效率，关注与流程和活动相关的成本至关重要。根据我们的经验，营销项目可以通过增加收入，或者降低甚至规避成本来使组织受益。因此，了解问题的成本，以及相应解决方案的收益就变得非常重要。同样，厘清与营销绩效相关的成本问题对于预算和组织运营也很重要。

将数据转换为货币价值的5个关键步骤

将数据转换为货币值涉及以下5个步骤：

1. 定义一个计量单位。

第1步，我们必须为业务结果定义一个计量单位。计量单位可以是一件售出的产品、一个解决了的客户投诉、一份提交的销售建议或者一个避免的错误。计量单位也可以是时间，如开发一个新产品、交付一个产品或处理一个客户要求的时间。

2. 确定每个计量单位的货币价值。

第2步，涉及为第1步中确定的计量单位设置一个货币价值（V）。我们将在本章中介绍多种可用于进行这一转换的方式方法。

3. 计算绩效数据的变化。

第3步，即计算营销绩效数据的变化。我们将此增量标记为Δ，表示直接归因于营销项目的绩效改善，这也代表着第4级的影响结果。

4. 确定数据变化的年化总量。

第4步，我们将Δ值进行年化处理，以计算一年的营销绩效数据变化值（ΔP）。对于大多数短期解决方案，即使营销项目产生超过一年的收益，我们也仅使用第一年的收益。这种做法可确保我们的计算是保守和可信的。

5. 计算绩效改进的年化值。

第5步，我们将年度绩效变化值（ΔP）乘以每个计量单位的货币价值（V）来计算绩效改进的总价值。然后，将营销项目收益的年化价值与项目成本进行比较，以计算ROI。[3]

我们用一个示例来演示如何使用这5个关键步骤将数据转换为货币值。在这个示例中，一家货运公司由于送货不力和频繁出错而招致非常多的客户投诉。为此，他们展开了一个营销项目，以化解客户满意度危机。项目实施6个月后，每月客户投诉数量减少了25次。在分离影响并采用5个关键步骤之后，计算出该营销项目货币价值的总金额为228 000美元。专栏9.1中展示了各步骤的详细信息。

专栏9.1　将客户投诉转换为货币价值

背景：一个解决货运公司客户投诉的企业营销项目。

第1步：定义一个计量单位。

这里的计量单位定义为基于交付服务的每次客户投诉。

第2步：确定每个计量单位的货币价值。

根据内部专家（客户服务人员）的建议，考虑到时间和直接成本，此类客户投诉的平均成本估算为1 500美元（$V=1\ 500$美元）。

第3步：计算绩效数据的变化。

在项目实施6个月后，每月的总投诉量减少了25次。通过一线客户服务人员的估计（“分离项目影响”），65%总投诉量的减少与营销项目有关，这个估计的平均可信度为78%。使用6个月的平均值来计算绩效数据的变化值，即每月降低的投诉量为

$25\times65\%\times78\%=12.7$（次）。

第4步：确定数据变化的年化总量（ΔP）。

绩效数据变化的月平均值乘以12（月）得出的变化的年化总量为

$12.7\times12=152$（次）

也就是$\Delta P=152$。

第5步：计算改进的年化值。

化值$=\Delta P\times V$

$=152\times1\ 500=228\ 000$（美元）

将结果转化为货币价值的方法

将业务结果转换为货币价值的5个关键步骤简单明了，也很容易理解，但我们所面临的挑战是如何在复杂情况下正确地使用。在这5个关键步骤中，许多营销人员发现第2步（确定每个计量单位的价值）尤具挑战性。在以下各节中，我们将讨论各种确定价值的方法和技术。这些方法和技术的范围涵盖了从标准货币价值到保守估计的使用。

标准货币价值

第1种技术是使用标准价值，为每个计量单位设置一个高管和主要利益相关者都可以接受的货币价值。通常来说，标准价值是对营销和组织至关重要的衡量，不仅可以反映绩效问题或发现改进机会，并且与我们在FACTs框架中讨论的营销绩效的一个或多个维度相对应。表9.1展示了销售和营销领域通常用以计算并报告为标准价值的衡量措施清单。[4]从表中可以看出，其中一些措施与财务绩效（例如，销售收入和利润率）、客户绩效（例如，客户保有率和客户流失率），以及活动绩效（例如，库存和工作量）息息相关。

表9.1　销售与营销标准价值示例

衡量	定义	价值转换说明
销售收入	以各种不同方式记录的产品或服务的销售产生的收入：可以按产品、时间段、客户进行划分	数据必须用特定销售类别的利润率转换为货币价值
利润率（%）	销售收入和基于产品、客户及时间的成本之间的差值与销售收入的比值	将销售转化为组织增加的货币价值的转换因子
单位产品毛利	单位价格减去单位成本	显示增量销售带来的价值
渠道利润率	渠道利润占渠道售价的百分比	用于显示特定营销渠道的销售价值
客户保有率	保留下来的客户与全部有离开风险的客户数量之比	价值就是节省下来的获得替代客户所需成本
客户流失率	离开的客户与有离开风险的客户数量之比	价值就是获得新客户所必需成本
客户利润	在指定时期内，从客户获得的收入与维护客户关系的成本之间的差额	增加的货币价值就是从客户那里获得的全部利润
客户终身价值	由客户关系产生的未来现金流的现值	利润；随着客户价值的增加，利润也随之增加；因为客户价值有一个增长的过程，所以增加的价值是客户生命周期的平均值

续表

衡量	定义	价值转换说明
利润侵蚀率	新产品销售挤占现有产品线的百分比	因为这一指标会对现有产品造成不利影响，因此需要降低。增加的价值是避免了由于销售减少而带来的利润损失
工作量	服务客户和潜在客户所需的时间（小时）	其中包括为销售人员工作量所支付的工资、佣金，以及所花费时间的收益
库存	可在特定渠道中可出售的产品或品牌的总量	由于库存是按运营成本计价，所以成本包括库存的空间、处置方式，以及货币的时间价值。库存不足的成本是因为需要加急补货所造成的费用，而断货的成本则按所造成的销售损失进行计算
市场份额	在特定行业中，企业销售收入占市场总销售收入的百分比	实际销售额通过利润率转换为货币价值，这也是对企业竞争力的一种衡量
客户忠诚度	组织保留客户的时间长度，以及客户愿意对产品支付额外费用的意愿和搜寻产品与服务的意愿	以销售的额外利润或溢价利润进行计算

许多内部营销项目着重于与员工相关的改进措施，以改善人才绩效。改善人才绩效措施的例子包括：节省时间、提高生产力和降低员工离职率。我们可以利用标准货币价值技术，通过两种方式来确定其创造的价值。第一种方法，我们可以使用员工的平均薪酬（包括薪水和佣金）来计算所节省的货币成本。例如，在销售部门实施了一个内部营销项目后，我们估计销售人员平均每天节省74分钟。根据销售人员的平均薪水加上佣金和奖金，每天74分钟所带来的价值，大约是每天31.25美元或每年7 500美元。第二种方法考虑节省时间和提升员工效率对营销绩效的其他方面（例如财务或客户结果）所产生的积极影响。例如，北京华商基业管理咨询有限公司在中国进行的一项营销绩效改进项目将销售人员在一家零售店的平均停留时间减少了12分钟。由于这一改进，该销售人员能够访问更多的商店并销售更多的商品，从而为公司每年增加1 150美元的销售收入。

使用历史成本和记录

当标准价值不可用时，我们还有几种将数据转换为货币价值的替代策略。其中一个是使用历史记录中的成本数据。这一策略需要我们为分析的项目找到适当的历史记录，并分析其中的成本组成。历史记录可以显示一项措施的成本和一个改进单位的价值。例如，历史数据可能出显示每一个客户投诉或每1%员工流失率消耗了组织多少成本。然后，我们可以使用历史成本将客户投诉的降低和员工流失的减少转化为货币价值。

使用内部和外部专家的意见

如果缺乏历史成本数据，我们可以利用营销专家的意见将数据转换为货币价值。我们通常可以在产生原始数据的部门找到内部专家。所谓内部专家就是那些了解实际情况并为管理层所信任的人。他们必须愿意提供估算值，并解释做出这些估算的假设条件。如果我们觉得内部专家在衡量方面有可能存在偏见或无法使用，我们可以寻求外部专家的帮助。这些外部专家可以是特定领域的顾问、专业人员或供应商。例如，我们可以邀请CRM专家对客户关系问题的营销项目进行估计。

使用外部数据库

对于某些衡量结果，我们可以利用他人或其他机构对成本（或价值）的研究成果进行估算。这项技术利用成本研究和项目研究的外部数据库。所幸的是，许多外部数据库都包含有与营销项目相关的成本研究，并且大多数都可以在互联网上访问。这些外部数据库可提供有关客户投诉、客户生命周期价值、品牌资产、服务质量、服务失误、服务恢复、新产品失败、员工流动率，以及员工满意度等方面的成本或价值数据。我们所面临的挑战是如何找到一个包含对特定营销项目相关研究结果的数据库。理想的情况下，我们应该使用来自同一行业、相似环境下的数据。但现实中，这并不一定总是可行的。有时，来自其他行业或组织的数据也是适合的。必要时可以进行适当调整以确保这些数据适用于我们的营销项目。

与其他衡量措施联结

如果既没有标准价值和历史记录，也缺乏内外部专家和外部研究，我们仍然有其他可行的选择。我们可以采用一种被称为与其他衡量措施联结的技术。这个方法尝试找到目标衡量措施与其他相对容易转换为货币价值的衡量措施之间的联系。使用这一技术要求我们先找到不同衡量措施之间已经存在的关联，即一个衡量措施与另一个具有标准价值的衡量措施之间具有很强的相关性，然后就可以间接但是可靠地估计出衡量目标的货币价值。与营销的人才绩效成果有关的一个例子可以是工作满意度和员工流失率之间的负相关性。假设我们的内部营销项目提高了员工的工作满意度，我们需要衡量工作满意度的变化所带来的价值。尽管尚无工作满意度的标准价值可用，但我们知道，在工作满意度提高与离职率下降之间存在着先验关系，这就直接将两个衡量措施联系在一起了。然后，我们再使用标准数据或外部研究，就可以确定员工流失的成本。因此，通过离职率和工作满意度之间的联系，我们可以立即将工作满意度的变化转换为货币价值，或至少得到它的近似值。

使用来自客户、参与者和管理层的估算

如果以上介绍的技术都不可用，作为最后的手段，我们还可以依靠来自客户和内部营销项目参与者的主观估算将数据转换为货币价值。使用此技术的前提条件是，这些人能够提供用于衡量由营销项目而改善的每个单位的成本（或价值）的估算。要使用此方法，我们必须向客户和参与者提供清晰的说明，以及所需信息形式的示例。这种方法的优势在于，包括客户和参与者在内的个人与改进之间的联系最为紧密，因此能够提供其对价值的最可靠估计。与分离营销项目影响相似，当我们使用主观估算将结果转换为货币价值时，需要进行调整以减少和控制估算中的误差。

在其他情况下，我们可能会要求经理审核客户的估算、批准项目参与者的估算，并对价值的评估做出确认、调整或拒绝等决定。例如，一家欧洲制药公司设计了一项涵盖客户服务代表的营销项目以减少客户投诉。该项目确实减少了投诉，但该公司意识到他们必须确定单个客户投诉的价值才能决定改进的价值。尽

管客户服务代表知道围绕客户投诉产生的某些问题，但是他们的视野有限且观点也可能有偏颇。因此，该公司要求其经理提供估算价值。这些经理对客户投诉的影响（包括其对品牌的损害）具有更广阔的视野，并且能够提供更准确和可靠的估算结果。

技术选择指南

当有这么多技术可用时，这是一种幸福，但是当我们必须从中选择最适合当前情况和资源的技术时，这却是一个挑战。为此，我们制定了以下准则，来帮助大家选择确定最终价值的技术。这些准则和指南来自我们在各类ROI项目中的经验。我们在出版的书籍和论文中提供了很多细节的讨论。[5]

- 根据数据类型选择适合的技术。
- 选择技术时，先从最准确的技术开始考虑，然后再到相对不准确的。
- 考虑数据源的可用性和所需时间。
- 采用对问题有最广泛角度的数据来源。
- 如果可行，考虑同时使用多种技术。

转换还是不转换数据为货币价值

在ROI方法这一步中，无论要不要把数据转换为货币价值，营销人员都应认真考虑以做出决定。如果有人觉得从营销项目收集到的每个数据都应该也都可以转换为货币价值，那这个假设可能过于乐观了。特别是涉及高度主观的数据（如态度改变，以及对服务质量的感知改善）时，这个假设尤其令人怀疑。对营销人员来说，这个问题存在潜在的风险。如果目标受众和利益相关者感觉到这些估算缺乏可信度，那么整个营销项目的过程所宣称的贡献就都令人生疑了。为了帮助营销人员更好地做出决策，我们提出了一个4阶段的测试流程来处理4个方面的重要而敏感的问题。如图9.1所示，此测试用逻辑的方法来决定是将数据转换为货币价值，还是将其保留为无形价值。

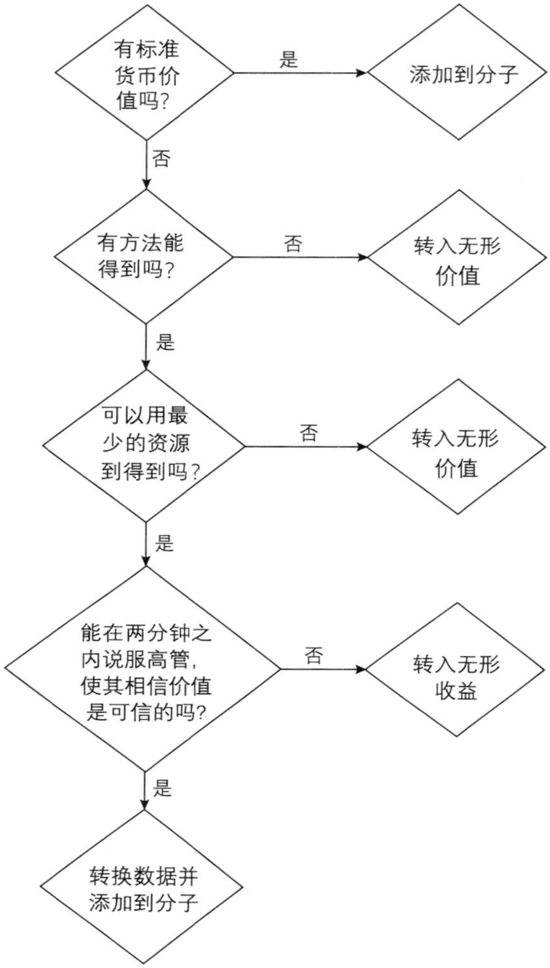

图9.1　转换与否的4阶段测试流程图

确定无形价值

在ROI方法论中，我们将无形价值定义为那些未转换为货币价值的影响结果。我们选择不将这些结果转换为货币价值，或者是因为转换过程耗费太多资源，或者是因为结果可能不大可信，又或者是因为其他战略原因。专栏9.2展示了营销项目所产生无形价值的一些典型示例。

专栏9.2 与营销项目相关的典型无形价值衡量指标

- 创新
- 服务质量
- 组织氛围
- 参与度
- 工作满意度
- 组织文化
- 品牌知名度
- 品牌形象
- 品牌个性
- 营销效果
- 创造力
- 态度
- 客户满意度
- 客户忠诚度
- 客户关系
- 沟通
- 合作
- 社会责任
- 可持续发展
- 营销敏捷性

无形价值的重要性

无形价值的定义方式可能给人以无形价值并不重要的印象。与有形资产不同，无形价值看不见摸不着，难以量化，并且无法通过一般的会计原则进行跟踪。相反，企业运营需要有形资产，它们清晰可见，可以严格量化，并通常在资产负债表上显示为科目。但是，实际上，无形价值是组织获得竞争优势和成功的关键。如专栏9.2 所示，无形价值涵盖了许多知名组织成功背后的战略重要因素。一家高度创新的公司不断开发新产品和有创意的服务。一个具有浓厚文化和员工忠诚度的组织可以提高营销效率和客户忠诚度。一家履行社会责任的公司享有良好的品牌形象和可持续的竞争优势。无形价值不仅对组织至关重要，而且正变得越来越重要。

专栏9.2中的某些例子（如客户满意度）是经典的无形价值。有一个好消息是许多曾经被视为无形价值的数据现在也可以转换为货币价值了。客户满意度就是这样的一个例子。10多年前，很少有组织知道如何估算客户满意度的货币价值。现在，越来越多的公司采取了额外的步骤，可以将客户满意度直接与财务成果（如收入、利润和其他衡量指标）联系起来。对于某些营销项目，客户满意度已进入有形资产的类别。同时，更多的高管已经意识到了无形价值的重要性，并投资于绿色营销和公益营销等项目，主要目标就是产生无形价值。他们有目的地在绩效计分卡、运营报告、关键绩效指标和其他报告系统上包括一连串的无形价值，并向客户和利益相关者充分沟通这些无形价值。对于许多组织而言，无形价值已成为企业业务的主要投资方向了。

衡量无形价值

正如我们所讨论的，在某些营销项目中，无形价值比货币价值更为重要。因此，在评估过程中，我们应监控并报告这些与无形价值相关的结果。实际上，所有营销项目都将产生无形价值。我们都应该对其进行监控和报告，以此作为价值创造的补充证据。有几种方法可用于衡量无形价值。如果无形价值是减少的客户投诉和冲突，我们可以计算次数。尽管大多数无形价值既不能计数，又无法检验，学者们已经开发出了各种衡量标准以方便我们对几乎所有的无形价值进行定量分析。例如，要将无形价值与营销项目联系起来，我们可能会问一个简单的问题：这个营销项目在多大程度上影响了结果？我们可以使用一个5点或7点的量表来从客户、参与者或经理那里收集他们的反应。其他衡量方法包括将软性数据与硬性数据联系起来并制定不同价值的指标。感兴趣的读者可以在学术文献中找到这些方法的具体细节。[6]

结语

本章继续讨论了一些如何使我们营销项目的评估更加可信的关键问题。其中一个我们花了大量篇幅来讨论的问题，涉及在分离营销项目影响之后，如何将业务数据转换为货币价值。无论数据类型如何，我们都有若干技术和方法可供选择，以帮助我们将数据转换为货币价值以用于计算ROI。在此过程中，我们需要遵循一些原则，以确保结果既保守又可信。如果收益不能或不应该转换为货币价值，我们需要评估无形价值。将业务数据转换为货币价值，以及估算无形价值都是ROI方法论的重要步骤。在第10章中，我们将继续讨论与使结果可信相关的关键问题。

参考资料

1. Phillips, Jack J., and Patricia Pulliam Phillips. *Show Me the Money: How to Determine ROI in People, Projects, and Programs, a Step-by-Step Guide to Forecasting and Measuring Six Types of Value*. San Francisco: Berrett-Koehler, 2007.
2. Kerin, Roger A., and Steven W. Harley. *Marketing*. 14th ed, Dubuque, IA: McGraw-Hill. 2019.
3. Phillips, Patricia Pulliam, Jack J. Phillips, Gina Paone, and Cyndi Huff Gaudet. *Value for Money: How to Show the Value for Money for All Types of Projects and Programs in Governments, Nongovernmental Organizations, Nonprofits, and Businesses.* Hoboken, NJ: John Wiley & Sons, 2019.
4. Farris, Paul W., Neil T. Bendle, Phillip E. Pfeifer, and David J. Reibstein . *Marketing Metrics: 50+ Metrics Every Executive Should Master*. Upper Saddle River, NJ: Pearson Prentice Hall, 2006.
5. Phillips, Phillips, Paone, and Gaudet. *Value for Money.*
6. Phillips, Patricia Pulliam, Jack J. Phillips, Gina Paone, and Cyndi Huff Gaudet. *Value for Money: How to Show the Value for Money for All Types of Projects and Programs in Governments, Nongovernmental Organizations, Nonprofits, and Businesses.* Hoboken, NJ: John Wiley & Sons, 2019.

第10章 使之可信：列出营销项目的成本并计算ROI

> “现代营销人员是实践者，是数据爱好者，是内容创建者，也是ROI的证明者。”
>
> ——金伯利·沃尔什（Kimberley Walsh）

让我们继续第9章开篇中的全球工程公司的故事。销售副总裁迈克尔及其团队面临着与财务、客户、活动和人才绩效有关的严峻挑战，因此启动了一个营销绩效改进项目。团队在使用ROI方法论时，以终为始，从业务角度衡量了营销绩效改进的4个方面，以达到预期效果。解决方案包括培训销售人员、创建关键客户团队和设立客户服务中心，以及调整奖励计划以专注于客户服务。在项目实施6个月后，全面改善的迹象便出现了。在向GEC高管团队进行汇报之前，迈克尔决定衡算营销改进的货币价值，并计算出此营销项目的ROI。

按照ROI方法论，迈克尔和他的团队收集了4个等级的数据，包括反应、学习、行动和影响，以衡量和估算该项目所创造的价值。这些数据是从GEC员工和客户那里收集的，以对项目进程做全面的评估。而影响的数据则是从销售记录、报告和客户调研中收集的。

第1级：反应

在反应级别，GEC进行访谈和调研，以了解销售人员和客户对项目的反应。具体来说，销售人员会被问到他们在多大程度上认为该项目有用、易于实施，并且对其工作和绩效很重要。这个团队还请客户评估GEC员工的服务和产品。此外，还请客户评价“关键客户团队”和“客户服务中心”在多大程度上对改善其购买体验，以及与业务价值的增加是相关的、重要的和有用的。

第2级：学习

这个营销绩效改进项目涉及销售培训。在培训课程结束后，销售人员被安排进行GEC产品和服务流程知识测试，并用角色扮演和观察来评估其销售和客户服务技能。该项目还涉及建立客户服务中心。为了测试客户的学习情况，GEC评估团队进行了访谈和调查，以评估有多少客户知道服务中心所提供的帮助，以及如何利用客户服务中心来解决问题。

第3级：行动

行动级别的数据是通过销售报告和经理的观察从销售人员那里收集。这些数据关注的是销售人员运用所学知识和技能为客户提供专业服务的水平。GEC团队还通过收到的电子邮件和咨询电话的数量，以及调研客户与销售人员之间的互动来评估客户的行为。

第4级：影响

影响级别的数据包括销售收入、客户投诉数量、订单丢失数量和员工离职率。GEC团队从公司记录中收集数据。

表10.1解释了影响链是如何通过对不同级别结果进行衡量进而服务于营销绩效改进项目。[1]

表 10.1 GEC营销绩效改进项目数据类型和级别

GEC营销绩效改进项目				
数据类型	数据收集方法	数据来源	时间	结果
反应（第1级）	调研访谈	员工	在销售培训结束时	在实用性、易用性和重要性方面，评分为4.6分（满分为5分）
	调研	客户	在项目启动1个月后	对销售人员的服务和GEC产品的评分为4.4分（满分为5分）

续表

GEC营销绩效改进项目				
数据类型	数据收集方法	数据来源	时间	结果
学习（第2级）	测验 角色扮演	员工	在销售培训结束时	产品知识得分88分（满分为100分）；7/10的销售人员掌握了销售技巧
	调研	客户	在项目启动1个月后	90%的客户知道有客户服务中心存在；65%的客户知道如何联系客户服务中心并解决问题
行动（第3级）	汇报 记录 观察	员工	在项目启动3个月后	在与客户互动时，有76%的销售人员运用了新的销售技巧
		客户	在项目启动3个月后	48%的客户与服务中心联系，其中39%的客户解决了问题
影响（第4级）	监控财务、活动、客户和人才绩效	公司记录	日常	一年358万美元
成本	监控记录	成本报表	日常	一年成本397万美元
ROI（第5级）				–9.8%
无形资产	问卷	员工	季度	增加了员工对组织的忠诚度、敬业度、满意度和团队合作精神
		客户	季度	提高了客户对GEC产品和销售人员的满意度、忠诚度、购买意愿，以及向他人推荐GEC的意愿

为了将影响级别上的改进转化为货币价值，迈克尔和他的团队使用了5个关键步骤，也就是定义一个计量单位、确定每个计量单位的货币价值、计算绩效数据的变化、确定数据变化的年化总量并计算绩效改进的年化值。对于财务绩效，使用以美元为单位的销售收入作为衡量单位。丢失订单数量和客户投诉数量分别作为活动绩效和客户绩效的衡量单位。对于人才绩效，将员工自愿离职的数量作

为衡量单位。对于每个衡量单位，均使用标准值来确定改进的货币价值。然后，分离项目对财务、活动、客户和人才维度方面的改进的影响，以反映营销绩效改进项目的真正贡献。最后，将改进进行年化计算以确定绩效改进的年化值。使用5个关键步骤的计算结果显示，在一年的时间里，该项目产生的货币价值总量达到358万美元，这是一个吸引眼球的数字。

如果评估到此为止，那么迈克尔和他的团队应该庆祝这一令人印象深刻的成就和里程碑。但是，迈克尔希望在向高层管理团队汇报之前先了解该项目的成本。遵循ROI方法论的指导原则，迈克尔和他的团队考虑了项目过程中的直接成本和间接成本。这些成本包括管理成本、员工薪水及其运营费用、员工获得的奖金和佣金，以及与营销项目相关的所有前期开发成本。在计算所有成本后，该项目的总成本为379万美元，超过了358万美元的货币收益。所以这个营销项目的ROI是负值：

$$\text{ROI}=\frac{3\ 580\ 000-3\ 970\ 000}{3\ 970\ 000}\times 100\%=-9.8\%$$

迈克尔和他的团队对此非常失望，并进行了激烈的讨论。许多成员认为，尽管ROI是负值，但GEC应该继续执行该项目，因为它会产生许多无形收益，如员工对组织的忠诚度和客户忠诚度。尽管这个逻辑对于某些营销项目是可行的，但迈克尔强调这个逻辑并不适用于他们的营销项目。因为该项目的实质是通过改进活动绩效、客户绩效和人才绩效来提高公司的盈利能力和实现销售增长，因此在这个项目上亏损是不合适的。迈克尔提醒团队，他们要设定一个ROI为正的目标，“尽管我们没有为ROI设定一个具体数值，但还是希望它创造的价值能够超过成本”。

有两名团队成员建议对项目成本进行重新评估。他们将总成本分为直接成本部分（包括与营销项目直接相关的费用）和间接成本部分（包括50万美元的管理费用）。他们认为间接成本的分配是很随意的，而且具有极大的误导性。他们建议在进行项目成本分析的时候应该只关注项目所带来的货币价值和直接成本之间的差异。他们将这个方法称为营销项目的边际收益分析。[2]为此，他们还引用了营销和销售管理书籍及相关文献，以表明边际收益分析法与先前使用的全额成本分析法相比，更具相关性，也更优越。如果在ROI计算时仅包括直接成本，那么该项目的成本为347万美元。使用这个数字计算出的ROI将为正值：

$$ROI=\frac{3\ 580\ 000-3\ 470\ 000}{3\ 470\ 000}\times 100\%=3.2\%$$

尽管迈克尔承认边际收益分析法在营销和销售管理中的重要性，但他指出ROI方法论应遵循保守原则。具体来说，根据ROI方法论指导原则第10项，计算ROI应涵盖解决方案的全部成本。因此，迈克尔坚持将直接和间接成本全部包括在ROI的计算中，并鼓励团队探索如何降低项目成本。团队进行了系统分析，发现在客户服务中心工作的员工存在人员冗余的情况。根据过去两周收集的数据，在新成立的服务中心中，人员使用率只有25%。由此，迈克尔得出结论，服务中心可以消减50%的职位而不会降低服务质量和工作绩效。他将这些员工安置在组织的其他空缺职位上，以避免有人为此而丢掉工作。这样重新核算的成本为301万美元，比原来减少了将近100万美元，得到的ROI也就很可观了：

$$ROI=\frac{3\ 580\ 000-3\ 010\ 000}{3\ 010\ 000}\times 100\%=18.9\%$$

这个故事重点介绍了ROI分析中的3个重要问题。首先，除非将评估提高到ROI级别，我们将无法看到营销项目的最终价值，也无法贯彻问责制。项目产生的货币收益或许令人印象深刻，但如果成本过高，那么项目的价值将大打折扣。其次，如果ROI的计算产生的是负值，也并不意味着应该终止营销项目。营销人员应努力调整项目以提供所需的价值。为了全面而战略地调整项目，需要同时考虑影响的无形收益和战略重要性。更重要的是，可能需要进行系统分析以识别可能需要改进的领域。最后，尽管边际收益方法也很不错，而且在很多方面优于营销和销售管理中的全面成本核算，但是ROI方法论的指导原则要求我们在ROI计算中应同时覆盖直接成本和间接成本。这样才能确保ROI的计算是保守且可靠的，以使我们的ROI分析结果可与ROI研究和文献中的结果相媲美。

我们在本章中，讨论与计算和理解ROI相关的各种技术、流程和问题。

成本和ROI的重要性

监控成本的主要原因之一是为营销项目制定预算。我们通常会在投标过程中估算营销项目的初始成本，而这些估算往往是基于先前项目的成本。我们有必要清晰地了解成本，以确定未来营销项目和未来预算的成本。使用不同的分类来跟踪成本可以简化这个任务。我们将在本章稍后进行讨论。

计算项目费用

计算并列出营销项目的各项成本至关重要。具体原因有：首先，营销项目的成本飞涨。今天，美国的商业公司每年在各种营销活动上的花费高达数千亿美元。其次，许多高管需要了解营销项目的总成本，不仅仅是项目的直接成本，也包括间接成本。这两种趋势都增加了营销经理和专业人员的压力。我们不仅要弄清楚投入资金的去处，也要清楚投入资金的原因。再次，我们将价值定义为收益与成本之比，所以确定营销项目收益的货币价值只是价值故事的一部分。而成本构成了ROI公式的分母，在价值故事中起着至关重要的作用。最后，ROI的计算必须与公认的财务惯例一致，并基于可靠和保守的假设条件。与营销项目的成本和ROI相关的所有重要问题都值得深入探索和讨论。

与成本有关的基本问题

为了始终如一，可靠和保守地解决与成本列表相关的问题，营销人员应遵循下面这些准则：

- 监控所有成本，包括那些暂时不需要的费用。
- 成本必须是现实和合理的。
- 有些成本的计算很难完全准确，可以接受估算值。
- 披露所有成本。

此外，根据ROI方法论的指导原则第10项，我们需要计入所有成本。因为我们使用保守的方法来计算ROI，所以即使组织的成本核算准则不要求，我们也应该把一些不确定的成本项核算在内。我们遵循的哲学是“如有疑问，请放进去”。这样，我们就可以确保ROI计算的可信度，并且计算过程可经受最严格的审查。当然，如果包括CFO在内的高管都坚持不核算某些成本，那我们就应该将其排除在外，或以其他方式报告这些成本。根据指导准则中的建议，如果我们在计算中未包括所有费用，则应予以披露。

需要计入分析的项目成本

计算项目成本的具体策略和步骤，可能因组织而异。在大多数情况下，营销团队的决策需要得到管理层的批准。在某些组织中，财务和会计人员需要对成本清单进行核准。为了方便讨论，我们在表10.2中列出了一些常见的成本类别，帮助我们以一种完整且保守的方式来估算与营销项目相关的成本。[3]

表 10.2 营销项目常见成本类别

	成本项目	分摊成本	费用支出
1	初始分析和需求评估费用	✓	
2	解决方案的设计与开发费用	✓	
3	购置解决方案费用	✓	
4	实施成本		
	协调员和组织者的薪酬/福利		✓
	参加者的薪酬/福利		✓
	材料和物资		✓
	差旅费用		✓
	设施使用		✓
5	维护和监控费用		✓
6	日常开支和间接费用	✓	
7	评估和报告费用		✓

如表所示，这些成本类别涵盖了营销项目开发、实施和评估过程中的主要成本。有些成本是要按比例分摊的，这意味着这些成本可能会摊销更长的时间，也可能分摊到多个项目。因此，只应该将一部分成本分摊给所评估的营销项目。而其他一些花费和成本与项目直接相关，因此应该将其计入成本。具体来说，我们应考虑与以下类别相关的成本：

初始分析和需求评估费用

在营销项目中，该项成本涉及市场调研、数据收集、分析和评估，以更好地了解情况和客户需求。这些分析可以在线上也可以在线下进行。如果一个项目不进行初始分析和需求评估，那么该成本为零。但是进行初步分析和需求评估，营销人员可以有更好的机会开发出成功的营销项目。

解决方案的设计与开发费用

这些成本包括在营销项目解决方案的设计和开发上所花费的时间和资源，还可以包括采购与解决方案直接相关的耗材、技术和其他材料的成本。对于消费者或企业营销项目，这些成本可以是花费在广告、推销、公共关系和社交媒体促销等解决方案的设计和开发方面的成本。

购置解决方案费用

这些成本与从代理商、咨询公司或其他来源购买解决方案有关。购买的解决方案可以直接实施，也可以修改后使用。对于消费者和企业营销项目，这可以是外包给一家提供全方位服务的广告公司，也可以是委托给一组制造商销售代表。对于内部营销项目，这可以是雇用一家咨询公司来为公司销售人员提供培训。与解决方案购置相关的成本包括购买价格、支持材料和许可协议等。

实施成本

项目实施成本是营销项目中最大一部分成本，包括时间（薪酬和福利）、差旅费和其他费用。这些成本可以使用特定工作群体的平均或中位薪酬水平来估算。成本还可包括用于营销项目的相关材料、硬件、软件和视频等。如果是消费者营销项目，也可能包括设施的使用及与媒体投放相关的费用，如电视、广播、报纸和广告牌。如果是内部营销项目，则有可能会产生与会议室和酒店房间使用相关的费用。

维护和监控费用

这些成本包括维护和运行营销项目所需的日常开支。对于营销项目，这些费用通常用于确保新的解决方案持续实施，也可能涉及员工、志愿者和其他费用。

日常开支和间接费用

这个类别的成本包括不直接计入营销项目的其他额外费用。典型的是行政和文秘支持费用、通信费用、办公费用和其他固定费用。对于如何分摊这些行政和管理费用，在营销界中是有争议的。因为一些研究人员和管理人员认为，任意分摊行政管理费用可能会对营销贡献产生误导作用，因为没有一种分摊方案是完美的。但是，正如我们前面所讨论的，我们的ROI方法论采取保守的原则，因此我们建议分摊这些成本。

评估和报告费用

这类成本包括制定评估策略、设计工具、收集数据、分析数据、准备报告和展示营销方案的结果。此项成本还包括时间、材料、购买的仪器、测量和所有的咨询费用等。这是一个重要的成本类别，也是我们成本讨论的最后一部分。

| 计算ROI

在本书中，我们将ROI定义为营销项目的货币价值和成本的比值。本章介绍的公式使用年化值，以便计算短期项目投资第一年的影响。许多组织都约定俗成地使用年化值来计算ROI。这种方法被认为是计算ROI的一种保守且可靠的方法。因为虽然许多短期项目会在第2年甚至第3年持续增加价值，但我们通过仅关注第1年的价值（并忽略第2年及以后的增值），确保计算出来的ROI数值更小，也因此更保守。

对于长期的营销项目，我们应该使用更长的时间范围来估算。例如，许多新产品开发项目至少需要5年才能完成。在这类项目的ROI分析中，我们可以选择5年作为分析的时间范围。但是，对于仅需要几周或几个月就能实施的短期营销项目（如社交媒体促销项目等），我们认为只关注第1年的价值是恰当的。

在选择计算ROI的方法时，我们需要与目标受众沟通我们所使用的公式，以及在做出决定时候的假设。这样，我们就可以防止在计算ROI过程中产生误解和混乱。在本书中，我们使用以下公式：

$$\text{ROI}=\frac{\text{项目收益}-\text{项目成本}}{\text{项目成本}}\times 100\%$$

使用此公式，分子是营销项目的收益和成本之间的差（也称为净收益），而分母是项目成本。我们将公式乘以100%即可将其转换为百分比表示。

下面我们用一个营销项目来举例说明。假定我们开发了一个旨在减少客户投诉的业务营销项目。设想在分离项目影响后，该项目将每月平均客户投诉数量从25次减少到15次。此外，我们假设减少一次客户投诉的标准价值为5 000美元，那么该项目的每月货币价值为50 000美元（即5 000美元×10次）。因此，每年节省的费用为600 000美元（也就是50 000美元×12次）。如果该项目的总成本为400 000美元，则第一年后的ROI为：

$$\mathrm{ROI}=\frac{600\ 000-400\ 000}{400\ 000}\times 100\%=50\%$$

这表明，对于在此营销项目中投入的每1美元，不仅这1美元可以收回，还会额外获得50美分的收益。

| 结语

本章重点介绍了与估算成本和计算营销项目的ROI相关的一些关键问题。成本是确定价值的重要因素。由于营销项目的ROI计算结果和过程通常会被仔细审视，因此应将直接和间接成本都计入ROI的计算中。将直接成本和间接成本都包括进来会降低ROI的数值，但是这种做法可以确保流程的信誉和计算结果的可比较性。因此，即使组织不要求，我们也应将所有费用都包括进来。本章讨论的另一个关键问题是ROI的计算。计算ROI需要将项目成本与项目的货币收益进行比较，并估算出营销项目的价值。现在我们已经全面讨论了ROI的计算过程，我们将在第11章讨论如何通过讲述一个引人入胜的故事来报告项目评估的结果。

| 参考资料

1. Phillips, Patricia Pulliam, Jack J. Phillips, Gina Paone, and Cyndi Huff Gaudet. *Value for Money: How to Show the Value for Money for All Types of Projects and Programs in Governments, Nongovernmental Organizations, Nonprofits, and Businesses.* Hoboken, NJ: John Wiley & Sons, 2019.
2. Johnston, Mark W., and Greg W. Marshall. *Sales Force Management Leadership, Innovation, Technology*. 11th ed. New York: Routledge, 2013.
3. Phillips, Patricia Pulliam, and Jack J. Phillips. *The Business Case for Learning: Using Design Thinking to Deliver Business Results and Increase the Investment in Talent Development*. West Chester, PA: HRDQ and Alexandria, VA: ATD Press, 2017.

第11章

讲述故事：与关键利益相关者沟通结果

> “数据就像垃圾，你最好在收集之前就知道如何处理。”
>
> ——马克·吐温（Mark Twain）

特拉维斯（Travis）和詹妮（Jenni）对他们营销项目的成果感到很高兴。经过一系列分析，他们确信自己的项目确实为公司创造了重要的价值。该公司是消费品仓储销售公司（Consumer Warehouse Co.），在许多消费者中被称为CWC。这是一家由420家零售店组成的全国连锁销售企业，覆盖美国大部分主要市场，销售小型家用物品、各种类型的礼物、电子产品和珠宝，以及个人饰品。特拉维斯是公司的营销总监，詹妮是CWC的培训专员。他们共同启动的内部营销项目已经开展了近3个月。

该项目的起因是特拉维斯和其他CWC高管都为公司门店销售增长放缓而担忧。他们也注意到公司销售团队在与客户互动时存在问题。CWC的销售人员基本上不会主动推荐产品，而是被动等待客户做出购买决定。大多数销售人员没有大学学历，且只有几个月的店面零售经验。特拉维斯认为，如果销售员与客户进行更多互动的话，销售额是可以提升的。但他并不确定如何来实现这个目标。特拉维斯认为问题的主要原因可能是销售团队缺乏互动式销售技巧。因此，他联系了CWC的培训部门以寻求帮助。

销售团队的培训专员詹妮建议通过分析来决定是否启动营销项目。在仔细观察了销售人员如何与顾客互动之后，詹妮和特拉维斯又进行了访谈和调研，以了解销售团队和顾客的需求。他们发现，大多数销售人员没有足够的技巧来探寻顾客需求，也无法引导顾客在店内做出购买决定。进一步的分析表明，许多顾客在他们需要帮助时，会乐于求助于有这些技巧的销售人员。基于这些分析，特拉维斯和詹妮为CWC销售人员设计了一个内部营销项目，以提升5种对销售成功至关重要的互动销售技能。

但是，为项目申请资金却并不容易。众所周知，零售业的利润率很低，高管人员在增加额外开支方面一直非常谨慎。为了节省成本，特拉维斯决定使用一家外部供应商的学习材料（包括视频）来培训销售人员，并在工作中使用手机应用程序作为提示。为了测试这个内部营销项目的价值，他们在3家门店中尝试实施该项目。每家门店都有16名销售人员。特拉维斯和詹妮还选择了另外3个类似的门店作为对照组。为了确保结果可靠，特拉维斯将这个项目委托给一家咨询公司来推动实施工作。特拉维斯的计划是先在这几家门店实施该项目并评估结果，然后再决定是否在全公司推行。

营销项目测试启动3个月后，评估显示项目取得了积极的成果。特拉维斯确信CWC应该立即在所有420家门店中实施该项目。为了获得资金与支持，他想寻求与高层管理团队（包括首席执行官和首席财务官）沟通项目结果的最佳方法。根据詹妮的建议，他们采用了7步沟通方法来实现自己的目标。

第1步，特拉维斯分析并列出了他需要沟通项目结果的原因。具体来说，他想展示内部营销项目的结果，并讨论这些结果的重要性和意义。他还将介绍项目所采用的方法和技术，以帮助营销和培训部门建立信誉。特拉维斯的最终目标是希望获得CWC高层管理团队的支持，并为该项目在全公司范围内的实施提供资金。

第2步，在充分了解了沟通项目结果的重要性及所要付出的努力之后，特拉维斯和詹妮对他们的沟通工作进行了规划。确定以公司高管、门店经理、销售人员、培训总监和培训师，以及顾客作为潜在受众。他们还核查了营销项目的结果，并对不同级别的数据进行了汇总。

第3步，特拉维斯选择了目标受众。尽管有很多潜在的利益相关者都可能对这个项目感兴趣，但特拉维斯认为，公司高管应该是最重要的沟通目标受众。由于在公司内全面实施项目还需要培训部门的支持，因此，詹妮和特拉维斯选择了培训总监及其团队作为第二重要的目标受众。

第4步，特拉维斯和詹妮开始为这两个选定的目标受众准备报告。作为主要目标受众，公司高管们更专注于第4级（影响）和第0级［输入（包括成本）］的数据。在分离营销项目影响后，特拉维斯计算出了项目的ROI。培训总监和培训师作为次要目标受众，詹妮知道他们对战术问题更感兴趣，例如在第1级（反应）和第2级（学习）中的培训设计和结果，以及学习如何引发第3级（行动）。

第5步，特拉维斯和詹妮为目标受众选择合适的媒体。特拉维斯将当前项目作为一项试点研究为高管撰写了一份临时的报告，以汇报项目进展状况，并请求他们提供额外的资金和持续的支持。此外，特拉维斯还请求高层管理团队批准在所有420家门店也都启动该项目。为了满足培训总监及其团队的需求，詹妮将营销项目写成了案例研究，不仅展现项目的结果，而且详细介绍培训是如何以系统的方式增加价值的。特拉维斯和詹妮还计划用会议作为沟通的辅助媒体。

第6步，陈述和传递信息。按照沟通的原则，特拉维斯在高管面前做了个人陈述。他不仅展示了项目的影响和绩效结果的改进，而且确保高层管理人员能够理解项目实现这些结果的过程，以及评估的方法。他聚焦于项目给公司带来的益处，并对在全公司范围内推广实施这个项目提出了具体的建议。作为培训部的一员，詹妮向培训总监和她的同事们做了一个演讲介绍。她介绍了开展项目过程中所付出的努力、项目取得的成果，以及面临的挑战。在演讲的最后，詹妮讨论了培训人员和营销人员作为业务合作伙伴一起工作的好处，并邀请培训部门的领导和同事，在项目得到高层管理人员的批准后，为其在整个公司内推广实施这个项目提供支持。

第7步，也是最后一个步骤，涉及分析受众的反应并回答他们的问题。一个衡量沟通工作有效性的重要指标，是沟通者从经理、主管和赞助者那里获得了多少承诺和支持。如果高层管理人员分配了更多的资源，表达了坚定的承诺，那就充分证明了管理层对沟通成果的看法非常积极。因为公司首席执行官对营销项目所创造的价值感兴趣，特拉维斯除了详细介绍项目对业务结果的影响和ROI外，还讨论了CWC营销项目的无形收益。这些无形收益包括客户满意度、客户忠诚度、改善的品牌和门店形象，以及员工的工作满意度、忠诚度等。此外，詹妮还邀请特拉维斯与培训部门的总监会面，讨论营销与培训如何更有效地协作。

这些沟通工作对公司高管和培训师都产生了积极影响。高级管理人员不仅批准了特拉维斯追加资金的请求，还向所有员工表达了公司对这个项目的支持。公司在项目上分配了更多资源，并为销售人员提供物质激励，以鼓励他们参与这个项目。培训总监也对营销项目提供了支持，要求其团队作为合作伙伴与营销人员在这个重要的营销项目上紧密合作。

本质上，营销本身就像是讲故事。营销，首先是与我们所服务的客户有关。类似地，故事就像我们开发的产品。但是讲故事的对象不仅是我们自己，还涉及我们想要建立联系的人员、听众和客户。无论是营销还是讲故事，我们都需要了解目标客户和听众的需求和偏好，精心设计和开发我们的产品或故事，选择他们喜欢的渠道或媒体，然后有效而专业地提供产品或故事 。此外，与营销类似的是，讲故事不仅是为了满足听众或顾客的需求，它还要促使听众或客户采取我们期望的行动和行为，以实现组织目标。

好的营销项目始于对客户需求的充分了解。营销人员还需要资源和专业知识来开发产品和服务，以满足客户的需求。与此类似，要想讲好故事，对听众需求的充分了解也至关重要。我们需要以系统的方式提供信息和数据来满足我们听众的需求。在前面的章节中，我们讨论了在反应、学习、行动和影响级别收集数据、分离影响、计算ROI和估算无形价值的方法。数据或者表明我们的营销项目是成功的，或者表明某些方面仍需要改进。无论是哪种情况，营销项目都不应该在我们获得数据的时候戛然而止。相反，我们应该使用数据来讲述营销项目的故事。讲述故事是ROI方法论的第11步，也是本章的重点。此步骤中遵循的绩效改进原则是伙伴协作。在营销项目完成后，营销人员必须与所有利益相关者进行沟通，并让他们知道该项目的成功。在本章中，我们提供了以口头和书面报告形式向各类受众展示评估数据的指南。

沟通项目结果的重要性

沟通项目结果至关重要。获得了项目结果却不沟通，就像是只播种，却不施肥也不育苗，那样不会产生最佳效果。我们需要在项目完成后将结果传达给利益相关者，以便他们可以看到营销项目所创造的价值。我们还需要在整个项目过程中保持沟通，以确保信息的连续流动。沟通是必要的，因为我们永远不能想当然地认为所有利益相关者都能看到我们的贡献。在项目的各个阶段，沟通都是做出重要调整和有意义改进的关键。另外，沟通也可能是敏感的问题之一。如果我们不够小心，那我们的沟通也可能会出重大状况。我们必须认识到不同的受众需求会有差别，并且在与所有的关键利益相关者有效、公平的沟通之前，为特定对象量身定制沟通的内容与方式。

沟通结果的原则

有效地沟通结果需要技巧，这些技巧几乎和获得结果所需要的技巧一样敏感且复杂。沟通的形式和内容也同样重要。我们建议在沟通营销项目的结果时秉持以下的基本原则。

- 沟通必须要及时。
- 沟通需要针对具体的对象。
- 谨慎选择沟通媒体。
- 在沟通中不偏不倚，语气谦虚。
- 沟通必须清晰一致。
- 鉴证和推荐必须来自受尊敬的个人。
- 陈述者必须有信誉。

沟通营销项目结果的7个步骤

在本章中，我们为营销人员介绍了一种沟通项目结果7步法来有效地管理沟通过程。[1]这个方法符合前面所述的原则和准则，能够全面系统地实现了沟通营销项目结果的目的。顾名思义，这个沟通项目结果7步法包括如图11.1所示的7个步骤。

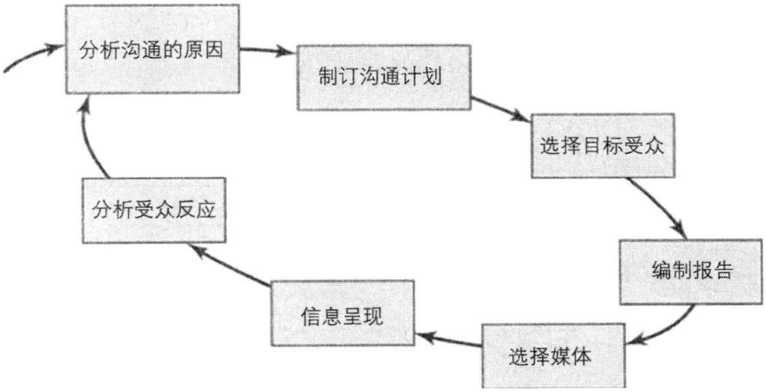

图 11.1 项目结果沟通模型

第1步：分析沟通的原因

如图11.1所示，方法的第1步涉及分析沟通营销项目结果的原因。正如我们在进行任何营销项目之前需要探寻客户需求一样，梳理我们需要沟通的具体原因也很重要。沟通是为了获得更多的营销项目支持吗？是需要维持或调整项目的资金吗？或者，是需要为利益相关者注入信心，或为我们的营销项目树立信誉吗？沟通结果的具体原因取决于营销项目的性质、环境和各方的具体需求。

第2步：制订沟通计划

为了获得最佳效果，我们必须对沟通行动进行仔细的规划。这是第2步的重点。沟通需要消耗资源、时间和精力。制订沟通计划确保每位受众都能在恰当的时间接收到合适的信息并采取必要的行动。计划应该聚焦于在何时、与哪些受众进行沟通，以及沟通所需的特定数据类型和期待的行动项目。我们在这里列出几项与制订沟通计划相关的关键内容：

- 谁是目标受众？
- 沟通的主要信息是什么？
- 何时沟通这些信息？
- 如何沟通这些信息？
- 在哪里沟通这些信息？

- 谁来沟通这些信息?
- 有哪些要求或期待的具体行动?

因为沟通是营销项目开发和管理的重要组成部分，所以我们应该在项目实施之前，就开始思考沟通计划。

第3步：选择目标受众

与选择目标客户相似，第3步涉及选择沟通的目标受众。因为每个受众群体通常都有自己的需求，所以我们应该识别不同受众。我们应该考虑针对所有群体的总体沟通策略，并精心设计和巧妙地向每个特定群体传递信息，以适应其需求。我们在表11.1中展示了一些常见的目标受众，以及最常见的与其沟通的原因。

表 11.1　常见的目标受众及影响沟通结果最常见的原因

常见的目标受众	影响沟通结果最常见的原因
客户和赞助者	• 获得支持和帮助，以确保项目被认可
规则和政策制定者	• 获得对此项目和未来项目的支持
使用者和参与者	• 确保问题达成一致
高管	• 提高营销项目的信誉 • 改善未来结果和反馈的质量
项目管理者	• 强化项目中使用的流程 • 为项目配备参与人员
项目团队	• 推动改进行动 • 确定与客户互动的最佳方式 • 激发参与者的参与愿望
其他关键利益相关者	• 展示项目的完整结果
提供支持的员工和机构	• 解释衡量项目结果的技术技巧
全体员工	• 展示费用支出和结果问责
潜在的客户和参与者	• 推广未来的营销项目

第4步：编制报告

编制报告是沟通过程的第4步。此步骤涉及以书面材料向特定的目标受众，以其期望和欣赏的方式，来阐释营销项目的结果。这类似于营销过程中的产品开发步骤。根据受众的需要，书面材料可以是对结果的简短摘要，也可以是有关评估过程和结果的详细文件。通常，营销人员会制定一份完整的报告，从报告中节选出部分或总结摘要，并将它们发布于不同的媒体，以达成不同的沟通目标和目的。我们在专栏11.1中提供了一个有效沟通营销项目结果的报告大纲范本。

专栏 11.1　营销项目结果的报告大纲范本

1. 一般信息
   - 背景
   - 研究目标
2. 影响研究的方法论
   - 评估级别
   - ROI过程
   - 收集数据
   - 分离项目影响
   - 将数据转换为货币价值
3. 数据收集与分析的问题
4. 结果：一般信息
   - 回应背景
   - 目标成功
5. 结果：反应
   - 数据源
   - 关键问题
6. 结果：学习
   - 数据源
   - 关键问题

7. 结果：行动
    - 数据源
    - 关键问题
8. 结果：影响
    - 数据源
    - 分离项目的效果
    - 关键问题
9. 结果：ROI
    - 将数据转换为金钱
    - 项目费用
    - ROI及其意义
10. 结果：无形资产
11. 障碍因素与促成因素
    - 障碍因素
    - 促成因素
12. 结论
13. 建议
14. 展示

切记不要夸大营销项目的结果。过分夸大成功会让听众反感，并可能对期望传递的信息产生反作用。此外，项目成功的功劳也必须归功于当之无愧的当事方，他们可能是团队成员、参与者或管理者。对于不熟悉营销ROI方法论或营销项目的受众，我们应该对方法论和项目进行清楚的解释。相反，如果受众已经了解了营销ROI方法论的基本概念或对营销项目很熟悉，那么一页简短的摘要就足够了。我们在图11.2中提供了一页营销项目总结的示例。

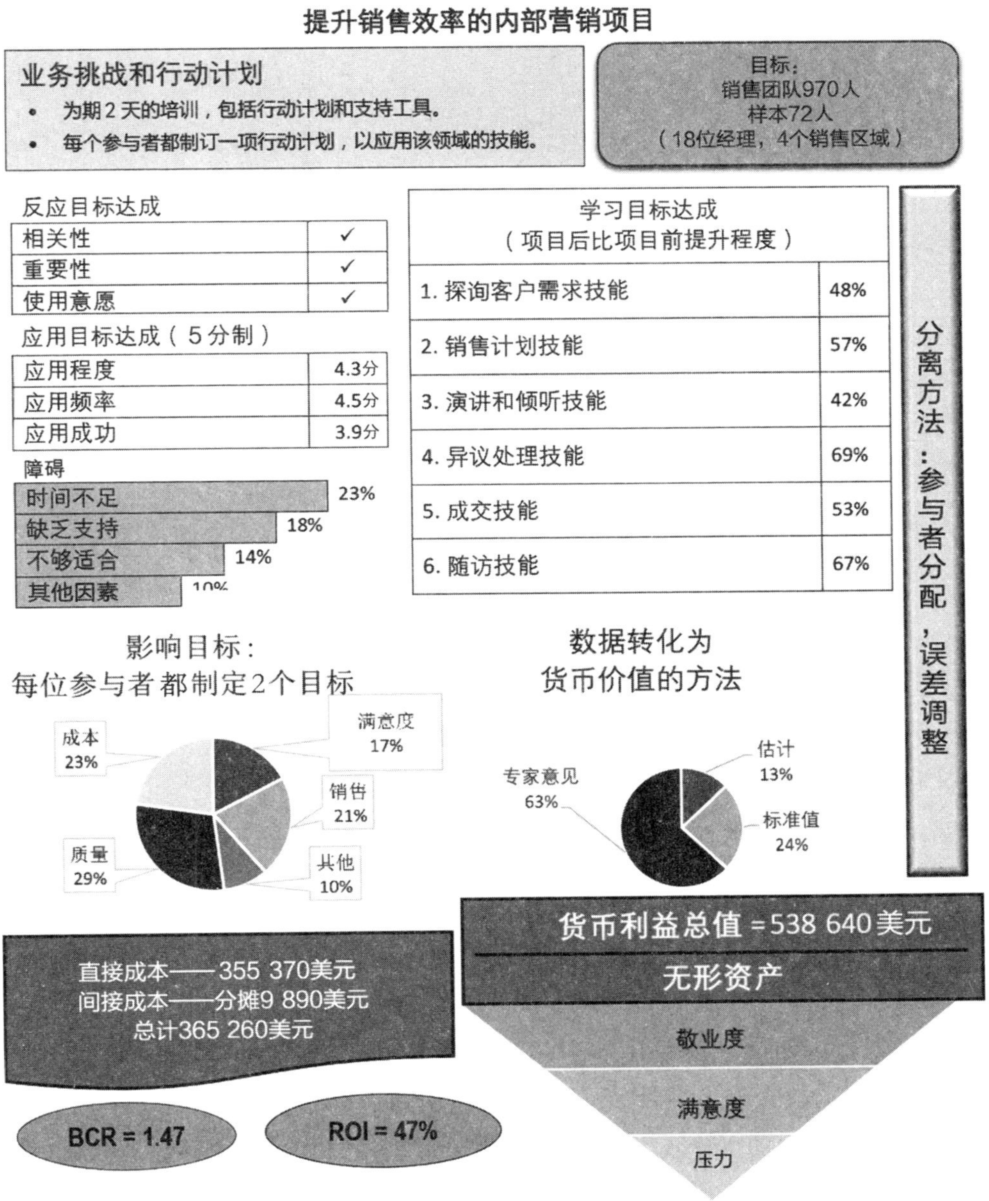

图11.2 一页营销项目总结示例

第5步：选择媒体

沟通过程的第5步是选择媒体。为目标受众选择适合的沟通方式，与为目标客户群选择分销渠道非常类似。尽管传播项目结果的方法有很多，但没有哪个方法是完美的。沟通媒体也是各有利弊。因此，某个媒体可能对某些受众来说会更合适。我们在表11.2中列出了一些常见的沟通方式。

表11.2　沟通方式选择

沟通对象	详细报告	简报	电子报告	大众出版物
高管	影响研究	执行总结	网站	公告与通知
项目管理者	案例研究（内部）	幻灯片概述	电子邮件	告示
利益相关者	案例研究（外部）	单页总结	社交媒体/博客	通信稿/白皮书
员工	主要文章	手册	视频	简要文章

第6步：信息呈现

第6步是以适当形式呈现和传递与项目结果有关的信息。就像成功的销售演讲一样，传递信息的关键是了解听众及其观点，然后展示对他们有哪些利益。传播专家达勒妮·普锐斯（Darlene Price）对传递信息提出以下建议：

- 不要试图使你的沟通更完美，而要试着与听众建立联系。
- 要用有说服力的逻辑来组织演示文稿，并使用有效的结构。
- 每次进行现场演示时，要确保充满活力且信心十足。
- 尽可能地吸引听众，使信息有意义且令人难忘。
- 更有效地使用幻灯片演示文稿软件（PowerPoint），以优化信息并增强影响。
- 控制紧张情绪，并创造良好的第一印象。
- 学会使用各种图像增强器，为你的演示文稿提供巧妙的支持。[2]

沟通的情况各种各样，我们应选择适当的沟通形式来呈现项目结果。在以下各节中，我们讨论3种类型的沟通情况及如何应对。

通过提供反馈来呈现结果

对于大多数营销项目来说，营销人员通常会在多个级别上收集和分析数据。其中一个主要原因是要向各类目标受众提供反馈，以便在整个过程中对项目进行及时的调整和改进。根据彼得·布洛克（Peter Block）在其成功著作《完美咨询指导手册》（*Flawless Consulting*）中提出的概念和建议，我们推荐以下步骤来管理项目的整个过程并提供反馈。[3]

- 快速及时的沟通。
- 有建设性地使用负面数据。
- 谨慎使用正面数据。
- 简化数据。
- 仔细选择沟通语言。
- 向受众征询对数据的反应。
- 向受众征求建议。
- 谨慎地处理支持和反对意见。
- 确保获得所有关键利益相关者的认可。
- 缩短反馈过程。

遵循这些步骤虽然并不能保证成功，但会有助于向前推动项目，并且产生有用的反馈。这些反馈会确保大家支持对项目进行必要的调整。

通过讲述故事来呈现结果

仅仅依靠数字是无法展现项目全貌的，还需要其他沟通方式对结果进行定义和表述。一个有效的沟通方式是讲故事。讲故事，具有将人们聚集在一起的独特魅力。它能够以有效且易于理解的方式组织和呈现信息。讲故事能使听众获得更丰富的体验，并有助于人们深入了解项目的特性，从而使主要利益相关者能够知悉营销项目是如何为组织成功做出贡献的。[4]

正如保罗·史密斯（Paul Smith）所讨论的那样，讲述故事的有效性得到了实证研究的证实。我们将其中的一些原因总结如下：

1. 讲故事简单易行。
2. 故事影响深远。
3. 故事富有感染力。
4. 故事更容易记忆。
5. 故事耐人寻味。
6. 人人都喜欢听故事。
7. 讲故事适用于大多数工作场所。

8. 讲故事表示对听众的尊重。[5]

如果有一个现成的逻辑结构，开发故事就会变得相对容易。我们在专栏11.2里面展示了一个高效开发故事的清单。虽然故事的结构会因为受众和情况的不同而有所区别，但这个清单囊括了故事结构的主要组成部分。

专栏11.2　故事结构清单

吸引点

- 我为什么要听这个故事?

内容

- 故事发生的时间和地点?
- 主角是谁?（是否有相关性?）
- 他们想做什么?（是否值得?）

挑战

- 问题/机会是什么?（是否相关?）

冲突

- 主角采取了什么行动?（真实斗争?）

解决方式

- 故事最终结果如何?

经验教训

- 你从中学到了什么?

建议采取的行动

- 你希望我如何做?

向高管汇报项目结果

第3种类型，也许是最具挑战性和最有压力的沟通方式，是向高管汇报营销项目的结果。在许多营销项目中，公司高管是项目的发起人、支持者，有时甚至是客户。我们的挑战在于如何说服这些多疑、爱挑毛病但又非常关键的高管，使他们认识到项目已经在合理的时间框架内取得了突出成果。我们不仅要说明项目解决了绩效问题，还要确保高层管理人员理解这一过程。有一些指导原则可以帮助我们确保正确计划和实施这个重要步骤。专栏11.3列出了这些指导原则。

专栏 11.3 制订执行摘要的指导原则

会议目的：

- 引起对ROI的关注与了解。
- 寻求对ROI方法论的支持。
- 交流研究结果。
- 从结果推动改进。
- 促进ROI方法论的有效使用。

采用的基本原则：

- 等到会议结束前再分发影响研究报告。
- 精确且切中要害。
- 避免使用行话和不常用的术语。
- 避免在较低层次的评估数据上花费过多的时间。
- 按照既定策略展示数据。

汇报顺序：

1. 描述项目并解释评估它的原因。
2. 展示ROI 方法论的步骤。
3. 展示反应和学习数据。
4. 展示应用和行动数据。
5. 列出成功的障碍和推动因素。
6. 说明对业务的影响。
7. 展示成本数字。
8. 展示ROI。
9. 展示无形资产。
10. 回顾数据的可信度。
11. 总结与结论。
12. 提出建议。

第7步：分析受众反应

第7步是分析受众对我们沟通工作的反应。当我们沟通营销项目结果时，应该密切关注目标受众的反应。这些反应包括口头言论、书面评论、非语言手势，也可以是揭示受众如何接收和感知信息的动作。我们有多种方式可以收集反应数据。例如，在会议上面对面展示结果时，我们可以通过观察听众的面部表情、听取他们的评论并回答问题来得到一些提示。借此判断他们对我们演示文稿做出的反应。当我们沟通重大项目结果时，可以使用反馈调查表来确定受众在多大程度上理解和相信我们所提供信息。我们可以调查整个受众群体；也可以抽样调查；还可以通过阅读受众对社交媒体帖子或给我们回复的电子邮件所发表的评论来评估他们的兴趣和态度。对结果的评论，无论是线上还是线下，都应加以注释并制成表格。

在很多情况下，分析可以是非正式的。当进行广泛深入地沟通工作时，我们也可能需要一个正式且结构化的反馈流程。但是跟踪受众反应并不是我们工作的终点。根据受众反应的性质，我们可以调整后续策略，以便更好地沟通项目结果。反应数据也可用于改进将来的项目沟通。衡量沟通工作有效性的一个重要指标是经理、高管和赞助人的承诺和支持程度。项目获得更多的资源分配和高管的坚定承诺，是管理层对我们结果沟通工作持积极看法的有力证据。

结语

沟通结果是确保营销项目成功的关键步骤之一。我们需要适当且充分地沟通，以证明营销项目的价值、建立信誉，并赢得更多的支持、资源和资金。在本章的开头，我们讨论了沟通项目结果的重要性、指导准则和基本原则。这些基本原则对于沟通的成功至关重要。然后，我们又介绍了一个沟通项目结果7步法，并展示了引导目标受众采取我们所期望的行为以实现我们沟通目标的重要性。

本章强调沟通所有结果的重要性。无论结果是正面的，还是负面的，我们都应该充分沟通。如果项目结果不符合预期，沟通将促使我们采取必要的调整措施，以改进绩效。在第12章中，我们将讨论12步ROI方法论的最后一步——优化结果。

参考资料

1. Phillips, Patricia Pulliam, Jack J. Phillips, Gina Paone, and Cyndi Huff Gaudet. *Value for Money: How to Show the Value for Money for All Types of Projects and Programs in Governments, Nongovernmental Organizations, Nonprofits, and Businesses*. Hoboken, NJ: John Wiley & Sons, 2019.
2. Price, Darlene. *Well Said! Presentations and Conversations that Get Results*. New York: AMACOM, 2012.
3. Block, Peter. *Flawless Consulting*, 3rd ed. San Diego, CA: Pfeiffer, 2011.
4. Mootee, Idris. *Design Thinking for Strategic Innovation: What They Can't Teach You at Business or Design School*. Hoboken, NJ: Wiley, 2013.
5. Smith, Paul. *Lead with a Story: A Guide to Crafting Business Narratives That Captivate, Convince, and Inspire*. New York: AMACOM, 2012. Used with permission.

第12章 优化结果：运用绩效改进以增加项目资金

> “大学之道，在明明德，在亲民，在止于至善。”
>
> ——《礼记·大学》

康威空中出租车服务（Convey Air Taxi Services，CATS）是一家为客户提供按需飞行服务的私人公司，由一群在航空业拥有丰富经验的合作伙伴利用自有存款和风险投资所创立。CATS的联合创始人兼首席执行官罗伯特（Robert）曾经是一名商业航空公司的飞行员。他和他的创业伙伴认识到，与烦琐的商业航空飞行相比，惜时如金的旅客更喜欢快速豪华且具有性价比的私人订制飞行服务。这一市场需求日益增长。

作为航空出租行业的新来者，CATS几乎没有什么品牌知名度。为了更好地了解客户需求，罗伯特和他的团队进行了市场调研。他们首先收集了与空中交通模式、私人飞机旅客的热门目的地，以及商务和休闲客户的出行频率有关的二手数据。然后，再使用焦点小组、访谈和问卷调研来收集有关潜在客户的一手数据。这些数据涉及客户希望CATS在何处运行，以及他们希望CATS提供哪些服务。市场调研工作揭示了以下发现：

- 商务旅行者比休闲旅行者更看重空中出租车服务的价值。
- 休闲旅行者会提前做计划，对空中出租车服务的需求较少。
- 商务旅客更喜欢单程航班，而休闲旅客则需要往返航班。

- 商务旅客更重视时间，休闲旅客则更重视舒适度。
- 在商务旅行者中，咨询顾问和专业销售人士对按需空中出租车服务的需求更大。

基于这些结果，CATS开发了一个营销项目以指导公司的营销工作。在目标营销方面，他们确定以大、中型咨询公司的顾问为主要目标客户，以专业销售人士为次要目标客户。为了克服客户认知度低和营销预算受限的挑战，罗伯特和执行团队使用了促销手段来吸引潜在客户，使其对公司提供的服务产生兴趣。为了创造需求并树立品牌形象，CATS的营销部门通过整合广告、直接营销、个人推销和内容营销等活动，发起全面的促销活动。公司将自己定位为快捷航空服务的提供商，其航空服务比传统航空公司更方便、更舒适，而且费用远低于私人飞机。

CATS在反应、学习和行动等不同级别上设定了营销目标，以监控项目进度。由于这是一项新业务，因此他们将ROI的目标设置为0。第一年影响级别（第4级）的目标包括：（1）出售5 500趟航班行程；（2）“高度满意”客户达到90%；（3）客户的重复购买率为50%。[1]CATS采用印刷广告，直接将营销材料发送给目标客户。此外，公司利用销售人员向关键客户传递重要的产品和服务信息。公关活动和社交媒体报道都被用来宣传推广CATS的首次飞行揭幕式，以蜂鸣营销的方式提升CATS在网上的热搜和口碑相传。

CATS于5月份正式启动了空中出租车服务，营销部仔细监控多个级别上的市场反应。然而，6个月后，却发现结果差强人意。具体来说，CATS的营销经理在其管理仪表板上看到了以下信息：

- CATS在开始营业的头6个月只售出了1 856趟航班行程，大大低于半年2 500趟的目标。
- 只有67%的客户对CATS服务表示“高度满意”，低于90%的客户满意度目标。
- 只有38%的客户重复购买了服务或表示愿意重复购买，远低于50%的重复购买率目标。

这些数字让大家很失望。负责咨询行业关键客户的两名销售人员离职了，更多的员工开始抱怨缺乏支持、资源不足和竞争的激烈。为了寻找业绩不佳的原因，罗伯特和CATS营销经理决定使用ROI方法论来跟踪促销工作的有效性。这些调查结果稍微乐观一些。数据显示，有90%的目标受众听说过CATS，并且大多数人认为其服务有创新性、趣味性和潜在的好处，总评分为4.3分（总分为5分）。季度数据显示，在收到CATS信息的目标客户中，有80%了解CATS服务的主要优势。自促销活动开始以来，对CATS服务的电话和电子邮件查询每月增加了15%，CATS网站流量（包括访问者数量和访问的网页数量）每月增加了30%。

CATS的营销经理对此感到困惑。他们不理解为什么看似有效的营销努力却无法产生令人满意的业务结果。对此，罗伯特和CATS的其他高管也非常关注。他们不仅想知道问题出在哪里，更重要的是需要做什么才能带来改进。为了完全了解并解决这些问题，罗伯特和营销经理采取了下列措施。

首先，他们评估了营销绩效，认为主要的绩效问题是销售结果不理想和重复购买不足。两者都是第4级别的财务绩效问题。其次，综合考虑内、外部因素，他们认为如果能在3个月内对项目进行重大调整，原定目标仍有希望实现。为此，他们从销售交易、调研结果和其他内部记录中收集了更多数据。数据显示，在过去的6个月中：

- 商务顾问作为公司的主要目标客户，其购买的航班低于行程总量（1 856趟）的30%，并且对空中出租车服务不太满意（其中只有45%表示非常满意），并且不太可能重复购买（只有25%的咨询顾问重复购买或表示愿意重复购买服务）。
- 相比之下，作为次要目标客户的专业销售人士，对空中出租车业务的兴趣要大于商务顾问。专业销售人士不仅购买了一半以上的航班，而且比商务顾问的满意度更高（85%），也更愿意重复购买（65%）。
- 总体而言，休闲旅行者购买的航班行程不到100趟，这证实了之前的推测，即休闲旅行者可能并不是优质的目标客户。
- 令人惊讶的是，技术和工程行业的客户服务代表对CATS的服务有非常强烈的需求。尽管CATS并没有针对他们开展任何直接的促销活动，但他们购买了将近25%的航班，其中90%的客户表示非常满意，且有88%的客户愿意重复购买。

然后，营销经理对活动数据进行了更多分析，结果显示：

- 尽管60%的CATS营销工作是针对商务顾问的，但只有17%的电话和电子邮件问询来自这类客户。
- 大约52%的电话和电子邮件咨询来自专业销售人员。
- 只有6%的电话和电子邮件咨询来自休闲旅行者。
- 尽管不是目标客户群，但客户服务代表占到了电话和电子邮件问询的25%。

同时，CATS营销经理组织了多个焦点小组进行讨论，并在每个细分市场中选定客户进行访谈，然后在焦点小组研究的基础上展开调研。结果显示：

- 商务顾问的需求没有预期的那么强劲。许多顾问在大型航空公司都享有常旅客待遇。更重要的是，航班费用通常是向客户收取的，而不是由咨询公司来支付的。
- 专业销售人士和客户服务代表的需求比预估的强烈，尤其是在技术行业的激烈竞争中，销售和客户服务代表都努力及时响应客户的要求。而CATS的空中出租车服务能以合理的价格满足这一需求。

根据以上分析，罗伯特和营销经理得出结论：公司财务绩效不佳的主要原因是当前的营销定位策略不够有效。为此，他们建议将营销策略的目标客户从商务顾问调整到专业销售人士上。此外，他们还将技术行业的客户服务代表作为另一个目标细分市场，进行深入研究。罗伯特及其团队都理解，调整定位策略意味着需要重新思考营销项目的几乎每个要素。他们需要将新的细分市场（也就是高科技行业的专业销售人士和客户服务代表）的独特需求纳入服务内容和价格重新设计的过程中。为了与新的细分人群进行有效沟通，他们还需要找到合适的媒介和最佳的定位陈述声明。罗伯特和其团队希望通过这些调整来改进财务绩效、提高客户满意度并提升员工忠诚度，使CATS能够在竞争激烈且快速发展的空中出租车服务行业中立于不败之地。

持续改进的重要性

没有任何一个营销项目是完美的。如果营销项目未能获得预期的成功，营销人员可以分析收集到的数据，并利用分析结果进行改进。如果营销项目确实成功了，则可以使用这些数据来寻找使营销项目更加成功的方法。营销人员需具有持续改进的心态，以追求价值最大化。在本章中，我们讨论了营销ROI的最后一步，即“通过绩效改进来优化结果以增加项目资金”。

正如第2章所讨论的，这一步骤中的设计思维原则是基于“业务策略的新竞争逻辑”，绩效改进的原则是“增加价值”。这一步骤的最终目标是增加价值、优化ROI并确保我们的项目可以配置更多资金。我们需要提供为营销项目增加投入的理由，而将设计思维和绩效改进与ROI方法论集成在一起可以帮助我们达成这个目的。我们先设计出理想的结果，然后再收集和使用数据以改进项目并优化ROI，并由此为获得更多的资金提供依据。在激烈的资源竞争中，向项目的资助者和支持者展示营销项目价值是一项重要任务，而不是可有可无的。有了正确的心态和正确的方法论，营销人员不仅可以保住项目预算，甚至还可以增加项目资金。图12.1展示了评估与资金分配之间的关系。

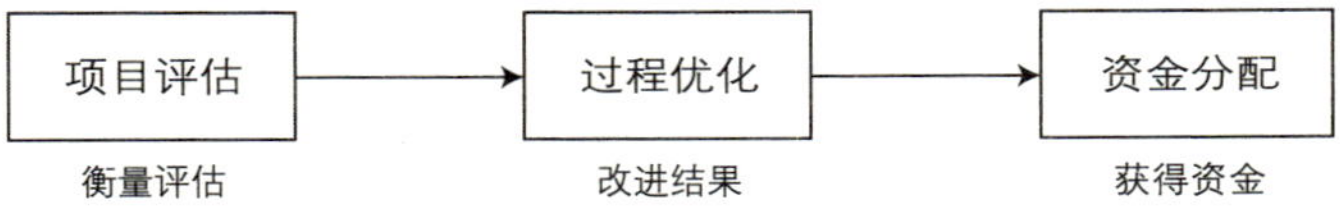

图 12.1　优化结果

营销绩效改进案例：零售商店

零售商店（Retail Merchandise）是美国的一家零售连锁店，出售女装、手袋、鞋子、美容产品，以及电子产品和其他日用商品。[2]它在全国400多家门店中拥有近20 000名员工。去年，该公司实施了一个营销项目，以加速销售增长、改进客户体验，并探索更好的商业模式。公司的首席营销官萨曼莎（Samantha）是零售商店从一个主要竞争对手那里新挖来的。萨曼莎和她的营销团队为了提高门店销售人员对客户的服务质量，在这个内部项目中引入了交互式销售技巧。市场研究结果表明，销售人员与其客户之间对话沟通的加强将有助于提升客户满意度和门店的销售收入。

这个项目始于公司对3个门店48名销售人员的试点研究，每个门店分别有

16名参与者。同时，萨曼莎选择了其他3个规模相似、位置和过往业绩表现均有可比性的门店作为对照组，以评估这个内部营销项目的有效性。试点计划实施3周后，实验组团队的销售收入增长了16%，而对照组在同期销售收入仅增长了1%。这一结果令人振奋。财务绩效的提升也带来了足够的利润上升，该项目产生了118%的ROI。

这些令人印象深刻的结果使他们在全公司420家门店中推广这一营销项目的计划获得了高管团队的支持。但是，在项目全面启动4个星期后，在全公司范围的实施并未产生预期的效果。尽管在有些门店确实看到了与试点门店相似的结果，但有2/3的门店没有任何明显的改进。因为营销项目成本高昂，消耗了大量的财务和人力资源。这个令人失望的结果让萨曼莎和她的团队陷入尴尬境地。包括CFO在内的一些高管，正在考虑削减项目的预算甚至完全中止该项目，并将公司资源转移到其他地方。

萨曼莎不是轻言放弃的人。她和她的团队一起进行分析，并采取以下具体步骤来改善结果，力争获得公司高管的支持。

1. 他们首先仔细评估了门店的营销绩效，发现尽管有20%的门店能够实现甚至超过16%的目标收入增长，但其他门店与项目之前相比，收入平均只增长了大约3%。

2. 根据此评估，萨曼莎和其团队设定了营销绩效改进目标，即在6个月内将全国销售收入提高16%。

3. 营销团队进行了更多分析以找出绩效差异。在所有门店中，销售人员都对该项目做出了积极的反应，并且能够学会互动销售技巧。但是，在那些绩效结果欠佳的门店中，大多数门店的销售员很少使用互动式销售技巧，而顶级门店的销售团队则经常使用这些技巧。

4. 萨曼莎和其团队继续分析绩效问题背后的原因。他们发现了以下两个主要原因：

（1）与顶级门店中不同，在绩效不佳的门店，门店经理并不鼓励销售团队使用互动式销售技巧。

（2）公司缺乏适当的工具或工作辅助来支持销售员使用这些技巧。

基于这些分析，萨曼莎认为在第2步中设置的16%的营销绩效改进目标是合理的，因此无须进行调整，并且继续依此目标指导所有后续活动。

5. 萨曼莎与门店经理一起设计了3种解决方案，来解决销售员缺乏行动这个痛点：

（1）为了鼓励销售员使用互动式销售技巧，她要求所有门店经理都清晰地表达自己对销售员使用这个技巧的强烈期望和坚定支持。

（2）与门店经理一起，她和营销团队创建了活动积分，并围绕互动式销售技巧设计了销售竞赛。

（3）为了支持销售团队使用互动销售技巧，营销团队为销售员开发了工作辅助和工具。

6. 营销团队在所有门店都实施了这些解决方案，同时也设定了多个级别的目标。萨曼莎和营销团队尤其关注的是第3级，也就是行动级别的目标。因为这个营销绩效改进项目需要解决的关键痛点就是销售员缺乏行动。所以她们期望能够促进销售员采取行动，在工作中应用所学到的交互式销售技巧。

7. 营销团队评估了所有级别上收集到的数据。其中在第3级上的发现令人鼓舞：门店销售人员使用交互式销售技巧的频率和程度都大大增加了。也因为如此，在分离项目影响后，公司总销售收入增长了近20%。

8. 为了巩固这些积极的变化并持续提高营销绩效，萨曼莎和门店经理共同采取了一些措施。她们将交互式销售技巧的培训课程列入销售团队人员入职流程的一部分。同时，还开发并提供了更多非常好用的工具和工作辅助方法。此外，门店销售经理还接受了关于如何激励团队成员使用有效销售技巧和改进工作绩效的培训。

萨曼莎将这些营销绩效改进数据汇总到向最高管理团队提交的报告中。她在报告中强调了这些系统性努力所创造的价值，并令人信服地展示了营销团队所采取的行动与绩效改进成果之间的联系。她还讨论了为巩固这些改进所采取的措施。她的汇报和营销项目的成功产生了积极的影响，并赢得了包括CFO在内的高管人员的支持。因此，她为营销部门和营销项目争取到了更多的资金。

这个案例展示了营销绩效改进如何引导出结果的优化，而优化的结果又可以导致更多资金的分配。这一过程不仅可以确保营销项目的成功，而且揭示了哪些领域可以通过调整从而增加未来成功的机会。因此，营销项目才可以不断获得更多更好的结果。通过营销绩效改进，营销人员可以一种令人信服的方式让公司高管认可项目成果，从而帮助营销项目获取应得的资金和资源，并得到整个组织全方位的支持而顺利实施。

这个案例还表明，采用系统化的方法有助于更好地管理和协调绩效改进工作。系统化的方法从多个层面思考以提升有效性，从而为识别真正原因和寻找最佳解决方案提供更好的机会。系统化的方法还可以帮助组织更好地分配资源，更明智地投入时间和精力，从而确保效率。尽管ROI方法论的12个步骤也可以用作改进，但是将步骤简化会更有帮助。我们建议使用“营销绩效改进”这一系统性的方法来提升营销绩效。

| 营销绩效改进至关重要

案例中所展示的营销绩效改进方法论一共分成8个步骤。这个方法论源自绩效改进文献，并且与营销理论和实践相契合，已在学术环境中被教授多年，并应用于实际的项目中。[3]当营销项目未能达到预期效果时，我们可以采用此方法来改进绩效。同时，营销人员也可以采用这个工具定期检查日常工作，并持续改进绩效。图12.2展示的就是营销绩效改进（Marketing Performance Improvement, MPI）模型的步骤。

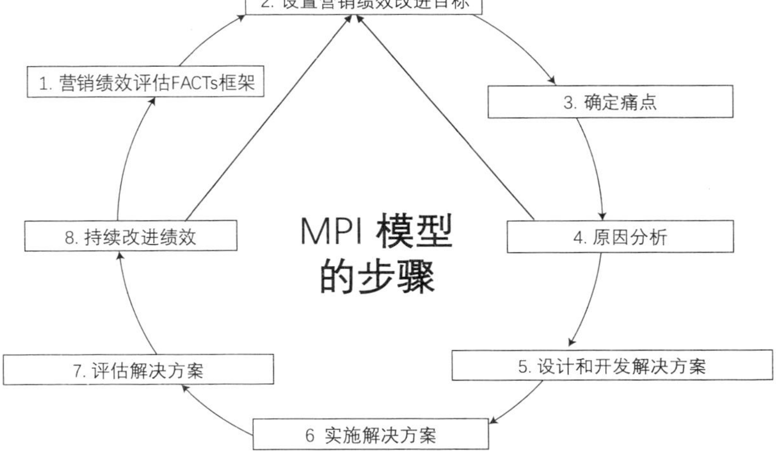

图12.2　营销绩效改进模型（MPI）的8个步骤

第1步：营销绩效评估FACTs框架

如图12.2所示，营销绩效改进过程的第1步是评估当前的营销绩效状况。FACTs框架表示营销绩效的4个维度，即财务、活动、客户和人才绩效。我们需要做的是将4个绩效维度的现状水平与营销项目的策略和目标相比较。从营销ROI方法论的角度来看，大多数（即使不是全部）与营销绩效4个维度相关的衡量都位于第4级别，即影响。因为高管最关心影响，所以有必要以营销绩效评估来启动整个流程。

第2步：设置营销绩效改进目标

在第1步将绩效的现状水平与战略预期比较之后，我们很有可能会发现绩效差距。这些差距可能是销售收入或利润没有达成财务绩效目标，也可能是客户满意度或客户投诉未达到客户绩效目标。差距还可能与人才绩效有关，例如员工离职率超过预期，或是与产品交付时间这样的活动绩效有关，或是与客户对响应效果不满意有关，等等。如第5章所述，营销人员需要采取SMART的标准来设置绩效改进目标，也就是具体的、可衡量的、可实现的、相关的和有时间限制的绩效改进目标，以弥补绩效差距。[4]

第3步：确定痛点

在进行第4步的原因分析之前，我们首先需要确定痛点。所谓痛点，是指那些直接或间接导致业务绩效差距或与业务绩效差距有关的偏差或被忽略的机会。这些偏差和机会是在第2步中确定的，有可能处于一个或多个级别，也就是从输入（第0级）到反应（第1级）、学习（第2级）和行动（第3级）。这些较低级别的措施可能对第4级的影响绩效差距产生了影响。确定痛点这个步骤的目的是探索是否存在着影响绩效业务结果的重大差异、障碍或被忽略的机会。如果我们发现了重大障碍，那么我们必须仔细检查每个级别，然后再进行原因分析以更好地理解这些障碍和问题。之后我们才能有针对性地采取措施去消除障碍、绕过障碍，或使障碍最小化，从而解决这些绩效问题。

第4步：原因分析

在确定痛点之后，下一步就是原因分析。这里的原因分析与项目设计期间的原因分析显著不同。如前所述，在设计营销项目的过程中，我们的目标是为营销项目选择或开发正确的解决方案。因此，需要分析组织内外部因素，包括市场环境和组织策略。相比之下，这里的原因分析聚焦于对营销项目的某些方面进行微调以获得更好的结果，因此更加集中和直接。所以，在这一步中，我们只对与输入、反应、学习和行动一个或多级别上的痛点相关的因素进行原因分析。

有一些原因是显而易见的。尤其是那些只涉及一个级别的原因和因素，更是如此。例如，如果我们发现痛点是使用了错误的沟通渠道，那么这个原因分析就会一目了然。而当痛点涉及多个级别的因素时，原因分析就会更加复杂。如开篇故事所言，当选择的目标客户群不正确时，在输入、反应、学习和行动这几个级别上都会出现差异。在这种情况下，确定根本痛点就变得至关重要，例如，开篇故事的根本痛点就是公司错误的定位策略。如图12.2所示，如果原因分析发现了额外的信息显示有可能会影响原定目标的达成，那么我们可以选择对营销绩效改进目标进行修订。

第5步：设计和开发解决方案

第5步中所设计和开发的解决方案，是与确定的痛点和原因分析直接相关的补救措施。为了排除从输入到行动链条上涉及一个或多个级别的障碍，我们需要专门设计应对补救措施。解决方案和补救措施也可以利用那些曾被忽略的机会。某些解决方案可以是短平快的，例如增加对目标客户的广告曝光次数。而其他解决方案则可能需要仔细打磨。例如，针对新的目标客户群的策略性改变通常会涉及产品包装、促销信息、定价和分销渠道等多方面的修改。

第6步：实施解决方案

尽管在先前步骤中确定原因和设计解决方案都是特定的和有针对性的，但解决方案的实施通常都会涉及系统的变革，所以我们应该把实施的过程视为一个变革管理的过程。第2章中讨论的业务校准模型，通过影响链从第0级到第4级发生的变化，就为我们提供了这样一个系统框架。在实施解决方案之前，应在不同级别上设定目标，以指导实施过程，并且在措施不符合要求时进行必要的修改。如果在较低级别上（例如输入和反应）实施解决方案，需要在更高级别设置目标，以监控解决方案所引发的学习和行动。当需要解决更高级别的问题时，则应在输入和反应级别进行修改，以启动变革管理流程。

第7步：评估解决方案

业务校准模型还可以用于指导评估过程。正如我们在前几章中所讨论的，业务校准模型的衡量评估模块为在不同级别上评估解决方案的结果提供了步骤和工具。任何营销绩效改进解决方案的最终目标都是加强影响并增加价值。为了实现这一最终目标，我们需要检查并监控从输入（第0级）开始，到行动（第3级）的影响链。影响链使我们能够进行必要的调整，以达成营销绩效改进的目标。在第7步中，我们将评估结果与MPI目标进行比较，以确定我们在多大程度上实现了这一目标。

第8步：持续改进绩效

营销绩效的提高不能一蹴而就，而是一个持续改进的过程。如果绩效改进产生了积极的成果，那么我们就需要管理在个人和环境层面上的各种因素，以巩固维持绩效的改进。在个人层面，如果业务结果的改善是由客户和员工行为的变化带来的，那我们就应该对这些行为进行奖励，以作为巩固绩效改进的一种手段。许多组织制订了客户忠诚计划，以引导和维持理想的客户行为。此外，为了巩固维持理想的购买行为，他们还利用广告和社交媒体营销来不断提醒客户所获得的巨大收益。对于内部营销项目，组织则可以利用奖金、佣金或表彰计划来引导和巩固维持员工的期望行为。分享成功的故事也可以鼓励员工采取适当的动作。相对比个人层面，组织层面的因素会对员工的行为产生更大的影响。调整政策、程序和流程，对创造一种有利于巩固维持营销绩效改进所需动作的组织氛围至关重要。

影响预算的资金分配

帮助营销人员影响营销项目的资金分配，是本书的目标之一。这种影响可能会产生以下理想结果：最大限度地避免预算的减少，维持当前预算，或者增加预算。营销人员在预算分配方面，需要从单纯地避免削减或维持现有预算，转向谋求增加预算。只要营销人员能够证明营销项目创造了足够的价值，那需要削减的可能就是其他领域的预算。如果我们能够在整个过程中处处展示价值，那么这种影响力将是非常强大的。即使在经济衰退期间，即使我们的组织在削减预算，我们也有可能增加营销项目的预算。

> “成本就像指甲，必须不断修剪。”
>
> ——卡洛斯·阿尔贝托·西库皮拉（Carlos Alberto Sicupira）

投资还是成本

面对激烈的竞争和日益苛刻的客户需求，高管们总是想方设法地削减预算控制成本。对于许多高管来说，削减预算本身并不是一件令人愉快的事儿。但为了组织的整体利益，他们别无选择。无论是否存在经济衰退，市场的不确定性和不稳定性都经常使高管们焦虑。他们倾向于采用更精益的方法来管理预算，并借此减轻压力，以备不测。毕竟，经济衰退对许多组织都影响深远。因此，高管们感受到的压力不仅来自控制预算本身，而且来自新项目实施之前的问责压力。

正如前几章所述，成本和投资这两个概念存在着根本性的差异。尽管二者均指支出，但成本表示的是预期未来不产生现金流的那部分支出，而投资则表示预期未来会产生现金流及其他收益的支出。换言之，成本和投资之间的根本区别在于支出会不会带来业务成果的增加和无形价值的改善。因此，为了影响高管对预算分配的决策，我们必须影响高管对营销项目的认知和看法。高管是将我们营销项目看作成本，还是看作投资呢？这个后果和意义大不相同。

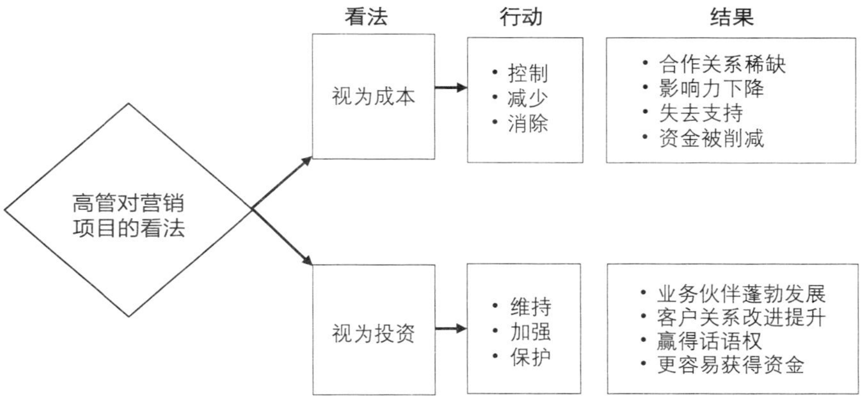

图12.3 高管对成本与投资的看法及其后果

如图12.3所示，如果高管将营销项目视为成本，那他们就有可能会控制、减少甚至消除营销项目的花费。相反，如果高管将营销项目视为一项投资，那营销项目的预算则更有可能得到维持、增强和保护。营销项目预期的ROI越高，营销预算就越有可能得到确保或增加。在高管们的政策倾斜和资金支持下，我们能够改善客户关系、增强和业务合作伙伴的关系。随着我们对组织决策过程的影响越来越大，我们将赢得更多话语权，争夺资金也将变得更加容易。如果高管们将营销项目视为有价值的投资，即使面对严峻的经济形势和资金状况，他们也可以抵御住削减预算的诱惑。关键是要让他们确信，营销项目会对组织的业务成果产生直接而积极的影响。我们需要不断说服并提醒高管，对营销项目进行投资会使ROI为正。如果高管们没有这种认知，营销项目就很难获得持续的支持。

资金的竞争

在组织中，各个部门对资金的竞争经常是非常激烈的。尤其在经济波动时期更是如此，因为焦虑和低迷都会产生降低成本的冲动。在管理层的要求越来越高，交付的压力越来越大的情况下，组织中的任何职能部门都觉得自己的预算不足。实际上，组织内的职能部门开展的许多活动都需要大量的资金支出。正如我们在前面讨论的那样，在预算审批的过程中，高管们对这些支出的看法至关重要。如果高管将开展这些活动的支出视为可使ROI为正的投资，则他们愿意支持预算，至少不愿意压缩或减少预算。而当一个部门无法证明其活动会产生正向的ROI，或者没有可靠的数据来证实这一点时，高管通常会将预算减少并压缩至最低，严格控制甚至彻底剔除这些成本。

> “在预算审批过程中，你能卖出什么，就能得到什么。现在，影响和ROI更畅销。”
>
> ——杰克·菲茨-恩兹（Jac Fitz-enz）

结语

本章讨论了营销ROI方法论12个步骤中的最后一步，也唱出了贯彻本书以结果为基石的管理哲学的最强音。[5]本章充分说明了我们为什么需要严格的评估方法：因为我们要在严峻的挑战下确保营销预算。如果我们不能这样做，那么后果将会是很严重的。如果我们不能说服高管和决策者认为我们的营销项目是可以增加价值的合理投资，那么我们不仅可能会失去资金支持，而且会失去影响力及建立合作伙伴关系的机会。因此，我们不仅要展示项目的价值，而且要展示营销项目创造这些价值的过程。本章介绍的营销绩效改进是一种系统性的方法。它可以指导营销人员持续改进项目对业务的影响，并优化营销项目的ROI。随着ROI的提高，营销人员可以影响预算资金的分配。这里的关键是要说服高管营销项目是投资而不是成本。这种方法不仅能计算出正向的ROI，还能通过对整个过程的设计来展示得出ROI的过程。这是营销所需要的，也正是本书的重点。

| 参考资料

1. Marshall, Greg W. and Mark W. Johnston. *Marketing Management,* 3rd ed. New York: McGraw-Hill, 2018.
2. Phillips, Patricia Pulliam, and Jack J. Phillips. *The Business Case For Learning: Using Design Thinking to Deliver Business Results and Increase the Investment in Talent Development.* West Chester, PA: HRDQ and Alexandria, VA: ATD Press, 2017.
3. Fu, Frank Q. “Marketing Performance Improvement.” Working Paper, University of Missouri – St. Louis, 2019.
4. Doran, George T. “There’s a S.M.A.R.T. Way to Write Management’s Goals and Objectives.” *Management Review.* 70(11): 35–36(1981).
5. Phillips, Patricia Pulliam, Jack J. Phillips, Gina Paone, and Cyndi Huff Gaudet. *Value for Money: How to Show the Value for Money for All Types of Projects and Programs in Governments, Nongovernmental Organizations, Nonprofits, and Businesses.* Hoboken, NJ: John Wiley & Sons, 2019.

第13章 预测ROI

> “预测未来最可靠的方法是尝试了解现在。”
>
> ——约翰·奈斯比特（John Naisbitt）

6名学生鱼贯进入康斯坦丁·戈涅舍夫（Konstantin Gonyshev）的文身店，都要求在身上文上同样的多米诺骨牌图案，而且都要求速度一定要快。几天前，俄罗斯多米诺（Domino）比萨连锁店开展了一项持续两个月的促销活动：向所有身上文有该公司徽标的人终身提供免费比萨。但就在那天早上，多米诺公司在社交媒体上紧急发布消息：促销活动将在当天中午结束。[1]

“如果促销活动真的持续两个月，估计获得免费比萨的人数会超过100万吧。”24岁的纳塔利娅·科什基娜（Natalia Koshkina）幽幽地说。她的左膝上方文有一个多米诺骨牌徽标，上面还文有一个骷髅头，旁边点缀着玫瑰和蝴蝶。她接着说：“毕竟，这里是俄罗斯。”

便宜货和免费赠品在这里总是非常吸引眼球。在苏联时期，食品虽然很便宜，但经常供应短缺。而20世纪90年代的经济困难也让许多俄罗斯人对打折商品格外关注。长期的经济停滞导致人均每月可支配收入始终徘徊在500美元左右。科什基娜女士说，这些免费的比萨将会帮助她从文身店工作的微薄薪水中节省一点儿钱。“谁不想要免费的食物呢？”她说。

在俄罗斯这个国家，许多人身上都刺有文身。他们喜欢文身，而在身上文上一个标志性的美国品牌当然也是个不错的选择。所以有些人尽管错过了截止日期，还是想方设法刺上了多米诺文身。在俄罗斯，虽然文身过去长期与黑社会和犯罪分子联系在一起，但在近年来美国潮流文化的影响下，文身已经与精酿啤酒、滑板和新潮理发店一起融合为时尚文化的一部分。

多米诺是一家总部位于美国的比萨连锁店。公司发言人说，俄罗斯的加盟商对这次促销的效果有点不知所措：在短短数天之内就收到了远超预期的申请。

通过社交媒体进行蜂鸣营销已成为营销人员用以引发线上热议的主要手段。在多米诺这个案例里面，多米诺使用文身促销的目的是将活人变成终生宣传自己品牌的移动广告。但这种蜂鸣营销也可能会出错。例如，2012年麦当劳因为许多消费者抱怨其在社交媒体上的宣传内容，不得不取消了在Twitter上的#McDStories促销活动。

美国快餐品牌在苏联解体后迅速进入俄罗斯，并很快就在这个习惯于排队购买食品的国度里赢得了青睐。多米诺比萨自1998年在俄罗斯开设第一家分店后发展迅速，他们名为DP欧亚大陆NV(DP Eurasia NV)的最大特许加盟商现在已经拥有超过100家多米诺比萨店，其中大部分餐厅都位于莫斯科。

时至今日，包括百胜餐饮集团（Yum Brands，Inc.）的肯德基（KFC）和国际餐饮品牌公司（Restaurant Brands International Inc.）的汉堡王（Burger King）在内的快餐品牌在俄罗斯已经很常见。但他们都面临着来自俄罗斯本土快餐公司和手机外卖订餐公司的激烈竞争。

多米诺公司曾在有俄罗斯Facebook之称的VKontakte上宣布，公司将推出名为“永远的多米诺”（Domino’s Forever）的文身促销活动。获奖条件非常简单：只要申请人在截止日期之前，将自己带有文身的真实照片带上“永远的多米诺”标签发布在社交媒体上，就可以获得一张每年免费享用100个比萨的获奖证书。证书的有效期为100年。

这个促销活动在4天之后就被紧急叫停。当时已经有381人获得了终生免费比萨资格。所谓终生免费比萨资格的定义是，获得证书的顾客在100年内每年可以从多米诺获得任意大小的比萨100个。但就是这4天的活动，就已经给多米诺加盟商造成了高达1500万美元的损失。

多米诺的这项营销活动误入歧途，几乎成为了一场灾难。下面让我们按照本书介绍的步骤对此进行探索，以了解究竟出了什么问题。这本身也是一项有益的的练习。

1. 首先，多米诺进行这项营销活动的目的和原因是什么？是为了推动公司业务？是为了培养忠实的客户？还是为了打造品牌形象，或其他一些原因呢？我们并不清楚。对任何营销项目来说，最关键的就是要清楚地了解我们期望达成什么样的业务结果。

2. 在设定了业务结果目标之后，下一个关键问题："这是实现业务目标的正确营销活动吗？"在这个案例中，我们并不清楚该促销项目是否为正确的解决方案。

3. 期望成功，也就是为了确保项目成功，在各个级别上设定适合的目标，并保证每个人都了解组织所期望达成的结果。通过案例的描述，我们看不到达成这些目标的迹象。

4. 案例也没有提到多米诺是否对该营销项目做出了预测。

5. 进行预测时，让专家参与评估的过程非常重要。评估需要聚焦在与解决方案相关的在影响级别上衡量的绩效改进的程度。例如，解决方案预计将会产生多少额外的销售额？在这种情况下，好的预测将对该项目产生积极影响。

有人说，多米诺公司可能早就预见到他们需要提前终止这个促销活动，但是仍然选择开展文身促销以吸引眼球，并引发人们对其品牌的关注。即使这真的是多米诺对该项目设定的目标，也很难说他们成功了。

预测ROI的重要性

关于何时运用ROI，有时会存在混淆。我们在前几章中介绍的传统方法，是使用在实施营销项目之后所获得的业务结果数据来计算ROI，而本章论述的重点是在项目的早期阶段，甚至在项目启动之前就计算出ROI。当项目本身的成本，或需要进行变革的成本很高时，预测ROI就很有必要。为了应对项目的高风险和不确定性，也需要预测ROI。预测ROI还可以提供其他的益处，例如，将预测值与项目的实际结果相对比可以更好地评价项目的成功。如果预测结果非常可靠，我们甚至可以使用预测的ROI来替代实际的ROI计算，以节省资金。在某些行业中，各种监管、法律和管理制度要求组织在实施重大项目之前预测ROI。在另外一些情况下，ROI预测还可以作为强大的营销工具。

权衡预测的利弊得失

预测永远都不会是完美的，因此我们需要权衡利弊得失。就ROI预测而言，出于成本考虑，通常会在简单便利和准确可信之间进行取舍。如表13.1所示，我们可在不同时间节点、使用不同级别的数据来计算ROI。该表还显示了计算ROI的时机与可信度、准确性、成本，以及难度系数之间的关系。

表13.1 计算ROI的时间节点

ROI基于	数据收集时间（相对于项目）	可信度	准确性	成本	难度
1. 项目前数据	项目之前	可信度低	准确性差	成本低	容易
2. 反应数据	项目期间	↓	↓	↓	↓
3. 学习数据	项目期间				
4. 行动数据	项目之后				
5. 影响数据	项目之后	可信度高	准确性高	成本高	困难

计算ROI的5种方法包括：

- **方法1：项目前ROI预测法。**这是预测ROI最便宜、最容易的方法。尽管其可信度和准确性略低，但对于营销人员来说，这种方法可以是一种预测营销项目ROI的易用且具有成效比的工具。我们将在本章的下一节进行详细讨论。
- **方法2：使用反应级别数据预测ROI。**营销人员可使用在反应级别（第1级）收集的数据来预测ROI。为此，营销人员需要邀请客户和参与者预期营销项目实施对影响链产生的变化。尽管方法2的准确性和可信度比方法1略有提高，但在许多情况下仍然略显不足。鉴于这种方法可以轻松收集数据并实现目标，因此也可以作为一种低成本的工具供选择。我们将在下一节中对方法2与方法1一起进行详细讨论。

- **方法3：使用学习级别数据预测ROI。**当营销项目中设置了重要的学习模块（如复杂的营销信息）时，我们可采用学习级别数据来预测ROI。这种方法只有在所学知识与后续影响之间存在联系时，才可以使用。当确实存在这种联系时（通常可通过知识测验来验证），学习级别的数据就可用于预测后续购买行为，并且可以计算出ROI，但这种方法被用作预测工具的潜力较小，我们在后续章节中不再赘述。
- **方法4：使用行动级别数据进行ROI预测。**当客户和参与者的行为与影响相关时，这些行动数据就可以用来预测项目影响。例如，一个营销项目期望潜在客户通过特定链接浏览产品网站，如果分析显示在网站上停留超过5分钟的潜在客户中有10%会购买该产品，那么这个动作就可以成为销售结果的预测指标。虽然这种方法在对项目已有恰当分析的情况下特别有用，但在其他项目中的应用则可能比较有限。
- **方法5：使用影响级别数据估算ROI。**最后，我们可以将影响级别的数据直接转换为货币价值，并将其与项目成本进行比较，从而估算ROI。但这就不是预测了，而是项目后评估，也是本书计算ROI的基础。这种方法是计算ROI的首选。但是，考虑到之前提到的各种压力和挑战，营销人员可能会发现在其他时间节点，使用其他级别的数据计算ROI更为适合。

在以下几节中，我们将详细讨论项目前ROI预测法（方法1），以及使用反应级别数据预测ROI的方法（方法2）。

项目前ROI预测法

预测营销项目ROI对说服高管或项目发起人，使其确信项目价值是非常有助益的。这也是帮助我们获得资源和支持的最有效的方法之一。项目前预测ROI的过程与项目后评估ROI的过程有很多相似之处，只是做项目前预测的时候必须同时估算项目收益和项目成本。

基本模型

图13.1中给出了如何获取项目前预测所需数据的基本模型。使用项目前预测方法预测ROI时，我们需要预估项目的结果，而不是在项目实施后收集实际数据。项目前期方法的数据收集相对简单，主要依赖于主观方法，例如访谈、焦点小组或专家调查等。引入标杆研究或找到以前的相关研究也会有所帮助。[2]

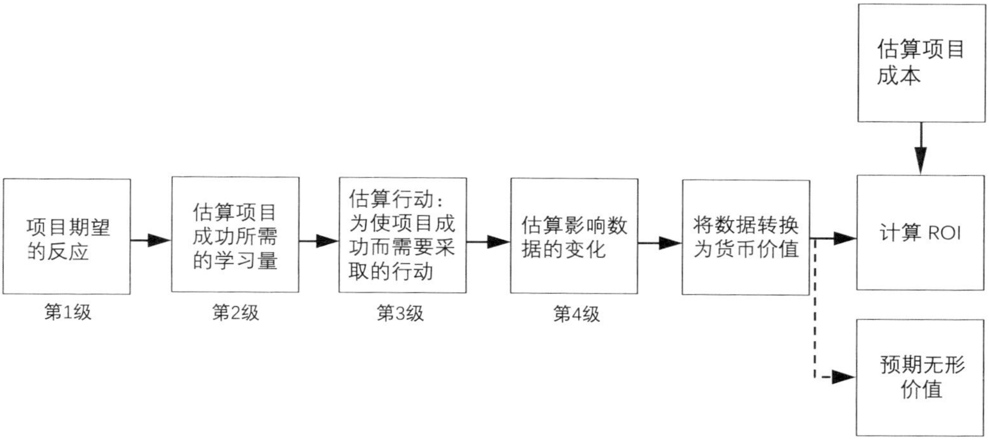

图 13.1 项目前预测ROI模型

我们从反应级别开始获取预期或估计的反应数据。接下来，我们预期必须发生的学习和动作。在这里，估算聚焦于确保项目成功所必须达成的任务，并可能基于在每个级别上所设定的目标。最后，由专家来估计影响级别的数据。这些专家可以包括这个领域的专业人士、经理或项目的潜在参与者。在这个基本模型中，各个级别都是相互关联的。在第1、第2和第3级别估算的数据，可以提高我们对第4级（影响）数据估算的质量，而这正是预测分析ROI所必需的。

值得注意的是，基本模型不需要分离营销项目的影响和效果。相反，我们邀请那些提供影响级别数据的专家们回答这个问题：“有多少业务结果数据会因为项目而发生改变？”由于这个问题将影响变化的预期直接与营销项目联系在一起，因此不需要再分离营销项目影响。

因此，与始终需要分离项目影响的项目后评估模型相比，项目前方法使预测过程更容易。这里使用第9章中介绍的将数据转换为货币价值的过程也简化了。

接下来我们详细介绍预测的具体步骤。

预测ROI的基本步骤

我们将在本节重点介绍18个基本步骤。这些步骤对于使用专家意见和项目前方法可靠地预测ROI来说，是必不可少的。

1. 了解情况。第1步，我们需要确保提供预测所需的输入数据的人员和进行预测的专家对所要评估的情况和任务有清楚的了解。这是选择专家的基本要求。

2. 预测现状。营销项目中许多措施通常有滞后效应，从而造成现状不明。可能需要使用几个月前获得的数据对现状进行预测。由于市场上各种因素动态变化的影响，评估这些措施的进展和现状会很有帮助。例如，市场份额数据通常都是几个月前的数据。研究市场份额数据的变化趋势及影响因素，可以帮助营销人员了解当前情况。

3. 关注警示。我们需要密切关注警示标志或亮起的红灯。这些信号表明某些指标与所要采取的措施背道而驰，从而导致其朝着不尽人意的方向前进，或者根本无法正常运行。在做预测时，我们必须将这些警示信号考虑在内。

4. 描述新的项目、流程、步骤或解决方案。我们必须向专家完整而清晰地描述项目，以便他们充分地理解项目的内在机制。内容通常包括：项目范围、所涉及的人员、时间因素，以及其他传递项目规模和解决方案概要所需的任何信息。

5. 制定具体目标。目标为项目的终点提供了明确的方向。这些目标应该对应评估级别，包括反应目标、学习目标、行动目标和影响目标。这个递进的级别显示在项目实施时影响链将会发生的预期变化。

6. 评估客户或参与者对项目的反应。在这一步骤中，专家们将尝试判定客户或参与者将对项目做出如何反应。客户会觉得提供的产品有价值吗？会觉得项目对他们重要吗？他们会支持该项目吗？这些问题的答案有助于确定反应。

7. 估计客户或参与者将学到什么。由于每个营销项目都涉及学习，因此专家需要评估学习的内容和方式。专家可以利用学习目标确定客户将获得的营销信息，以及参与者在项目中如何学习，并确定特定的知识、技能和信息。

8. 预测客户或参与者因为该项目而应该做什么。在此步骤中，专家将确定为了确保项目成功实施，需要客户或参与者所采取的行动。这一步骤要对特定的行动、任务、遵循的流程，以及所使用的技术等进行详细的说明。

9. 评估影响级别数据的改进。因为影响数据是进行财务预测的必需品，所以这一步至关重要。专家将以具体数字或百分比的形式提供由营销项目所产生的影响衡量指标（ΔP）变化的估计值。

10. 应用信心估算值。为了确保估算值的准确性，我们需要引入信心估算值对误差进行调整。具体来说，就是要求专家给出他们对先前数据的信心。信心水平，作为计算中的折扣因素，可以用百分比来表示（其中：0表示“毫无信心”，100%表示“确信无疑”）。

11. 将影响数据转换为货币价值。我们可以使用第9章中介绍的那些方法将影响数据转换为货币价值。如果影响的衡量指标是销售额，则该值表示每增加一个衡量单位所获得的价值。如果影响是用组织想要减少的某项指标来衡量的（如产品退货、错误或客户投诉），那么这个值就是组织由于单次事件所导致的成本。例如，产品退货的成本可能占销售额的5%。货币价值用字母V表示。

12. 制定每项措施的年度预估影响数据。年度预估影响数据是与营销项目直接相关的第一年改进结果。用公式表示为：$\Delta I = \Delta Pc \times V \times 12$［其中，$\Delta I$ =货币价值的年度变化，ΔP =绩效衡量指标的月度变化，c是信心估计因子（用以调整误差），V =货币价值］。如果预估的是每日、每周或每月的指标，则必须将其转换为年度数据。例如，如果每个月避免产生3件产品退货，则年度避免的产品退货数量总计为36件。

13. 对于寿命远超一年的项目，在分析中引入额外年数因子。该因子应在随后几年随收益的减少而缩小。营销人员应使用最佳的数据和可用的信息源来确定缩小量，并计算出第2年、第3年，以及之后连续几年的货币价值。为了与ROI方法论的原则保持一致，我们尽可能使用最小数字进行保守计算。这一点也很重要。

14. 估算全额项目成本。在此步骤中，我们按照第10章中介绍的成本类别来估算全额成本，在ROI公式中，该值以C表示。按照ROI原则，这一步计算应包括所有直接和间接成本。

15. 计算预测的ROI。将预计的总收益和全额成本代入标准ROI公式，计算出预测ROI。如下所示：

$$\text{ROI}=\frac{\Delta I - C}{C}\times 100\%$$

16. 敏感度分析。使用敏感度分析有助于在不同改进结果水平（ΔP）上计算出多个潜在的ROI值。当多个衡量指标同时发生改变时，敏感度分析可以采用电子表格的形式，以显示各种方案的输出结果及其对应的ROI预测数值。通过敏感度分析还可以确定盈亏平衡点。

17. 确定潜在的无形价值。为了确定项目潜在的无形价值，我们可以依据对项目情况最了解的人提供的信息，以及其在类似项目经验得出的假设来进行估算。如前所述，这里的无形价值是指那些没有转换为货币价值，但仍然具有价值的部分。

18. 谨慎沟通ROI预测和预期的无形价值。我们必须让目标受众清楚地知道预测ROI是基于各种假设的。尽管我们已经明确地定义了这些假设，而且尽可能地做出了最佳估算，但预测值仍可能存在一定的误差。要谨慎使用ROI预测结果。

遵循这18个步骤，将使我们能够以系统的方式，充满信心地预测ROI。

预测可以预防问题发生

良好的预测可以避免由于目标没有达成而造成的高昂成本和破坏性后果。本章的开篇故事讲述了多米诺比萨在俄罗斯推行文身促销项目，结果给加盟商造成了一个成本非常高昂的混乱局面。如果在项目实施之前，多米诺能对ROI进行认真预测，就有可能轻松避免这种情况发生。如果他们使用本章中介绍的步骤，就可以得出可信的预测值，及时叫停该项目或大幅度修改传达给俄罗斯公众的促销优惠信息，从而避免损失。

有时候，即使是非常成功的电视广告营销活动，结果也可能会适得其反。让我们来看一个美国犹他州宣传国家公园电视广告的例子。

6年前，犹他州的旅游官员为了吸引更多的游客到该州壮观的国家公园游览，发起了一场“非凡的5”（Mighty 5）营销活动。这个营销活动的结果却令州政府官员瞠目结舌。[3]

从2013年到2018年，犹他州境内的锡安（Zion）、布莱斯峡谷（Bryce）、圆顶礁（Capital Reef）、峡谷地（Canyonlands）和拱门（Arches）等5个国家公园的游客数量，从2013年的630万人飙升至2018年的1060万人。虽然也有国家经济复苏和社交媒体等其他因素，但是州政府官员认为这68%的增长在很大程度上归功于广告宣传。但是，随之而来的游客的爆炸性增长却让当地居民感到非常郁闷。

蜂拥而至的游客造成的冲击和影响，在犹他州的莫阿布（Moab）这个城市展示得最为明显。莫阿布（Moab）是一座仅有5300人口的小城市，坐落在拱门和峡谷地两个国家公园入口附近高耸的红岩峭壁下。过去这里悠闲静怡，被称为山地自行车和四轮车的休闲度假胜地，现在每年却有300万游客涌入莫阿布。在旅游高峰期，这座古朴城市的主要街道都变成了停车场，游客们在餐馆和空荡荡的商店货架前往往需要排队等上几小时。鉴于基础设施的紧张状况，国家公园及周围社区的官员们不得不大幅削减了宣传推广工作。莫阿布所在的格兰德郡（Grand County）在今年6月主动放弃了犹他州政府提供的25万美元财政拨款并暂停了在得克萨斯州和伊利诺伊州向潜在游客进行的营销活动。犹他州旅游局在收到大量投诉后，也不得不取消了“非凡的5”广告促销活动。

这项广告促销活动有些过于成功了。其吸引的游客数量远远超过了城市的承受能力。对当地的许多社区来说，这种成功简直就是一场灾难。一个关键问题是，“这种成功是可以预测的吗？”如果答案为“可以预测”，那么犹他州政府完全可以通过缩短促销活动的时间，或者提前通知有关城市和社区为接待更多游客做好准备。关键在于我们需要提前对项目结果进行预测，以便有所了解，这样才可以更好掌控项目的成果。我们所面临的挑战是如何使用本章所介绍的方法来预测成功。

有一些专家对这种类型的旅游广告，以及宣传推广的背景环境都非常了解。这项促销活动是在经济蓬勃发展的市场环境下发起的，而社交媒体也经常会激发人们对旅游的兴趣。这些广告之外的因素也可能对项目的结果起到推波助澜的作用。与此同时，肯定有另外一些专家可以根据历史经验为项目成果提供一些估测。如果有这些专家的帮助，我们完全可以把促销项目设计得更好。

对于某些组织而言，广告活动产生积极的结果不失为一件好事。但是，当广告产生的结果造成了瓶颈和其他问题时，广告宣传就是弊大于利了。关键的一点是，如果我们事先可以对项目结果做出一些高质量和可信的预测，我们完全可以扬长避短，更有作为。

采用项目试点进行预测

除了项目前预测法之外，营销人员还可以使用项目后数据进行小范围项目试点来预测ROI。这一方法可以解决项目前期预测中固有的误差，很多时候是一个更好的选择。此方法包括以下步骤：

（1）如前所述，制定第1、第2、第3和第4级别上的目标。

（2）选择一个小范围的样本作为项目实施的试点。排除所有干扰因素，在不牺牲完整性的情况下保持项目低廉的成本。

（3）针对一个或多个目标细分市场或群体全面实施该项目。

（4）使用前几章概述的项目后ROI过程模型计算ROI。

（5）使用项目试点的结果，来决定是否在整个组织或全国市场实施该项目。

与预测ROI相比，通过试点项目来估算ROI的风险要小一些。例如，沃尔玛（Walmart）这样的大型组织为了降低在全国范围内实施项目的风险，可以采用此方法来评估试点项目结果，然后再决定是否在其整个连锁店系统全面实施该项目。

使用反应级别数据预测ROI

另外一种方法是使用反应数据进行ROI预测。反应数据是在从客户或项目参与者那里收集的。为了在此级别上预测ROI，营销人员需要具体地询问客户他们将采取什么样的行动，以及这些行动的预期结果。这些行动可以包括注册成为新客户、购买产品或同意升级等。采用前几章介绍的方法，我们可以将这些行动转换为货币价值。为了调整估计值，我们可以请客户在回答中提供一个信心水平因子。在分析数据时，我们将这个信心水平因子乘以年化货币值，从而获得一个保守的估计值。

运用反应数据预测ROI实例

专孚信息技术有限公司（Transoft）是卡车行业最大的软件公司之一。该公司拥有超过12 000名用户，在货运领域占据主导地位。专孚为承运人、经纪人、物流公司和托运人提供多种软件解决方案，包括用于财务运营、车队管理、文档系统、派遣运营、货运管理和经纪人管理的软件产品。因为货运行业竞争非常激烈，利润又低，所以企业的盈亏通常取决于其运营效率。专孚最受欢迎的软件ProfitPro集成了多种软件解决方案，旨在提高货运公司的效率和盈利能力，因而在帮助货运公司实现利润目标方面享有盛誉。[4]

专孚刚刚完成了对ProfitPro的升级，并将其发布给销售团队开始销售。根据运营范围的不同，客户的升级费用从1 000美元至3 000美元不等。对于客户来说，软件升级提供了一些新功能并简化了以前的流程。它通过减少完成某些文档的时间、确保按时归档、减少发票错误并提高其他运营效率来帮助客户获取更大的利润。

为了支持该项活动，专孚营销部门起草了一封电子邮件，其中包含一个4分钟的视频链接。这封邮件鼓励所有的ProfitPro用户点击视频，花上4分钟的时间来查看有关这次重要软件升级的详细信息。这个设计的逻辑是，使用ProfitPro的用户会对软件升级感到好奇，而且有相当一部分用户会欢迎软件升级。专孚营销部门期望大部分客户会点击并观看这个视频。观看视频之后，用户会收到另外一封电子邮件，邀请用户回答下面两个问题（回答问题的用户可以得到一张25美元的星巴克礼券）：

1. 在观看了视频中介绍的软件升级信息之后，你为此次软件升级支付费用的可能性有多大（请从1到10之中做出选择，其中10表示肯定会支付费用，而1表示肯定不会支付费用）？

2. 请为你对问题1的回答给出一个信心评估。（请从1到10之中做出选择，其中10表示100%有信心，而1表示完全没有信心）。

用户必须回答这两个问题并提供所有数据，以换取25美元的礼券。这个调查表的回应率非常高。

数据分析按如下步骤进行。对于第一个问题，在可能付费中回答“8”的，即按80%的付费可能性进行计算。但是，我们需要考虑第9章讨论的可信度调整估算值的方法。例如，如果某人在可能购买的问题回答了8，并且可信度（第二个问题）也回答了8，则将这两个数字相乘，等于64。这意味着，他们有64%的可能为此升级付费，然后，将其乘以购买价格即可得出实际金额。

所有那些没有回复这两个问题的人都被认为选择了0，也就是他们不会付费。这种方法非常保守的、遵循了ROI方法论的指导原则第6项。

在计算出总的货币价值后，再乘以20%利润率得出项目的货币收益。然后再将这个货币收益与项目总成本进行比较。项目总成本包括4分钟视频设计、开发、制作和实施的费用，以及送出的星巴克礼券成本。在将项目总成本与项目货币收益进行比较后，就可以计算出ROI。在专孚这个案例中，ROI超过了200%。事实上，这就是基于客户反应数据所估算出的专孚软件升级视频营销的ROI。

这项ROI预测是在专孚销售团队参与培训并正式开展促销活动之前就完成了的。这个案例说明了通过预测来获得市场营销活动早期指标是多么好的一种方法。

预测的指导原则

与今天的企业相比，未来的企业将更有可能利用对过去业务绩效和事件的持续分析来获得具有前瞻性的洞察力，以推动业务决策和行动。[5]在本章介绍不同预测时间表的同时，我们提出以下指导原则，以帮助组织更好地进行预测。这些原则来自我们在预测各种项目和计划实践中获得的经验。[6]感兴趣的读者，可以在我们出版的书籍和论文中找到更多的讨论。[7]

1. 如果必须预测，确保合理的预测频率。
2. 使预测成为综合评估的重要组成部分。
3. 使用不同类型的数据预测以进行总体评估。
4. 确保输入是来自对项目最了解的人。
5. 覆盖较短时间范围的预测效果更佳。

6. 预测都会有偏差，需要了解其局限性。

7. 强化管理，认真预测。

8. 定期检查预测是否成功。

9. 清楚地沟通预测使用的假设。

10. 使用预测来实现重要的组织目标。

结语

许多营销人员只会使用影响数据进行ROI计算。在本章中，我们介绍了可以在不同时间节点和评估级别上计算ROI的方法。许多组织都有在项目早期进行业务结果和ROI预测的需求。通过使用反应、学习和行动数据，以及使用项目前预测的方法，我们可以预测ROI，从而满足这一需求。尽管项目前ROI预测法的可信度和准确性都比较低，但其使用方便、成本低廉，而且相对易于计算的优势不容否认。在营销项目开始之前和实施期间预测ROI，对高管人员、赞助商、客户和参与者都很有用。事实上，预测是衡量措施的重要组成部分，需要定期进行并在决策过程中常规使用。通过遵循本章介绍的原则，营销人员可以使用影响结果的估算值，使其对营销项目ROI的预测更加可信和准确。

参考资料

1. Marson, James and Thomas Grove, "Domino's Free Pizza Offer Backfires in Age of Ink." *Wall Street Journal*, September 18, 2018.
2. Phillips, Jack J. and Patricia Pulliam Phillips. *The Consultant's Guide to Results-Driven Business Proposals*. New York: McGraw Hill. 2010.
3. McKinnon, John D., and Brent Kendall. "Utah's Ads Lure Swarms to its Parks." *Wall Street Journal*, September 17, 2019.
4. Phillips, Patricia Pulliam, and Jack J. Phillips. "Measuring ROI in a Mobile Learning Solution for Sales." *Value for Money: Measuring the Return on Non-Capital Investments*. Birmingham, AL: ROI Institute, Chap.17, 2018.

5. Maisel, Lawrence S., and Gary Cokins. *Predictive Business Analytics: Forward-Looking Capabilities to Improve Business Performance*. Hoboken, NJ: Wiley, 2014.
6. Bowers, David A. *Forecasting for Control and Profit*. Menlo Park, CA: Crisp Publications. 1997.
7. Phillips, Patricia Pulliam, Jack J. Phillips, Gina Paone, and Cyndi Huff Gaudet. *Value for Money: How to Show the Value for Money for All Types of Projects and Programs in Governments, Nongovernmental Organizations, Nonprofits, and Businesses*. Hoboken, NJ: John Wiley & Sons, 2019.

第14章 使之有效：巩固以价值驱动的营销项目的变革

“变革是不可避免的，进步与否是可选的。”

——加里·马克斯（Gary Marx）

“天然美公司的使命在于通过优质的产品和卓越的服务来提升消费者的健康品质和天然美丽。”天然美（Natural Beauty Laboratories，Inc.）首席营销官劳丽（Laurie）经常这样说。自从劳丽去年加入公司以来，天然美公司的使命激发她在这个迅速发展的有机化妆品行业中孜孜不倦地工作。随着消费者越来越接受绿色和天然产品，天然美迅速成为各种天然化妆品的领先供货商，这些天然化妆品包括护肤品、保湿水、香水、口红、指甲油和面部化妆品等产品。天然美公司的产品可在遍布全国的零售商店及线上买到。

营销是天然美公司最重要的工作职能之一。劳丽的营销团队由品牌经理、社交媒体经理、广告经理、公共关系经理、搜索引擎优化专家、营销分析师和网络内容撰写者组成。她还通过销售总监和商店经理管理公司的销售人员。为了更好地管理团队并优化预算，劳丽一直在寻求营销管理领域的最佳实践。几个月前，她参加了一次会议，听说了ROI方法论。她认为这个方法正是她一直在寻找的东西。

劳丽深知，要在自己的组织中践行ROI方法论，她需要营销团队和公司高管的支持。因此，她安排市场营销团队里刚刚从商学院毕业的索菲娅（Sophia）来负责开展这项工作。索菲娅在收集了有关ROI方法论的书籍和案例研究之后，制作了两份PPT演示文稿，一份是为公司高管精心准备的，另一份是为营销部门量身制作的。在天然美公司的月度高管会议上，劳丽和索菲娅正式向高管们介绍了营销ROI方法论。她们的演讲，通过使用图表、图形和流程图，清晰且令人信服地展示了将此方法论引入天然美公司的逻辑。

会议过程中也有人提出了一些问题，例如，“这个方法论使用多长时间了？”“还有哪家公司在使用这种方法？”以及“这个方法在其他公司效果如何？”但是几乎没有争议，似乎也无须过多讨论，该项目就得到了天然美公司高管的批准。ROI方法论的宣讲、会议上的讨论，以及CMO劳丽的支持，似乎达成了和谐的一致。

劳丽对此感到满意，开始着手在天然美推行ROI方法论。为了培训营销团队，她要求索菲娅将ROI的文章分发给各部门负责人，并特地举行了为期一天的培训会议。劳丽要求所有营销团队（包括广告、销售、社交媒体、内容营销）至少实施一个ROI项目，并要求在3个月内必须看到结果。令她惊讶的是，大多数营销团队成员对该项目并不买账。他们抱怨这个新项目会给他们的工作带来混乱，并且他们难以从繁忙的工作中抽出时间来参加培训课程。公司的网络营销写手直接问：“这种方法会对我的写作有什么帮助吗？”就连广告代理商的合作伙伴都抱怨说，他们没有时间收集和评估天然美广告所需的学习和行动数据。

劳丽试图解释引入该方法的理由，但她发现自己不得不在电话上花上几天时间聆听投诉并回答问题。每个营销团队中都有许多成员希望继续按照过去的方式运作，甚至为了避免使用新方法而想出各种各样的借口。社交媒体团队指出，他们与消费者的互动主要是虚拟的，因此没有可靠的方式来衡量消费者的行为。销售总监抗议说，要想分离他们的教练技术对销售业绩的影响是不可行的，因为有太多因素无法控制。公共关系经理挑战劳丽说，她所有的公关活动都使天然美的品牌受益，但没有任何一个可靠的方法可以将收益转化为货币价值。

各种投诉持续不断，劳丽感觉自己好像撞到了一堵墙。她的注意力被迫转移到处理大量的电话、投诉、担忧和问题上。劳丽不禁感叹，将ROI方法论引入天然美挑战重重，远非她想象的那样简单。

推行以价值为导向的营销项目，意味着彻底转变组织的营销职能，预示着重大的变革。高管和营销人员都必须高度重视ROI方法论能力的培养，并在整个组织中推行以结果为导向的，由价值驱动的营销项目。但是，正如我们从本章开篇故事中看到的，这些变化经常会受到抵制。尽管有些对变革的抵制是由于实际的困难和真正的障碍，大多数的担忧来自恐惧和误解。即便如ROI方法论这样步骤清楚、逻辑清晰的方法，如果组织内的使用者没有全面地接受，如果方法论没有获得组织的充分支持，也可能会失败。为了帮助大家更有效地实施ROI方法论并成功地改造我们的组织，在本章，我们将重点介绍一些行之有效的克服障碍的方法。

| 克服阻力，促进变革

组织是由人组成的实体，而抵抗新事物是人的本性之一。当我们尝试在组织引入新的模型、新的概念和新的思想（例如ROI方法论）时，几乎不可避免地会遇到抵制。新的模型和方法会挑战现状，会带来不确定性，甚至会引起怀疑和恐惧。因此我们也可以理解有些人为了继续停留在舒适区里，而凭直觉就对新事物说不。

哈佛商学院约翰·P. 科特（John P. Kotter）教授，是变革与领导力方面的专家和多部畅销书的作者。他和他的同事们采访了来自130个组织的大约400位人士，总结了以下研究成果：

1. 高度成功的组织，知道如何克服组织中拒绝新事物的阻力；

2. 如专栏14.1所示，成功的组织变革分为8个阶段；

3. 组织变革所面临的最主要挑战是改变人的行为；

4. 要改变人们的行为，可以通过为他们进行深入解析来影响他们的思想，也可以通过为他们提供一个看得到的实例来影响他们的感觉。后者比前者更具说服力、更有效。[1]

专栏 14.1　组织成功变革的8个步骤

步骤1：增加紧迫感。

步骤2：建立指导团队。

步骤3：建立正确的愿景。

步骤4：为寻求接纳而沟通。

步骤5：授权行动。

步骤6：赢得短期胜利。

步骤7：坚持不懈。

步骤8：巩固变革成果。

其中，科特的研究总结的第4个发现尤为重要，即我们的大脑具有感性和理性两个方面。[2]这与心理学家长期以来的研究结果相一致。纽约大学的教授兼心理学家乔纳森·海特（Jonathan Haidt）用类比的方法来解释大脑的这两个方面：他将感性方面比作大象，将理性方面比作骑手。[3]初看起来，骑手似乎可以控制大象，但当骑手和大象之间出现分歧时，大象通常会获胜，因为骑手很容易就会被大象的力量压倒并打败。

以此为基础，奇普·希思（Chip Heath）和丹·希思（Dan Heath）兄弟提出了改变人们行为的3种方法。[4]第1种方法是选择引导骑手，即通过提供数据、分析和逻辑来影响理性大脑。理性大脑负责推理、指导和计划，但过度的分析和思考也会使理性大脑瘫痪。第2种方法是激励大象，即激发感性大脑。感性大脑会受到人们直觉、快感和即时满足感的影响。第3种方法是为大象和骑手塑造路径，这里的路径指的是可使变革更容易的内、外部环境。

学术研究为营销人员和管理者提供了有意义的借鉴。为了引导人们在组织中使用ROI方法论，我们有3个战略选择。我们可以选择展示数据来改变个人的想法，也可以选择揭示真相以影响个人的感受，还可以选择优化政策和流程来促进改变。同样，基于数10年的研究和实践，ROI研究所确定了一系列在组织层面影响行为和克服阻力的关键步骤。[5]如图14.1所示，这些行动构建了达成这一目标的模块，在本章接下来的部分，我们将基于图14.1中的模块，以及专栏14.1中的步骤，来具体介绍几种行之有效的策略和技术。

检测进展，报告结果。
消除障碍，确保成功。
组建管理团队。
启动营销项目ROI研究。
搭建团队。
调整指导政策和程序。
制订目标和计划。
定义角色和责任。
评估交付结果的氛围。

图 14.1　克服阻力的模块

评估组织氛围和增加紧迫感

有些组织将评估当前的组织氛围作为接纳新事物、新方法的第一步。评估可以采取对营销人员进行调研的形式。调研评估的重点是看组织是否为将要到来的变革做好了准备，以便接受新的模型。营销人员在了解了组织的状态后，可以为重大变革制订相应的计划。

就像我们在前边讨论的，第一种促成变革的办法是通过使用“分析—思考—变化”的方法来引导“骑手”或理性大脑产生变化。这种方法着重于提供数据和分析，以引发人们的思考和改变。但如开篇故事所述，这种方法可能并不够有效。另外一个办法，是通过“目睹—感受—改变”的方法来激发“大象”或感性大脑。这种方法注重戏剧性地呈现证据，产生一种紧迫感，触动个人情感，进而激发行为的改变。正如科特及其同事所观察到的，第二种方法为许多组织的成功变革做出了贡献。我们用以下示例来展示这个“目睹—感受—改变”的方法。[6,7]

- **愤怒客户的视频**。一位营销主管对客户服务代表无法及时响应客户的要求感到失望。在与一位不满意的客户沟通之后，他专门派了一个团队去采访这位客户，并制作了一段15分钟的视频。在视频中，客户开诚布公地分享了自己接受公司客服不佳服务的整个过程和所遇到的困扰与问题。当主管向客户服务代表播放这段视频时，他们中的大多数人感到非常震惊，有些甚至感到被这位客户的故事冒犯了。他们目不转睛地盯着屏幕观看，有几位不自觉地张开了嘴巴。尽管有些客户代表认为客户的指控并不确实，甚至产生了抵触情绪，但大多数团队成员都感受到了解决这一问题的急迫性。大家都认识到，只有解决了服务中的这些问题，才能达成客户满意度目标。

- **会议室桌上的手套。**有一位高管觉察到公司的采购流程中存在着严重的资金浪费。为了提高效率，他决心对采购流程进行重新设计。他的目标是在整个公司范围内节省10亿美元的采购成本，但是这个计划在公司遭到了全面抵制，因为如此大规模的变化意味着要对原有流程进行重大变革。为了揭示浪费问题的严重性，这位高管研究了在公司不同工厂中使用的手套，发现全公司以不同价格购买的手套居然有424种之多。这是因为每个工厂都有自己的供应商和协议价格。这位高管和他的团队从424种手套中各抽取一只作为样本，在每只手套上标上采购价格和使用该手套的工厂名称，然后将这些手套都放在公司会议室的办公桌上。随后，他邀请公司所有部门的总经理来参观会议室，向他们展示了这些像小山一样堆满会议室桌子上的手套。部门总经理们被这个场景震撼了，他们对公司使用的手套总量和支付的不同价格也同样感到震惊。这个手套展览令人印象如此深刻，公司决定搞一场巡回路演，让更多来自不同部门和工厂的人都有机会亲眼看见这些堆积成山的各式各样的手套。手套展览和路演既有戏剧性，又产生了紧迫感。当公司所有管理人员都确信需要立即采取行动时，接下来的变革就变得顺理成章了。
- **海尔（Haier）展厅里的铁锤。**海尔是一家总部位于中国青岛的跨国公司，其主要业务为设计、制造和销售家用电器和电子产品。在海尔集团总部的陈列室中，放着一把简陋的铁锤。这个笨拙的工具代表着海尔从一家经营不善濒临破产的冰箱制造商成为中国最成功公司之一的巨大变革。在20世纪80年代，中国向世界开放了市场，许多外国公司开始对中国进行投资。德国冰箱公司利勃海尔（Liebherr）与中国青岛冰箱有限公司（China’s Qingdao Refrigerator Co.）建立了一家合资企业。尽管引进利勃海尔的设备迅速更新了技术，但是大多数工人动作缓慢、漫不经心且缺乏纪律。首席执行官甚至不得不阻止工人在车间小便。1985年的一天，有客户将一台出故障的冰箱退回到工厂。海尔的传奇首席执行官张瑞敏检查工厂的库存，发现有很多冰箱也都是坏的。这位沮丧的首席执行官将76台有缺陷的冰箱在车间里排成一排，并给工人们分发铁锤，命令道："砸掉这些冰箱！"工人们犹豫了，因为在1985年，每台冰箱的售价相当于工人两年的工资。于是张总抓过铁锤，亲手将一台台不合格的冰箱砸碎。很快，车间的地板上到处都散落着塑料和金属碎片。在铁锤砸碎冰箱的重击声中，所有工人都收到了来自首席执行官的明确信息：必须打碎旧的方法和思想，必须将产品质量放在首位！从那一天起，张总将海尔一步一步塑造成了拥有24家工厂，7万名员工，在全球家用电器市场占据主导和领先地位的知名电器制造商。

在以上三个例子中，高管们都使用了"目睹—感受—改变"的方法。虽然这个方法需要勇气和创造力来精心设计，但如果运用得当，它会戏剧性地产生紧迫感，打消员工的抵制和自满情绪，从而引发组织迫切需要的变革。

建立指导团队并明确责任

紧迫感能促使更多的人支持我们的倡议并采取行动，但是我们仍有必要寻找愿意承担责任且有技术专长的人士来指导引领项目。一个强大的指导团队必须拥有合适的成员和正确的机制。为了确保指导团队的有效性，我们还需要为每个团队成员分配特定的角色、定义其职责，以控制解决抵制因素，并为新项目的接纳和实施铺平道路。

建立愿景和目标

ROI方法论不仅是执行营销项目的一种技术，更是为组织提供了一个重新审视其愿景的绝佳机会。当新的或经过修订的愿景和价值观确立时，营销人员应与利益相关者紧密合作、明确目的、制定目标，以推动在组织内采用ROI方法论，并开展以结果为导向，以价值为驱动的营销项目。这包括有关项目被采纳的整个过程，以及将要实施的每个营销项目的详细计划和文件。与目标和计划有关的一个关键问题是在不同级别上设置特定目标。这对于组织以衡量和评估来监控项目的进展非常重要。

为寻求接受和支持而沟通

建立愿景、目标和策略是组织变革的起点。为了使愿景能变为现实，我们必须进行持续有效的沟通，以确保所有利益相关者之间的相互理解，获得对变革的接受和支持。在理想情况下，仅是营销人员的沟通就可以确保获得高管的支持和接受。在最高管理层的支持和认可下，我们可以从容地设计并实施初始的营销项目。这种自上而下的方法能够迅速对整个组织产生影响。另外一种方法是专注于获取员工的支持，然后再上升到部门和职能级别的认可。这种自下而上的方法可能需要更长的时间，并且需要更多的精力。但是，一旦小规模项目所创造的价值赢得了高管的支持，组织的变革将更加可持续，因为毕竟员工才是营销项目的最终用户。

在营销项目中启用ROI方法论

彰显ROI方法论价值的最佳证明是启动一个采用ROI方法论的营销项目。因此，选择合适的营销项目并保证其在正确的轨道上运行就变得至关重要。如前所述，只有某些类型的营销项目才有必要进行全面且详细的分析。例如，ROI研究所建议，只对5%至10%的营销项目进行ROI级别上的评估。营销人员可以使用以下条件来选择合适的营销项目进行ROI分析：

- 与组织的使命和愿景一致。
- 对于战略目标很重要。
- 与主要的营销绩效问题和机会相关。
- 涉及大量外部和内部客户。
- 非常昂贵。
- 非常耗时。
- 可见度高。[8]

当然，这并不是一个全面的清单，但是涵盖了营销人员在选择适合的营销项目时所要考虑的主要方面。

授权行动并清除障碍

在本章开始时，我们讨论了心理学家用“大象—骑手—路径”来类比克服阻力和促进变化。当大象和骑手都准备就绪时，就应该为旅程的顺利和成功而清理道路。在心理学的比喻中，这里的道路指的是人们工作的周围环境，包括实际的工作过程，以及员工所感知到的心理氛围。除非员工得到采取行动的授权，否则成功的变革很难发生。而授权行动的关键就是消除障碍。因此，为了确保组织能够采用ROI方法论，并确保价值驱动型营销项目的成功，我们需要消除在此过程中不可避免出现的那些障碍。许多障碍都是基于本章所讨论的担忧。尽管某些担忧可能确实客观存在，但许多其他的担忧是基于不切实际的恐惧、误解，甚至是迷思。

消除迷思

作为消除障碍的一部分，我们应努力消除迷思、克服或使障碍最小化。有关ROI、价值和问责制的许多争议来自对这些过程的误解。为了帮助营销人员认识并消除迷思，我们在附录B中提供了一个简短的测试。答案也在附录B中。

使用数据

另外一个大的障碍是不能合理使用数据。如果在评估和收集数据后没有采取任何行动，我们将会浪费投入的资源和机会。毕竟，这些数据在实质上就是我们进行评估的理由。如果使用得当，数据可以提供对改进有用的信息。它们会成为行动项目，以确保团队做出相应的变更和调整。表14.1展示了不同级别的数据如何用来改善项目。

表14.1　评估数据的使用

评估数据的使用	数据的级别				
	1	2	3	4	5
调整项目设计	√	√	√		
改善执行	√	√	√	√	

续表

评估数据的使用	数据的级别				
	1	2	3	4	5
影响行动和项目的影响			√	√	
改进项目管理支持			√	√	
提高利益相关者的满意度			√	√	√
认可和奖励参与者		√	√	√	
证明或提高预算				√	√
降低成本		√	√	√	√
未来的营销项目	√		√	√	√
优化ROI				√	√

监控进展并坚持变革

实施过程的最后一个要素是监控所取得的总体进展，并将进展情况告知所有利益相关者。尽管有效的沟通计划和进度报告经常被忽视，但这些沟通有助于确保实施行动不偏离目标，并让团队成员和相关利益者及时了解实施过程正在达成的目标。我们有两个目标受众：营销团队和高管团队。及时沟通进度报告对二者都是至关重要的。营销团队成员应该获知项目进展情况，高管团队应该了解以结果为导向，以价值为驱动的过程完成的进度，及其项目在组织内运作和创造价值的方式。在组织的营销职能中采用并推行ROI方法论代表着巨大的变革。变革是脆弱的，需要持续的努力和及时的反馈来巩固和坚持。

结语

ROI方法论赋能营销者去创造、展示和改进价值。因此，它应该是任何营销职能的基本组成部分。然而，将新事物引入组织绝非易事，因为抵制变化是人类本能的一部分。在本章中，我们讨论了如何克服变革的阻力，促进接纳创新模型（如ROI方法论）背后的理论与实践。改变现状和接纳变革有3种办法。

既可以通过展示事实和数据来影响受众的思想，也可以通过以一种戏剧性的方式揭示真相来影响受众的感受，还可以通过调整周围的环境来使变革更容易实现。

此外，本章还介绍了为确保以结果为导向价值驱动的营销项目平稳和持续的实施，所必须考虑的不同构建模块和必须解决的问题。按照这些指引，营销人员可以将ROI方法论整合到他们的价值创造的过程中，并努力以系统、逻辑和可持续的方式为组织的成功做出贡献。

本书概述了绩效分析、交付结果、优化ROI，以及使用结果获得支持，并确保营销职能预算所需的相关步骤。如果操作正确，ROI方法论将为营销人员提供巨大的机会，将营销部门乃至整个组织转变为一个以结果为导向，以价值为驱动的实体。这不仅是可以实现的，更是值得为之努力的！祝你成功。

| 参考资料

1. Kotter, John P., and Dan S. Cohen. *The Heart of Change: Real-Life Stories of How People Change Their Organizations.* Boston: Harvard Business Publishing. 2012.
2. Verghis, Phillip. "Direct the Rider, Motivate the Elephant, and Shape the Path."*HDI*, July 29, 2016. https://www.thinkhdi.com/library/supportworld/2016/direct-the-rider-motivate-the-elephant-shape-the-path.aspx.
3. Haidt, Jonathan. *The Happiness Hypothesis: Finding Modern Truth in Ancient Wisdom.* New York: Basic Books, 2006.
4. Heath, Chip, and Dan Heath. *Switch: How to Change Things When Change Is Hard*. New York: Crown Publishing, 2010.
5. Kotter and Cohen. *The Heart of Change*.
6. http://www.haier.net/en/about_haier/news/201404/t20140426_218091.shtml.
7. Schuman, Michael. "Zhang Ruimin's Haier Power: The World's Largest Appliance Maker Wants to Transform the Meaning of Made in China."*Haier*, April 22, 2014.
8. Phillips, Patricia Pulliam., and Jack J. Phillips. *ROI Basics*, 2nd ed. Alexandria, VA: ATD Press, 2019.

附录A

练习5.1 答案

目标	评估级别
在营销项目结束后，客户（参与者）应该会：	
1. 在6个月内将销售收入提高20%	4
2. 在15天内至少提出3个新产品开发计划	3
3. 将每个项目的平均成本降低20 000美元	4
4. 在90%的销售电话中增加使用交互式销售沟通技巧	3
5. 在新产品质量提升项目实施一年后，收益成本比将达到2：1	5
6. 能够识别最近发布的新产品的5个功能	2
7. 在3个月内将外部客户满意度指数提高25%	4
8. 在95%的情况下，通过实施“投诉处理五步法”来处理客户投诉	3
9. 觉得新的社交媒体营销信息很有趣	1
10. 在产品知识测试中，获得平均75分的成绩（满分为100分）	2
11. 与大客户销售专业人员举行绩效审核会议，以建立绩效改进目标	3
12. 对新的伦理准则的适当性给出4分的评分（满分为5分）	1
13. 将招聘新客户经理的时间从35天减少到20天	4
14. 在3个月内完成营销行动计划	3
15. 意识到新的薪酬和激励计划会影响他们留在组织中的意愿	1
16. 有15%的员工参与职业提升项目	3

续表

目标	评估级别
17. 减少产品经理完成新产品开发项目所需的时间。	4
18. 将测试后的客户服务知识得分提高30%。	2
19. 每天使用新的数字营销应用程序，并在随机审核中得分率为80%。	3
20. 在第一年内，提交改进的想法或建议（目标为10%）。	3

如果你对答案有疑问，我们将很高兴与你讨论。请通过fuf@umsystem.edu与我们联系。

附录B ROI测验

对于以下每个陈述，请选择“是”或“否”：

	是	否
1. ROI方法论仅收集或计算出一个数据项，以百分比表示		
2. 如果一个项目的货币效益为20万美元，成本为10万美元，那么该项目的ROI为200%		
3. ROI方法论是一种可用于加强并改善营销项目、营销计划和流程的工具		
4. 高管人员在仔细回顾ROI影响研究之后，通常会要求对所有的营销项目进行ROI研究		
5. ROI研究应有选择性地进行，通常只涉及大约5%~10%的营销项目		
6. 虽然可能只是一个粗略的估计，但总有办法将营销项目对业务结果的影响分离出来		
7. 一个旨在为100位客户提供支持，在每位客户身上花费100美元的营销项目是ROI研究的理想选择。		
8. 数据总是能可靠地转换为货币价值。.		
9. ROI方法论包含太多复杂的公式。		
10. 实施ROI方法论大约需要总预算的3%~5%。		
11. ROI不是面向未来的，它只反映过去的绩效。		
12. 像绿色营销这样的项目是无法计算ROI的		
13. 如果ROI是负值，就会扼杀营销项目		

续表

	是	否
14. 进行ROI评估的最佳时间是在完成营销项目的三个月后		
15. 在实施的早期阶段，ROI方法论是一个过程改进工具，而不是项目团队的绩效评估工具		
16. 如果高管人员和经理不要求ROI，那就没有必要去计算ROI		

测试答案

1. 否　2. 否　3. 是　4. 否　5. 是　6. 是　7. 否　8. 否　9. 否　10. 是
11. 否　12. 否　13. 否　14. 否　15. 是　16. 否

如果你对答案有疑问，我们将很高兴与你讨论。请通过fuf@umsystem.edu与我们联系。

作者简介

杰克·J. 菲利普斯博士（PhD）

杰克·J. 菲利普斯博士是世界知名的衡量和评估方面的专家。他拥有电气工程、物理和数学专业的本科学位，佐治亚州立大学决策科学的硕士学位，以及阿拉巴马大学人力资源管理专业的博士学位。他曾在多家私营企业及非营利组织和协会（包括美国人才发展协会和美国管理协会）的董事会任职。他在世界各地主持工作坊，并在重要会议上做演讲。

菲利普斯博士也是100多本著作的作者，他的著作获得过多个奖项。2018年，国际绩效改进协会授予他“托马斯·吉尔伯特杰出专业成就奖”以表彰他对人类绩效技术知识库的杰出贡献。根据他在ROI方面的工作，《会议新闻》曾三次将他评为会议活动行业25位最有影响力的人物之一。美国人力资源管理学会因其ROI著作授予他“菲利普斯ROI研究最高创意奖”。美国人才发展协会因其在ROI方面的工作而授予他“工作场所学习与发展的杰出贡献”。他的文章发表于《华尔街日报》《商业周刊》和《财富》等杂志。他接受过包括美国有线新闻网（CNN）在内的多个电视节目的采访。他还曾在2012—2013年担任国际绩效改进协会的主席。

菲利普斯博士在衡量和评估方面的专业知识来自在航空航天、纺织、金属、建筑材料和银行业超过27年的从业经验。他曾在两家《财富》500强企业担任培训和发展经理，在两家企业担任高级人力资源官，在一家区域银行担任总裁，并在一家州立大学担任管理学教授。他为北美、南美、欧洲、非洲、澳大利亚和亚洲的70多个国家的制造商、服务商和政府组织提供咨询服务。

他的联系方式：jack@roiinstitute.net 。

付庆波博士（PhD、CPT）

付庆波博士是美国密苏里大学圣路易斯分校的市场营销副教授。他拥有美国休斯敦大学市场营销博士学位和美国罗切斯特大学市场营销MBA学位。为了解决与新产品成功相关的销售和市场交互问题，他采用多种包括定量建模和行为导向调研在内的科研方法。他目前的研究方向主要集中于市场营销的绩效改进。2006年，他因专业化销售和销售管理方面的最佳博士学位论文获得美国市场营销学会的销售SIG奖。2005年，他是获得美国市场营销学会 Sales SIG / DSEF销售研究论文奖的获奖者之一。2001年，他获得美国DMEF教育基金提供的John D. Yeck 奖学金参加哈佛大学商学院直销与互动营销研讨班。

付庆波教授是国际绩效改进协会董事会成员、国际注册绩效改进顾问（CPT）、CPT英文和中文审查官，曾在《市场营销期刊》《市场营销信函》《市场营销理论与实践》《个人销售与销售管理期刊》《战略市场营销》《人类绩效》和《绩效改进》等学术期刊上发表论文二十余篇，并多次应邀在美国国内和国际学术会议上发表演讲。目前，他是《绩效改进季刊》的国际副主编，也是《营销理论与实践杂志》的编辑委员会成员。

在进入学术界之前，付庆波教授在制药和医疗器械行业获得了7年的销售、营销和管理经验。作为销售经理，他领导销售团队参与多个新产品上市，并负责超过1亿美元的销售指标。2006年，他入选美国Beta Gamma Sigma商业荣誉学会，并于2012年受邀加入美国Alpha Mu Alpha 市场营销荣誉学会。除学术研究和教学外，付庆波教授还致力于帮助美国和中国的公司提升营销绩效。

他的联系方式：fuf@umsystem.edu。

帕特里夏·普利亚姆·菲利普斯博士（PhD、CPT）

帕特里夏·普利亚姆·菲利普斯博士是ROI研究所的总裁兼首席执行官，也是衡量评估领域知名的专家和领导者。她拥有美国奥本大学教育学学士学位、伯明翰南部大学的公共管理硕士学位，以及南密西西比大学的国际发展博士学位。从1997年开始，帕特里夏致力于在全球范围内宣传推广ROI方法论。作为教育者、研究者、顾问和教练，她与70多个国家的私营企业、公用事业、非营利组织和非政府组织广泛合作。

帕特里夏是国际绩效改进协会成员、国际注册绩效改进顾问。她目前是联合国训练研究所董事会成员（UNITAR）。她还曾担任企业生产力研究所（Institute for Corporate Productivity）人员分析委员会主席，会议委员会首席研究员，人才报告中心董事会主席，以及ATD学习与绩效专业资格认证研究所研究员。帕特里夏也在位于意大利都灵的联合国系统职员学院和位于墨西哥城的墨西哥EBC商学院担任教职。她的作品和文章曾在美国消费者新闻与商业频道（CNBC）、欧洲新闻（EuroNews）和十几种商业期刊上发表。与杰克·J. 菲利普斯一起，帕特里夏是衡量、评估和ROI方面75本著作和数十篇文章的作者、合著者或编辑。

她的联系方式：patti@roiinstitute.net。

易虹（CPT）

易虹老师是北京华商基业管理咨询有限公司（Beijing Sinotrac Consulting Co.，Ltd）总裁和首席绩效改进顾问、国际绩效改进协会学术委员会委员、国际注册绩效改进顾问、CPT中文审查官，美国人才发展协会“行动学习”认证培训师和催化师，对外经济贸易大学MBA客座教授，以及中国人力资源和社会保障部注册的认证讲师。她是中国最知名的绩效改进顾问。

易虹老师拥有25年的培训和咨询经验，曾为包括中国电信、中国邮政、IBM、三星、强生、诺和诺德、中石化、中国联通，以及招商银行在内的中国和跨国公司在内的客户提供咨询服务。易虹老师出版过两本关于中国绩效改进的专著，并发表多篇期刊文章，完成了超过200个不同行业的营销绩效改进案例。

她的联系方式：yihong@sinotrac.com。

反侵权盗版声明

举报电话：（010）88254396；（010）88258888

传　　真：（010）88254397

E-mail：　dbqq@phei.com.cn

通信地址：北京市万寿路 173 信箱

　　　　　电子工业出版社总编办公室

邮　　编：100036